A PANAMA

L'ISTHME DE PANAMA – LA MARTINIQUE – HAÏTI

LETTRES

ADRESSÉES AU *JOURNAL DES DÉBATS*

PAR

M. G. DE MOLINARI

Correspondant de l'Institut
Rédacteur en chef du *Journal des Économistes*

—

Illustré de 6 gravures hors texte et accompagné d'une carte coloriée

PARIS

LIBRAIRIE GUILLAUMIN ET Cie

RUE RICHELIEU, 14

—

A PANAMA

L'ISTHME DE PANAMA — LA MARTINIQUE — HAITI

DU MÊME AUTEUR

Les soirées de la rue Saint-Lazare. Entretiens sur les lois économiques et défense de la propriété. 1 vol. gr. in-18, 1849. Paris, Guillaumin et Cie...................... 3 fr. 50

Cours d'économie politique, fait au Musée royal de l'Industrie belge. 2e édition, 2 vol. in-8, 1863, Bruxelles, A. Lacroix, Verboeckhoven et Cie. Paris, Guillaumin et Cie....... 12 fr.

Questions d'économie politique et de droit public. 2 vol in-8. Mêmes éditeurs.................................... 10 fr.

Les Clubs rouges pendant le siège de Paris, 1871. 1 vol. gr. in-18. Paris, Garnier frères....................... 3 fr. 50

Le mouvement socialiste et les réunions publiques avant la révolution du 4 septembre 1870, suivi de la Pacification des rapports du capital et du travail, 1872. 1 volume grand in-18. Paris, Garnier frères....................... 3 fr. 50

Lettres sur les États-Unis et le Canada, adressées au *Journal des Débats* à l'occasion de l'Exposition universelle de Philadelphie, 1876. 1 vol. gr. in-18. Paris, Hachette et Cie. 3 fr. 50

Lettres sur la Russie, 2e édition, 1877. 1 volume gr. in-18. Paris, Dentu...................................... 3 fr. 50

La Rue des Nations, visites aux sections étrangères de l'Exposition universelle de 1878. 1 volume gr. in-18. Paris, Maurice Dreyfous... 3 fr.

L'Irlande, le Canada, Jersey. Lettres adressées au *Journal des Débats*, 1 vol. gr. in-18, Dentu..................... 3 fr. 50

L'Évolution économique du XIXe siècle. Théorie du progrès, 1 vol. in-8°. Paris, C. Reinvald...................... 6 fr.

L'Évolution politique et la Révolution, 1884. 1 vol. in-8°, C. Reinvald..................................... 7 fr. 50

Au Canada et aux Montagnes Rocheuses. — En Russie. — En Corse. — A l'Exposition universelle d'Anvers. 1 vol. gr. in-18, 1886. C. Reinvald..................... 3 fr. 50

Conversations sur le commerce des grains et la protection de l'agriculture. Nouvelle édition. 1 vol. gr. in-18, 1886. Paris, Guillaumin et Cie............................... 3 fr.

Les lois naturelles de l'Économie politique. 1 vol. gr. in-18, 1887. Paris, Guillaumin et Cie..................... 3 fr. 50

720\-86. — CORBEIL. Typ. et stér. CRÉTÉ.

L'ENTRÉE DE M. DE LESSEPS À PANAMA.

A

M. FERDINAND DE LESSEPS

Permettez-moi de vous dédier ces lettres écrites, à bâtons rompus, pendant notre visite aux travaux du canal de Panama. Vous aviez amené là-bas des délégués français, allemands, anglais, américains, et il vous a paru qu'un journaliste ne serait pas de trop ; vous avez accueilli, avec votre bonne grâce accoutumée, le délégué du *Journal des Débats*. En amenant avec vous cette escouade de témoins appartenant non seulement à la France, mais à des nationalités étrangères et médiocrement sympathiques aux entreprises françaises, votre intention était d'éclairer le public sur l'état réel d'avancement dés travaux du canal, et de répondre ainsi aux craintes que des financiers, remplis de sollicitude pour l'épargne nationale, s'appliquaient à propager. Sans partager entièrement ces craintes, je n'étais point, je vous l'avouerai, pleinement rassuré. J'avais entendu affirmer par des hommes, soi-disant compétents, que le percement de l'isthme rencontrerait des difficultés insurmontables, qu'on ne réusirait jamais à trouer le massif de la Culebra et à endiguer le Chagres, le terrible Chagres ! ou que si l'on y réussissait, ce serait après y avoir sacrifié plusieurs générations de travailleurs et d'actionnaires ; qu'en quatre ans, depuis le commencement des travaux, on avait à peine enlevé la dixième partie du cube à extraire ; qu'à ce compte le percement de l'isthme de Panama exigerait plus de temps qu'il n'en avait fallu pour construire les pyramides d'Égypte ; enfin, que le service des intérêts pendant la construction ne manquerait pas de dévorer le capital des nouveaux emprunts, en sorte qu'il ne resterait plus rien, absolument rien, pour les travaux. Quoique ces objections et ces prévisions me parussent un peu tardives, et de nature à réjouir particulièrement certains spéculateurs yankees qui ne seraient pas fâchés de reprendre l'affaire au rabais, elles avaient fait une certaine impression sur mon esprit. Je me demandais avec inquiétude

si le respect de la vérité n'allait pas m'obliger à
confirmer par mon témoignage les sombres pro-
nostics des « défenseurs de l'épargne française ».
Pendant la traversée, votre confiance, votre bonne
humeur et les attentions aimables que vous prodi-
guiez à vos compagnons de voyage avaient presque
transformé mes inquiétudes en remords. Je regret-
tais d'avoir accepté une mission qui m'exposait à
remplir le devoir pénible de faire taire mes sympathies, devenues, chaque jour, plus vives pour
vous et pour votre œuvre.

Ces appréhensions et ces regrets, ai-je besoin de
vous dire qu'ils se sont dissipés à mesure que j'ai
pu apprécier l'importance des travaux déjà accomplis et la puissance colossale des moyens d'exécution accumulés pour achever le reste. Dès notre
débarquement, j'ai vu, à la place occupée, il y a
quatre ans, par un marécage infect, s'élever sur
le terre-plein qui protège l'embouchure du canal,
une ville nouvelle, propre, salubre et gaie : la ville
de Christophe-Colomb, un des futurs emporiums
du commerce du monde; j'ai navigué, dans un
parcours d'une dizaine de kilomètres, sur le canal « qui n'existe que sur le papier », au dire des

voyageurs de la Bourse au Boulevard; j'ai traversé les deux nouveaux lits que les dragues et les excavateurs sont en train de creuser au Chagres; j'ai assisté à l'écroulement d'une montagne soulevée et réduite en miettes par la dynamite; j'ai vu la Culebra entamée et, sur tous les points dès 75 kilomètres de parcours du canal, une armée de travailleurs et de machines à l'œuvre. Cela m'a rassuré.

Je ne doute pas de la bonne foi des « défenseurs de l'épargne française », mais il m'a paru qu'ils avaient oublié tout simplement, dans leurs calculs, un facteur essentiel, je veux parler des travaux d'installation. Sans doute, à l'époque où votre prédécesseur, le roi Necho, a entrepris de joindre la Méditerranée à la mer Rouge, il lui a suffi d'expédier dans l'isthme de Suez une armée de travailleurs munis de pelles et de pioches, c'est-à-dire d'un matériel peu couteux et portatif. Il est permis de douter aussi que le roi Necho ait pris la peine d'installer des hôpitaux pour les malades et les blessés, car les remplaçants ne lui coûtaient rien; mais, n'en déplaise aux « défenseurs de l'épargne française », nous ne sommes plus au temps du roi Necho. La science a mis au service de l'industrie un outillage qui centuple les forces humaines.

L'armée de 12 à 15 000 travailleurs que j'ai vue à l'œuvre dans l'isthme de Panama est assistée d'un contingent de machines, dragues, excavateurs, locomotives, locomobiles, etc., représentant une force auxiliaire de près de 600 000 hommes; il a bien fallu amener ce contingent mécanique sur le champ de bataille et l'y installer; il a fallu aussi aviser aux moyens de le réparer sur place, et créer à son usage des ateliers de construction et de réfection; il a fallu, en même temps, recruter des travailleurs de chair et d'os pour gouverner et manœuvrer les autres, et comme nous vivons dans un temps où l'on ne peut plus recruter les gens malgré eux, à moins qu'il ne s'agisse d'en faire de la chair à canon, et où l'on commence à attacher un certain prix à la vie humaine, il a bien fallu mettre cette armée à l'abri des intempéries et procurer des secours au blessés et aux malades. Avant de commencer les travaux, on a donc été obligé de créer des ports et des chemins de fer, d'installer des dragues et des excavateurs, de construire des ateliers de réparation pour le matériel, des logements et des hôpitaux pour le personnel. C'était une œuvre de préparation nécessaire, et pour laquelle rien n'a été négligé, surtout quand il s'agissait de la vie des hommes. L'hôpital de Panama, par exemple, est une merveille. Mais cette œuvre préparatoire, elle ne pouvait pas s'improviser : elle a coûté beaucoup de temps et beaucoup d'argent. Est-ce, comme paraissent le supposer les adversaires du canal qui n'en tiennent aucun compte dans leurs calculs, est-ce du temps et de l'argent perdus? « La préparation, c'est un bon tiers sinon la moitié du travail d'exécution », me disait votre illustre et regretté collaborateur, M. Boyer, et son témoignage vaut bien à mes yeux celui des spéculateurs à la baisse.

Certes, il reste à donner un vigoureux coup de collier pour mener à bien cette colossale entreprise. Mais l'armée industrielle qui est à l'œuvre là-bas se montre pleine d'entrain et de confiance; elle dispose de l'outillage le plus puissant que la science et le capital aient jamais appliqué à la lutte contre les forces brutes de la nature ; elle est soutenue par une réserve de capitalistes grands et petits, qui comprennent que l'achèvement de cette entreprise, l'une des plus hardies et des plus fécondes du siècle, importe non seulement à leurs intérêts mais encore à l'honneur de la France ; enfin, elle est commandée par un général qui l'a déjà conduite à victoire et qui l'y conduira une seconde fois !

G. DE MOLINARI.

A

PANAMA

I

Southampton. — Le voyage. — Histoire du percement de l'isthme
de Panama.

En vue de la Barbade, le 15 février 1886.

A peine revenu depuis trois mois du Canada et des
Montagnes-Rocheuses, me voici de nouveau en plein
Océan. J'étais allé au Canada pour inaugurer une ligne
directe de navigation à vapeur, entre la France et son
ancienne colonie, et vous savez avec quel enthousiasme
notre « délégation » a été accueillie par les Français
d'Amérique, demeurés, malgré un siècle d'abandon,
religieusement fidèles au souvenir de la mère patrie.
Je vais aujourd'hui visiter le percement de l'isthme de
Panama, une entreprise due à l'initiative privée et à
l'esprit d'association des Français, qu'on accuse de
manquer absolument d'initiative et d'esprit d'association ; ce qui les oblige, assure-t-on, à recourir perpé-
tuellement à la tutelle et à l'assistance de l'État. Le
percement de l'isthme de Suez a commencé à faire

justice de ce lieu commun des quémandeurs de protections et de subventions ; j'espèce que le creusement du canal de Panama achèvera la démonstration.

Malgré ses quatre-vingts ans sonnés, l'illustre promoteur de ces deux grandes et fécondes entreprises, M. de Lesseps a voulu se rendre compte par lui-même de l'état actuel des travaux dans l'isthme, peut-être aussi rassurer les intérêts considérables engagés dans l'affaire, en invitant des témoins indépendans et sans parti pris à l'accompagner. Les chambres de commerce de Marseille, Bordeaux, Saint-Nazaire et Rouen (pourquoi pas le Havre ?) ont répondu à son appel et pris dans le dessus de leur panier les membres chargés de les représenter : MM. Jules Roux, Fernand Bichon, Méresse et E. Ferry. Un délégué allemand, dont l'impartialité, à coup sûr, ne saurait être suspecte, M. Pescheck, attaché à l'ambassade d'Allemagne à Paris, s'est joint à la délégation française. M. de Lesseps avait convoqué aussi un délégué anglais et un délégué américain, mais ces messieurs se sont excusés pour des raisons toutes privées. Une soixantaine d'entrepreneurs, ingénieurs, conducteurs de travaux, complètent l'expédition. Le jour du départ, mercredi 27 janvier, les uns prennent la voie de Calais avec M. de Lesseps, les autres s'en vont par le Havre, pour se réunir le jeudi matin à l'hôtel Radley, à Southampton. Levé de bonne heure, selon son habitude, M. de Lesseps reçoit force télégrammes de félicitations de Plymouth et des autres ports de l'Angleterre. A 10 heures, les membres de la chambre de commerce de

Southampton viennent lui présenter une adresse. Le président, avec une liberté de langage toute britannique, reproche au gouvernement anglais son opposition malencontreuse à l'entreprise du percement de l'isthme de Suez, dont l'Angleterre devait être la première à recueillir les bénéfices, et c'est au bruit des applaudissements qu'il exprime les vœux des représentants du commerce anglais pour la réussite de l'entreprise de Panama. A 11 heures, arrivée du maire, en costume de cérémonie, robe bordée de fourrures, chaîne d'or au cou, précédé de ses massiers et accompagné de ses aldermen, de magistrats en robe rouge et d'une foule de notabilités qui viennent témoigner leurs sympathies au « Grand Français » et lui serrer vigoureusement la main. Les voitures de gala sont à la porte. M. de Lesseps et ses compagnons sont conduits à l'hôtel de ville, où un lunch plantureux avec une formidable *toast list* ont été préparés à leur intention. Faute de soldats de la reine — je n'en ai pas aperçu un seul échantillon dans ce grand avant-port de Londres — des pompiers font la haie dans l'escalier. La salle du banquet est ornée des couleurs de toutes les nations ; un immense drapeau tricolore fait pendant au drapeau anglais. La table en fer à cheval est garnie de 102 couverts, c'est tout ce que la salle peut contenir, et encore ! M. de Lesseps s'assied au bruit des hip ! hip ! hourrah ! entre le maire et lord Montagu. Le menu est français et la cuisine non moins française. Au dessert, le *toast-master* va se placer derrière le maire, dans une attitude solennelle.

Ce *toast-master* est vêtu d'une toge violette. Il tient de
la main droite un bâton blanc, de la main gauche la
liste des toasts, dont voici l'ordre : A la reine ! — Au
président de la république française ! — Au prince et
à la princesse de Galles et aux autres membres de la
famille royale ! — A l'évêque et au clergé du diocèse,
et aux ministres de toutes dénominations ! — A M. de
Lesseps, notre hôte distingué, en lui souhaitant tout
succès pour son importante entreprise ! — A l'armée !
— A la marine et à la réserve ! — Aux membres du
bourg de Southampton ! — Aux Compagnies liées à la
ville et au port ! — A la presse ! Total, neuf toasts, et,
avec les réponses, vingt-six discours.

Le *toast-master* ouvre ce menu oratoire en levant
son bâton blanc et en demandant le silence : *Please
gentlemen silence for* (le nom de l'orateur). Le discours
terminé, il donne le signal des hip ! hip ! hourrah ! qui
s'accentuent et se répètent particulièrement à la fin de
la réponse de l'hôte illustre de la municipalité.
M. de Lesseps exprime notamment son admiration
pour les franchises communales dont jouit le peuple
anglais. Le fait est que voilà une ville de 65,000 âmes
— 100,000 avec les faubourgs —, qui se gouverne
elle-même, sans préfet ni sous-préfet, dont les services publics laissent peu de chose à désirer et dont
les finances sont en bon ordre. Les dépenses municipales s'élèvent à 30,000 livres sterling pour le bourg ;
environ 10 shellings (12^{fr}, 50) par tête. Il y est pourvu
au moyen d'un impôt direct sur la propriété assise.
Les habitants se plaignent, me dit-on, de ce que la

taxe est lourde ; mais c'est le mérite de l'impôt direct
de faire exactement connaître à chacun ce qu'il paye
et de lui permettre d'apprécier la valeur des services
qu'il reçoit en échange, en un mot de lui donner les
moyens de savoir s'il en a pour son argent. Comme il
n'y a pas d'octroi ni de taxes de consommation d'aucune sorte, la vie est à bon marché. Mais il est 2
heures. Le *toast master* se lève et déclare que la liste
des toasts est close. Les invités remontent en voiture
et se rendent au port, au bruit des acclamations de la
population massée sur leur passage. Un petit bateau à
vapeur, la *Princesse-Alice*, les conduit à bord du
Medway, de la Royal Steam-packet Company, qui est
à l'ancre dans la baie. Dernières poignées de main,
redoublement des hip! hip! hourrah! A 3 heures,
le *Medway* lève l'ancre ; à 6 heures, les côtes d'Angleterre ont disparu dans la brume.

Le *Medway*, capitaine Herbert, est un grand et
beau navire de 3,687 tonneaux, de 120 mètres de
long sur 12 de large, confortablement aménagé et
tenu avec propreté et correction, mais un peu lourd
— probablement en sa qualité de bateau postal, chargé
de la correspondance des Indes occidentales ; il ne
file guère que 12 à 13 nœuds (1) à l'heure et même
moins. Les passagers sont nombreux. Outre la petite
armée civile dont M. de Lesseps est le général, on
compte les clients ordinaires de la ligne, fonctionnaires

____

(1) Un nœud équivaut à un mille marin, soit à 1,851 mètres
70 centimètres.

anglais civils et militaires, négociants, propriétaires,
avec leurs familles. Le soir nous sommes environ
150 à table, mais c'est le premier jour! Le lendemain, hélas! nous ne sommes plus que 15. C'est que
la Manche est mauvaise et que le golfe de Gascogne
est pire! En tête des 15, assis à côté du capitaine et
en face d'une vieille mais solide lady, représentant
unique de son sexe en ces jours désolés, M. de Lesseps, la mine souriante et mangeant de bon appétit,
au milieu du fracas des assiettes qui se heurtent,
des plats qui volent et des verres qui se brisent. Pendant trois jours, le *Medway* n'est plus qu'un vaste
hôpital. Heureusement, à la hauteur de Gibraltar,
l'Océan finit par s'apaiser, le baromètre monte avec
le thermomètre, et le mardi, quand on nous signale
au loin l'île de Santa-Maria des Açores, le beau temps
est revenu ; le lendemain on dresse la tente sur le
pont, on enlève les armatures qui soutiennent les
plats et les bouteilles sur les tables et auxquelles on
a donné le sobriquet caractéristique de *violons*, apparemment parce qu'elles apparaissent au moment où
le navire entre en danse. Tout le monde est sur pied,
en appétit et en gaieté. Cependant, les journées sont
longues. Je profite de mes loisirs pour me remettre
en mémoire l'historique de l'entreprise du percement
de l'isthme de Panama, et peut-être ceux de nos lecteurs qui veulent bien m'accompagner dans mes
pérégrinations ne seront-ils pas fâchés d'en avoir sous
les yeux une esquisse en guise de préface.

L'isthme ou plutôt la série d'isthmes qui réunissent les deux parties du continent américain ont une longueur de 2,300 kilomètres et une largeur qui varie de quelques centaines de kilomètres à 50 kilomètres à San Blas et 56 kilomètres à vol d'oiseau, à Panama, points cù l'étranglement est le plus étroit. Cette mince langue de terre, interposée entre deux océans, n'en constitue pas moins le plus grand obstacle que rencontre sur notre globe la navigation intercontinentale. Pour aller de Londres à San Francisco, par exemple, il faut descendre au 55° degré de latitude Sud, traverser le détroit de Magellan ou doubler le cap Horn, en faisant un détour de 3,000 à 4,000 lieues. On a dû naturellement chercher à supprimer cet obstacle ou à le tourner. Tout le monde connaît les tentatives qui ont été faites pour découvrir un passage au nord-ouest du continent américain. On a fini par s'assurer que le passage existe, mais que les glaces le rendent absolument impraticable. L'inventeur du phalanstère, l'illustre Fourier, prétendait à la vérité qu'il suffirait d'adopter son système pour dégeler la Mer Glaciale, et même la changer en limonade. Malheureusement on n'est pas près d'adopter le système de Fourier. En attendant, on s'est rabattu sur l'opération infiniment plus simple du percement de l'isthme, et l'idée en est venue de bonne heure. Sept ans après que Nuñez de Balboa eut découvert l'Océan Pacifique (29 septembre 1513) et en eut pris possession au nom du roi d'Espagne, en se plongeant tout armé dans ses flots, le premier des précurseurs de M. de Lesseps, Angel Saavedra, proposa de percer l'isthme de Darien,

extrémité méridionale du grand isthme. Trois ans
plus tard, le conquérant du Mexique, Fernand Cortez,
faisait étudier le projet d'un canal maritime à l'autre
bout de l'isthme, à Téhuantépec. Mais l'industrie
privée ne possédait pas alors la puissance nécessaire
pour entreprendre une pareille œuvre, et le gouvernement espagnol, propagateur sinon inventeur du
système colonial qu'on s'efforce aujourd'hui de res-
susciter, s'appliquait plutôt à créer des obstacles au
commerce qu'à les détruire. C'est seulement en 1780
que le roi Charles III ordonnait une exploration technique de l'isthme de Panama, en vue de l'établissement d'un canal maritime.

Les événements de la Révolution firent ajourner
cette entreprise féconde avec bien d'autres, mais elle
s'était emparée des esprits et elle devait rester désor-
mais à l'ordre du jour. En 1804, M. de Humboldt
faisait de la propagande en faveur du percement de
l'isthme de Darien, et en 1825, le libérateur de la
Colombie, le célèbre Bolivar, accordait à un Français,
le baron Thierry, la concession d'un canal à Panama.
Par malheur, le baron Thierry avait plus d'imagination que d'argent; il ne put même commmencer les
études techniques du canal. Le libérateur en chargea
alors un Anglais et un Suédois, MM. Lloyd et Fall-
mare, dont les rapports ont été publiés en 1830 par
la Société royale de Londres. Ces études étaient fort
incomplètes, et même erronées en un point essentiel.
Lloyd affirmait qu'il existait une différence de niveau
de 3 mètres entre les deux océans, et cette erreur

manifeste — car le niveau est sensiblement le même
des deux côtés de l'isthme, — a été acceptée pendant
longtemps comme une vérité indiscutable. Enfin, en
1843, un ingénieur des mines, Napoléon Garella,
envoyé par une Société française, exécuta la triangu-
lation de l'isthme entre Chagres et Panama, en vue
à la fois de la création d'un chemin de fer et d'un
canal. Les deux tracés étaient terminés en 1844. La
Compagnie se décida pour le chemin de fer, mais
elle ne réussit pas à constituer son capital en temps
utile; la révolution de 1848 survint, la concession
qu'elle avait obtenue se trouva périmée et elle fut
supplantée par la Compagnie américaine à laquelle
on doit la construction du chemin de fer de Panama.

A dater de cette époque, les études et les projets se
multiplièrent. Le prince Louis-Napoléon, notamment,
occupa les loisirs de sa prison de Ham à rédiger un
projet de percement de l'isthme par le lac de Nicaragua et la rivière San Juan canalisée, et on prétend que
des capitalistes lui offrirent la direction de l'entreprise.
Mais il avait d'autres visées. Cependant, ce projet et
bien d'autres, malgré ce qu'ils avaient de séduisant
pour les hommes d'imagination, trouvaient peu de
crédit auprès des hommes d'affaires. Il fallait pour les
faire descendre des nuages que le succès du canal de
Suez eût démontré qu'on peut percer un isthme et
y gagner de l'argent. C'est le canal de Suez qui a
rendu possible celui de Panama. Aussi le gouvernement des États-Unis, qui s'était montré jusqu'alors
assez indifférent à cette entreprise, se décida-t-il à en-

voyer en 1870 une petite armée d'ingénieurs, d'astronomes et de marins pour dresser la topographie de l'isthme. Les navires de l'État, les instruments et les provisions nécessaires, furent mis libéralement à leur disposition. Le gouvernement de l'Union se proposait-il, en faisant cette dépense, un but purement scientifique ou voulait-il entreprendre pour son compte le percement de l'isthme? nous l'ignorons; mais en tous cas, il allait se laisser devancer par l'initiative privée, et c'est ici que commence la période de réalisation de l'idée du canal de Panama.

Dans la première session du Congrès des sciences géographiques, tenu en 1871 à Anvers, la question fut mise à l'ordre du jour, et elle revint dans la seconde session, en 1875, où elle fut l'objet d'un débat approfondi. M. de Lesseps s'y éleva avec vivacité contre le système des canaux à écluses, auquel tous les auteurs de projets s'étaient arrêtés jusqu'alors, et le Congrès émit un vœu en faveur de la continuation des études du canal. Pour répondre à ce vœu, la section commerciale de la Société de géographie constitua en mars 1876, sous la présidence de M. de Lesseps, un « comité français pour l'étude du percement d'un canal interocéanique. » Le comité se mit aussitôt à l'œuvre et poursuivit les études que la section devenue plus tard la Société de géographie commerciale avait entreprises. Vers la même époque, le général Turr et M. Lucien N.-B. Wyse formaient une Société civile destinée à pourvoir aux frais d'exploration de l'isthme. Une expédition commandée par M. Wyse, et dont faisaient partie MM. Armand Reclus, Bixio, officier d'ordonnance du roi d'Italie, Celler, ingénieur en chef des ponts et chaussées, etc., explora, non sans de cruelles fatigues et en perdant trois de ses membres, la partie méridionale de l'isthme jusqu'à Panama, et finalement elle obtint du gouvernement colombien un acte de concession du canal.

En vertu de cet acte de concession approuvé par une loi du 18 mai 1878, le gouvernement des États-Unis de Colombie accorda aux concessionnaires un privilège exclusif de quatre-vingt-dix-neuf ans, à dater de l'ouverture du canal, en leur donnant un délai de deux ans pour constituer leur entreprise. Voici quelques-unes des stipulations principales de cet acte, qui est devenu la charte de la Compagnie actuelle. Le canal doit être terminé en douze ans à dater de la formation de la Compagnie, avec faculté de prolongation pendant six ans; il est fait cession gratuite à la Compagnie des terres domaniales nécessaires à l'exécution du canal sur une profondeur de 200 mètres de chaque côté; plus, de 500,000 hectares de terre avec les mines qu'elles contiennent dans des localités à son choix; les ports du canal sont déclarés francs et libres; des douanes y seront établies seulement pour l'importation des marchandises dans les autres parties de la république; aucune contribution d'Etat ou municipale ne sera établie sur le canal, dont l'entreprise est déclaré d'utilité publique. En revanche, le gouvernement percevra sur le produit brut une redevance de 5 p. 100 dans les vingt-cinq premières années, de 6 p. 100 jusqu'à la cinquantième année, de 7 p. 100 jusqu'à la soixante-quinzième, et de 8 p. 100 jusqu'à la quatre-vingt-dix-neuvième, redevance qui sera attribuée pour les 4/5es au gouvernement de l'Union, pour 1/5e au gouvernement de l'État particulier de Panama, avec cette condition que si le tantième stipulé du produit brut demeure inférieur à la somme de 1,250,000 fr., cette somme devra être complétée, et payée, les 9/10es en or et 1/10e en argent. Enfin, l'acte stipule que « l'entreprise ayant un caractère essentiellement international et économique, il est entendu qu'elle doit demeurer absolument étrangère à toute ingérence politique. La Compagnie prendra le nom de *Compagnie universelle du canal interocéanique;* son siège sera à Bogota, New-York, Londres ou Paris, au choix; ses contrats et titres ne pourrront être grevés d'aucun droit par le gouvernement colombien (1).

De retour à Paris, les concessionnaires s'adressèrent au « comité français, » pour obtenir son concours. Le comité, jugeant alors que la question était arrivée à maturité, mais ne voulant pas assumer la responsabilité d'une entreprise aussi colossale, convoqua un *Congrès international d'études du canal interocéanique,* qui se réunit à l'hôtel de la Société de géographie du 15 au 29 mai 1879.

Composé de 136 membres, appartenant à 23 nationalités différentes, le Congrès se partagea en cinq sections ou commissions : 1° statistique, 2° questions

(2) Voir à l'appendice le texte de la concession du canal de Panama.

économiques et commerciales, 3° navigation, 4° questions techniques, 5° voies et moyens. Les deux commissions de statistique et des questions techniques y
jouèrent un rôle prépondérant. La première, en effet,
était chargée d'étudier et d'évaluer le trafic probable
du canal; la seconde d'en choisir l'emplacement, de
donner son avis sur les deux systèmes concurrents
des canaux à écluses ou sans écluses et finalement de
dresser un devis approximatif de la dépense. Bref, les
deux commissions avaient à rechercher ce que le canal pourrait coûter et ce qu'il pourrait rapporter.

Certes, au point de vue de l'abréviation des distances, l'utilité du canal était indiscutable. Comme on
peut s'en assurer en jetant un coup d'œil sur le tableau
ci-dessous, il allait abréger de plusieurs milliers de
lieues quelques-unes des principales routes maritimes
et commerciales du globe.

INDICATION DES PORTS	Distance par le Cap Horn	Distance par l'Isthme	Abréviation de la distance
	Lieues marines de 25 au degré (3)		
De Londres ou Liverpool à San-Francisco......................	6.800	3.300	3.500
Du Havre à San-Francisco.......	6.500	3.200	3.300
De Bordeaux ou du Havre à Valparaíso.........................	4.400	3.000	1.400
De Londres aux Iles Sandwich...	6.000	3.200	2.800
De New-York			
A Valparaiso	4.300	1.600	2.700
Au Callao	4.500	1.200	3.300
A Guayaquil......................	4.800	950	3.850
A San-Diégo......................	6.200	1.500	4.700
A San-Francisco..................	6.400	1.700	4.700
A Vancouver......................	6.700	1.900	4.800

Mais encore fallait-il que les régions placées dans la sphère d'attraction du canal pussent fournir un trafic suffisant pour rétribuer l'entreprise. Notre savant confrère M. Levasseur se chargea de réunir les éléments statistique nécessaires à cette appréciation, et, en s'appuyant à la fois sur les relevés des années antérieures et sur la progression constatée d'une année à l'autre, il arriva pour l'année 1889 fixée comme l'époque éventuelle de l'ouverture du canal, au chiffre de 7,249,000 tonnes.

« Suivant nos calculs, disait-il, ces nombres représenteraient à cette époque (1889), en premier lieu, l'ensemble du commerce des États-Unis avec l'Asie orientale et l'Océanie; en second lieu, la moitié du commerce des États-Unis avec l'océan Indien; en troisième lieu, le commerce des îles de la Polynésie et celui des États de la côte américaine du Pacifique avec les États baignés par l'océan Atlantique septentrional; en quatrième lieu, le cabotage des États-Unis d'un océan à l'autre; en cinquième lieu, la moitié du trafic de l'Europe avec l'Asie orientale et l'Océanie. Il constitue sinon la clientèle nécessairement dévolue au canal dès le premier jour, du moins le fonds d'alimentation de son transit ».

« Nous donnons en bloc, ajoutait-t-il, le nombre brut; nous ne faisons pas la part de chacune des voies de communication qui existeront alors (en 1889) à travers le continent ou au sud du continent américain. C'est au canal à se la faire lui-même. Nous lui montrons le double réservoir dans lequel il aura à puiser pour s'alimenter le jour de sa naissance, et, afin de rester fidèle à notre mission toute scientifique, nous bornons là nos indications. Voilà le point de départ. Il appartiendra ensuite au canal d'attirer à lui la clientèle et d'accroître d'année en année son trafic dans une mesure que nous renonçons à fixer et qui sera d'autant plus grande qu'il aura plus complètement favorisé l'accroissement de la richesse dans les contrées qu'il rapproche. Nous ajoutons qu'il aura pour cela de grands avantages sur les voies rivales, parce qu'il permettra un transport sans transbordements et qu'il offrira, dans la plupart des cas, la route la plus courte. Nous répétons aussi que nous n'avons pas cherché à enfler ses espérances ; nous avons réduit plusieurs fois et nous n'avons jamais cherché à exagérer les estimations. »

Il est certainement fort difficile d'apprécier la part que le canal pourra prendre dans le mouvement maritime de sa sphère d'attraction. Cela dépendra à la fois du prix fixé pour le passage et du plus ou moins d'habileté de la direction de l'entreprise. On ne peut, de même, faire que des conjectures sur le taux probable d'accroissement du trafic. Toutefois, sous ce dernier rapport, il est permis de croire que les prévisions seront dépassées, car l'expérience atteste que toute abréviation des distances, toute réduction des frais de transport élargit les débouchés existants et même en crée de nouveaux en augmentant le nombre des marchandises transportables. Ainsi, par exemple, les immenses forêts qui bordent la côte du Paci-

fique ne peuvent être exploitées, parce que les bois ne
supportent pas les frais de transport par le cap Horn;
moyennant un tarif réduit au besoin, ils pourront
arriver par le futur canal en quantités croissantes sur
les marchés de l'Atlantique. Un simple chiffre mon-
trera, du reste, à quel point la diminution de l'obstacle naturel des distances (sans parler de l'obstacle
artificiel des douanes) peut développer les relations
commerciales. De 1860 à 1877, le trafic entre les ports
anglais et les ports asiatiques, rapprochés par le percement de l'isthme de Suez, a passé de 2,292,476 tonneaux à 4,641,933, soit une augmentation de 102,
48 0/0. Sans doute les Indous sont plus nombreux
que les Californiens et les Australiens, mais au point
de vue de la consommation et du commerce un seul
Californien vaut plusieurs centaines d'Indous. Ajoutons que le canal de Panama ne manquera pas de
faire, dans une certaine mesure, concurrence à son
aîné, le canal de Suez, et, peut-être aussi, de provoquer un retour partiel à la navigation à voiles. « L'importance de la navigation à voiles, remarque M. Wyse
(*le Canal de Panama*), est beaucoup plus grande pour
le canal interocéanique que pour celui de Suez. En
effet, les vents généraux ou alisés du Nord-Est, dominant sur les 7/8es de la largeur du globe entre l'équa-
teur et quelques degrés de latitude au nord du tropique du Cancer, sont entièrement favorables aux
voiliers qui voudront passer de l'Atlantique au Pacifique, tandis que la mer Rouge leur est pour ainsi dire
interdite. Beaucoup de vapeurs mixtes profiteront

aussi de cette remarquable disposition des courants atmosphériques pour faire plus vite et à meilleur marché le tour du monde de l'est à l'ouest par le canal de Panama et le canal de Suez. » Enfin, des relevés récents que nous trouvons dans la *Gazette maritime et commerciale*, et qui se rapportent à l'année 1884, attesteraient (en admettant qu'ils soient exacts, ce que nous ne pouvons vérifier à bord du *Medway*), que le taux d'accroissement du mouvement maritime dans la sphère d'attraction du canal a été fort supérieur à celui que prévoyait M. Levasseur : au lieu de 7,249,000 tonneaux pour 1889, il aurait été déjà de 9,304,000 tonneaux en 1884. En supposant que le prix du passage de l'isthme soit fixé, comme il le sera probablement, entre un minimum de 10 fr. et un maximum de 15 fr. par tonne, et à la condition que le canal soit aisément praticable et que les frais d'établissement n'en soient point exagérés, ces estimations laisseraient visiblement une marge suffisante pour la rétribution du capital de l'entreprise.

C'était là le second point essentiel que le Congrès avait à examiner et qui était l'affaire spéciale de la commission des questions techniques. Il fallait décider d'abord de l'emplacement, et la commission n'avait que l'embarras du choix. On ne lui présentait pas moins de quatorze projets, pour la plupart sérieusement étudiés, et dont les auteurs mettaient naturellement une vive ardeur à faire valoir les avantages. Quelques-uns, ceux de la traversée du lac de Nicaragua par exemple, se recommandaient sous le rapport de l'économie; celui de San-Blas avait l'avantage d'être le plus court (53 kilomètres seulement); en revanche, il était le plus cher et il avait l'inconvénient d'exiger la construction d'un tunnel de 16 kilomètres. Il fallait ensuite choisir entre le système des canaux à écluses, qui avait pour lui la généralité des ingénieurs et le point de vue de l'art, et celui des canaux à niveau, plus simple, mais aussi plus coûteux et que patronnait M. de Lesseps. Il fallait enfin étudier les devis, et les comparer. C'était une grosse besogne. Après une série de longues et laborieuses séances, la commission se prononça en faveur du projet de M. Wyse, — tracé de Colon à Panama et canal à niveau dont le coût était évalué à 1,070 millions, et, avec les intérêts pendant la construction, à 1,200 millions. Le rapporteur, M. Voisin Bey, motivait ainsi le choix de la commission:

« La dépense de construction du canal à écluses modifié, disait-il, n'est estimée, il est vrai, qu'à 570 millions, tandis que la dépense du canal à niveau serait approximativement de 1,070 millions, presque le double. Mais on ne doit pas s'arrêter devant cette grande différence des chiffres d'estimation. Même avec son chiffre de dépenses de construction de 1,070 millions, le canal à niveau sera rémunérateur; car ici on ne sera pas limité comme dans l'entreprise de Suez pour la fixation du tarif; on pourra donc parfaitement adopter le chiffre de 15 fr. par tonne... Or, le canal à niveau est incontestablement la meilleure et par conséquent la véritable solution pour le canal interocéanique, car il faut que les navires aient la

certitude de ne pas être arrêtés, et un canal maritime
à niveau offre évidemment sous ce rapport une sécurité
beaucoup plus grande qu'un canal à écluses. »

Restait la question des voies et moyens. La commission chargée de l'examen de cette question capitale se
borna à rechercher s'il y avait lieu ou non de demander aux gouvernements civilisés d'accorder un *minimum* d'intérêt à l'entreprise. M. de Lesseps, avec son
sens pratique ordinaire, fit écarter la demande de
minimum, sachant bien qu'elle aurait probablement
pour résultat unique de renvoyer aux calendes grec-
ques l'exécution du canal, et la commission se contenta de formuler les conclusions suivantes :

1re *conclusion*. Même dans le cas où, échappant à la
loi de la progression constante des transactions de
peuple à peuple, les élémens du transit ne dépasse-
raient point les quantités constatées, l'entreprise du
canal interocéanique paraît assurée d'un revenu brut
laissant un excédent de la recette sur la dépense.

2e *conclusion*. Le droit de passage, que peut norma-
lement supporter le commerce dans l'intérêt de son
développement, ne devrait point excéder le taux de
15 fr. par tonne, et ce droit pourrait être réduit au fur
et à mesure de l'accroissement du transit.

Il ne restait plus au Congrès qu'à ratifier ou à rejeter
les conclusions de ses commissions. Dans la dernière
séance du 29 mai 1879, le secrétaire général M. Bionne
résuma les travaux des commissions, et après avoir
éliminé les projets qui avaient réuni le moins de suf-
frages, il récapitula les données numériques des prin-

cipaux tracés : Téhuantépec, 240 kilomètres de longueur, dépense non évaluée ; Nicaragua, deux projets,
292 kilomètres et 900 millions ; Panama, 73 kilomètres, trois projets, — deux à écluses, 1000 et 700 millions ; à niveau, 1,200 millions ; San Blas, 55 kilomètres,
1,400 millions ; Atrato Napipi (isthme de Darien),
290 kilomètres, 1,130 mlilions. Le Congrès alla ensuite
aux voix, et, à une majorité de 78 voix contre 8 et
12 abstentions, il se prononça en faveur du canal à
niveau de Colon à Panama.

Cependant, quelle que fût la valeur morale des décisions de ce congrès international, ces décisions seraient
restées, selon toute apparence, à l'état platonique,
si un homme ne s'était rencontré ayant l'autorité et le
prestige nécessaires pour les mettre à exécution. Cet
homme, tout le monde le désignait, c'était l'auteur
du percement du canal de Suez, M. de Lesseps. Au
moment de prononcer la clôture du Congrès, il annonça, au bruit des applaudissements enthousiastes
de l'assemblée, qu'il acceptait cette nouvelle tâche.

« Je ne pensais pas, dit-il, il y a quinze jours, que je
serais obligé de me mettre à la tête d'une entreprise
nouvelle. Mes meilleurs amis ont voulu m'en dissuader,
me disant qu'après Suez je devais me reposer. Eh bien !
si l'on demande à un général qui a gagné une première bataille s'il veut en gagner une seconde, il ne
peut pas refuser. »

A la clôture du Congrès international d'études se
termine ce qu'on pourrait appeler la seconde phase
préparatoire de l'entreprise. La troisième, celle de

l'exécution, ne devait pas tarder à lui succéder. Après avoir traité avec la société concessionnaire du projet du canal de Panama et négocié le rachat du chemin de fer (opération excellente pour le dire en passant, car elle ne·rapporte pas moins de 7 p. 100), et avoir fait un premier appel infructueux aux capitaux (août 1879), M. de Lesseps réussissait en décembre 1880 à constituer un capital-actions de 300 millions, réparti entre 102,116 souscripteurs, et, le 3 mars 1881, l'assemblée générale des actionnaires ratifiait la constitution de la « Compagnie universelle du canal interocéanique ». Le premier quart du capital était versé immédiatement, le second était appelé le 1er janvier 1882, et le troisième vient de l'être ce mois-ci. Trois séries de 250,000 obligations à 500 fr. 5 p. 100 600,000 à 3 p. 100 et 387,387 à 4 p. 100, ont été ensuite émises et ont produit 409 millions; elles constituent, avec les versements du capital-actions, un ensemble de ressources réalisées de 634 millions et 709 millions lorsque le dernier quart du capital-actions aura été appelé. Le chemin de Colon-Panama ayant coûté 109 millions, il resterait donc encore à demander au public 600 millions pour compléter l'exécution du canal, dans les limites de l'évaluation du Congrès international d'études.

Tel est l'historique abrégé et la situation financière de cette colossale entreprise. Maintenant, il s'agit de savoir dans quel état d'avancement se trouvent les travaux, et quelles difficultés restent à vaincre. C'est ce que je vais tâcher d'apprendre à Panama.

Quelques mots encore au sujet des critiques variées

que cette grande entreprise a provoquées. On a prétendu que, en engageant les capitaux français dans le percement de l'isthme de Panama, non seulement on exposait les actionnaires et même les obligataires à perdre leur argent, mais encore que cet argent français allait servir à favoriser la concurrence anglaise et américaine aux dépens de l'industrie et de l'agriculture françaises; que le canal de Panama mettrait le Chili, le Pérou, la Chine et l'Australie à la portée des industriels américains et permettrait aux producteurs de blés de la Californie d'inonder plus que jamais nos marchés. Sans doute l'entreprise de Panama comporte des risques. Quelle est l'entreprise qui n'en comporte pas? Quel est le placement de fonds à l'intérieur aussi bien qu'à l'étranger qui procure un revenu assuré? Si, comme le prétendent nos bons socialistes, le capital est un tyran, il expie cruellement ses forfaits, car son existence est continuellement menacée, qu'il s'en aille en Italie, en Espagne, en Turquie ou à Haïti ou qu'il reste en France. C'est un tyran inquiet et qui a ses raisons de l'être. Mais, comme le remarquait dernièrement M. de Lesseps à l'assemblée générale de la Société de topographie, il n'a pas eu trop à se repentir jusqu'à présent d'avoir concouru à abréger les communications maritimes du globe. « Il y a une chose qui m'a été des plus sensibles, disait-il, c'est quand on dit que j'ai pris 600 millions en France pour faire le canal de Suez, et que j'ai emporté cet argent à l'étranger. Il est évident que le canal de Suez n'est pas en France. Eh bien! savez-vous ce qu'il a rapporté jusqu'ici à la France? 1 milliard 250 millions. » C'est un précédent qui a bien sa valeur. Est-il plus vrai de dire que le percement de l'isthme de Panama sera funeste à nos intérêts agricoles et industriels? L'abréviation des distances maritimes ne constitue-t-elle pas un avantage commun à tous les peuples, en même temps qu'elle est un bien pour l'universalité des consommateurs français ou étrangers, tous intéressés à l'aplanissement des obstacles qui exhaussent le prix des choses nécessaires ou agréables à la vie? Quant à nos industriels et à nos agriculteurs, s'ils sont arrivés à un tel degré de décadence et d'imbécillité qu'ils aient à redouter l'ouverture d'un canal, plaignons-les ! Mais il faut avouer que ceux qui les défendent ne se piquent pas de les flatter. — On a reproché encore à la Compagnie du canal de Panama d'employer des entrepreneurs étrangers et de ne point réserver exclusivement ses transports aux entreprises françaises de navigation, celles-ci, d'ailleurs, grassement subventionnées par l'État. Autrement dit, on lui a reproché de ne point ajouter aux frais nécessaires de son entreprise un supplément de 10, 15 ou 20 p. 100, soit de 120, 180 ou 240 millions et peut-être davantage, sous forme de tributs payés aux entrepreneurs et aux Compagnies de navigation, qui travaillent plus cher ou moins bien que leurs concurrents étrangers. Il y a probablement des protectionnistes parmi les actionnaires de la Compagnie ; mais n'est-il pas permis de douter que cette application de leur doctrine favorite eût le don de leur plaire ? Que dire du reproche qui a été adressé à M. de

Lesseps de vouloir, à son âge diriger seul la Compagnie?
Ignore-t-on que les travaux de l'isthme sont soumis à
une commission technique supérieure composée d'une
élite d'hommes spéciaux, français et étrangers (1) ?

En définitive, on ne peut, sans injustice, prétendre
que cette grande entreprise du percement de l'isthme
de Panama a été faite à la légère. Il y a plus de trois
siècles que le projet en a été conçu par les conquérants
du Mexique et de la Nouvelle-Espagne, et ce projet est
devenu l'objet des préoccupations et des études d'une
élite d'hommes d'État, d'explorateurs et d'ingénieurs,
depuis que les progrès de la mécanique industrielle
l'ont rendu réalisable, et que le développement des
relations maritimes et commerciales l'a rendu nécessaire. Un congrès international, réunissant des
hommes compétents des deux mondes, s'est chargé
d'en préparer la réalisation, et l'homme que la voix
universelle désignait pour diriger cette entreprise de
civilisation y a voué les dernières et glorieuses années
de sa carrière. Il est possible que des fautes aient été
commises au début, que la Compagnie de Panama

(1) Cette commission technique des travaux du canal est composée de MM. Boutan, ingénieur des mines ; Daubrée, membre de
l'Institut ; Dirks, ingénieur en chef du Waterstaat (Hollande) ; de
Fourcy, inspecteur des ponts et chaussées ; Gioia (le commandeur)
ingénieur italien ; Jurien de la Gravière (l'amiral), membre de
l'Institut ; Lalanne, id. ; Laroche, ingénieur en chef des ponts et
chaussées ; Larousse, ingénieur hydrographe ; Oppermann, ingénieur des mines ; Pascal, inspecteur général des ponts et chaussées ; Reclus, lieutenant de vaisseau ; Ruelle, ingénieur en chef des
ponts et chaussées ; Voisin Bey, inspecteur général des ponts et
chaussées.

ait fait des « écoles » coûteuses. Mais ne fallait-il pas s'y attendre? Quelle entreprise a jamais été menée à bien sans erreurs et sans mécomptes? Ce n'est pas une raison pour se décourager; c'est, au contraire, une raison pour redoubler d'énergie et d'efforts.

La réussite de l'affaire de Panama n'intéresse pas uniquement, ai-je besoin de le dire? les actionnaires de la Compagnie; elle intéresse la France entière. Nous vivons dans un temps où la puissance et la vitalité des peuples se mesurent non seulement par le déploiement de leurs forces militaires et le succès de leurs armes, mais aussi par leur esprit d'entreprise, la grandeur et l'utilité de leurs œuvres. Si l'entreprise française du percement de l'isthme de Panama venait à échouer, si les Américains — qui y sont tout disposés — se chargeaient d'acheter une œuvre que nous aurions renoncé à poursuivre, faute de confiance en nous-mêmes, le prestige de la France serait pour longtemps compromis dans les deux mondes. Ce serait comme une bataille perdue. Espérons que ce sera une bataille gagnée!

Quoique les journées soient longues à bord du *Medway*, elles finissent par s'écouler, les cinq repas réglementaires aidant. Nous sommes entrés dans la région des vents alisés, et nous avons traversé le tropique. L'Océan est de plus en plus calme, les vagues paresseuses se soulèvent à peine comme si elles étaient alourdies par la chaleur croissante. De 3 ou 4 degrés au départ de Southampton, le thermomètre a monté à 10, 20 et 30 degrés; aux bonnets de fourrures ont

succédé les chapeaux de feutre, puis les « casques ».
Le ciel est clair, l'atmosphère transparente. De temps
en temps on traverse un grain, et un arc-en-ciel d'une
vivacité de couleur éblouissante dessine son arc complet sur un nuage. Les navires sont rares, on aperçoit
une voile au bout de trois ou quatre jours. C'est le
désert. La mer des Sargasses que nous côtoyons déta-
che quelques goémons jaunâtres sur le bleu indigo de
l'Océan, et d'intervalle en intervalle des poissons volants se lèvent comme des essaims de libellules jusqu'à
ce que leurs ailes desséchées aient cessé de les soutenir.
On fuit la chaleur du jour en se réfugiant dans le
salon et les cabines où les hublots grands ouverts font
pénétrer un peu de fraîcheur. M. de Lesseps, qui
supporte la chaleur aussi allègrement que le mal de
mer, fait des conférences auxquelles assistent une
centaine de passagers cosmopolites des deux sexes ; il
leur raconte avec sa spirituelle bonhomie, les débuts
de sa carrière diplomatique en Italie, et force anecdo-
tes sur l'Égypte, Arabi Pacha, les fellahs et les fella-
hines. Il est infatigable et inépuisable ! Le soir, tout
le monde est sur le pont, où l'on se promène, comme
sur le boulevard, à la lueur de

Ces obscures clartés qui tombent des étoiles.

Le ciel est diaphane et tout illiminé, la brise est tiède.
La vie est bonne. Il ne nous manque que des journaux,
et encore ! Mais nous voici en vue de la Barbade, notre
première escale. Je me hâte de fermer ma lettre et de
vous l'expédier.

II

LA BARBADE

Les distractions du bord. — Les conférences de M. Lesseps et les causeries du docteur Nicolas. — Bridgetown. — Hastings. — Nègres et négresses. — Le dîner de la *Standard Ice House*. — Le chemin de fer de Bath. — La culture de la canne. — Les cases à nègres. — Le *Bridgetown Ledger*. — La crise sucrière. — Les recettes et les dépenses publiques.

14 février 1886.

Les distractions ne nous ont pas manqué à bord du *Medway*. Aux spirituelles causeries de M. de Lesseps a succédé une conférence du docteur Nicolas, qui se rend à Panama pour organiser le service sanitaire des chantiers de la Société française de travaux publics et de constructions, représentée par un de nos aimables compagnons, M. Villard. Le docteur Nicolas entretient agréablement ses auditeurs d'un sujet plein d'actualité : l'hygiène à suivre dans l'isthme de Panama (1). Cette hygiène consiste principalement à modérer ses appétits et à se munir de quinquina. Le

(1) Dans la séance de l'Académie de médecine .du 25 mai 1886, M. le docteur Ad. Nicolas a donné lecture d'un travail plein d'intérêt sur *l'hygiène dans l'isthme de Panama*. Ce travail a été inséré au *Bulletin de l'Académie de médecine*. 2ᵉ série, t. XV, p. 732.

soir, on improvise un bal, puis un concert au profit
des veuves et des orphelins des matelots. Une tente
toute lambrissée de drapeaux a été dressée sur le
pont. Le croissant de la lune qui se lève sur un plan
horizontal, les brillantes constellations et l'immense
voie lactée fournissent la plus belle part du luminaire.
Un jeune clergyman, en veston zébré de raies brunes
et blanches, monte sur l'estrade et se met au piano.
Après le dernier morceau, l'auditoire se lève et entonne
le *God save the Queen!* L'effet est saisissant, mais aussi
quel décor! Le lendemain matin, 10 février, à
6 heures, — c'est le jour et l'heure réglementaires de
l'arrivée à l'escale de la Barbade, ni plus ni moins que
s'il s'agissait d'une station d'omnibus de banlieue, —
le bateau stoppe. Nous sommes dans la rade de Bridgetown, le port et la capitale de la Barbade, et nous
avons sous les yeux un panorama des tropiques : une
côte basse, bordée de palétuviers au feuillage vert
sombre; des maisons blanches et roses groupées au
fond de la rade et surmontées des hauts éventails des
palmiers; plus haut, sur les pentes déboisées, les
plants jaunâtres des cannes à sucre. Dans la rade, une
flottille de goélettes et de steamers au milieu desquels
se prélasse une vieille frégate de guerre de S. M. Britannique. Une nuée de barques, manœuvrées par des
nègres de toutes nuances, depuis la suie jusqu'au
bronze florentin et au bois jaune, s'abattent sur les
flancs du navire et s'attroupent au bas de l'escalier.
Une de ces barques est remplie de *boys* en caleçons de
bain, qui sollicitent un petit sou et plongent au fond

de l'eau pour le ramasser, sans se soucier autrement du voisinage des requins. Il est vrai que le requin, animal vorace mais paisible, a horreur du bruit, et qu'ils font un beau tapage. Nous montons dans un canot et nous voici au quai. Une foule de neveux oisifs mais officieux de feu l'oncle Tom nous entourent; les uns nous proposent de nous conduire au meilleur hôtel de la ville, d'autres nous font passer sans mystère des billets d'une écriture fine, contenant des offres hospitalières. Nous descendons au *Standard Ice House* où une députation de la municipalité vient souhaiter la bienvenue à M. de Lesseps. Le rédacteur du *Bridgetown Ledger*, qui accompagne la députation, nous apprend cependant qu'il y a, à la Barbade, une forte opposition au canal, quoique cette île, comme les autres Antilles, soit appelée à prendre sa part dans le développement maritime et commercial que la mise en communication des deux Océans ne manquera pas de provoquer. Nous connaîtrons quelques heures plus tard le motif de cette opposition barbadoise. En attendant, nous allons faire une promenade à Hastings, une agréable station de bains, qu'un tramway met en communication avec Bridgetown. Le chemin est bordé de maisonnettes légèrement construites en planches, entourées de jardinets où fleurissent les lauriers-roses et ombragées de robustes sycomores au dôme feuillu. Des murs épais donneraient plus de fraîcheur, et çà et là une fontaine ne gâterait rien. Mais des murs épais coûteraient cher, et dans tous les pays du monde on peut, du premier coup d'œil, savoir si le capital

est abondant ou rare. Il suffit de mesurer l'épaisseur
des murs. L'eau, dans cette île où la canne à sucre a
pris la place des arbres, est plus rare encore que le
capital. Il est question en ce moment de la fondation
d'une Compagnie de *Waterworks* qui se chargerait de
distribuer cette manne liquide dans toute l'étendue
de l'île; mais la Compagnie demande un subside
annuel de 5,000 livres sterling, et c'est un gros chiffre
par ce temps de crise sucrière. Nous croisons de petites
charrettes remplies de cannes à sucre, traînées par
des mules ou des ânes, avec des conducteurs dégue-
nillés comme des Irlandais. Des policemen nègres
vêtus de blanc, la tête couverte d'un casque numéroté
d'argent, font contraste, par leur belle tenue, avec ces
débraillés. Plus loin, dans les galeries ouvertes d'une
caserne, des soldats non moins nègres portent fière-
ment l'uniforme de nos turcos. Le nègre est né pour
être enrégimenté, et aucune créature n'a davantage
le goût de l'uniforme et des paillettes. Qui aurait su
mettre à profit ce penchant inné des fils de Cham
et organiser des régiments de travailleurs costumés
en zouaves ou en hussards, avec de la musique et des
intermèdes de danse, en soumettant ces grands et bons
enfants à une tutelle appropriée à leur état de développement moral et mental, qui n'est pas la nôtre,
aurait résolu, sans secousse et sans crise, la question
du travail, toujours pendante et brûlante dans les colonies. Malheureusement les abolitionnistes, gens tout
d'une pièce, qui n'entendaient rien au côté économique de la question de l'esclavage et qui considéraient,

en vertu du principe sacro-saint de l'unité des races
humaines, le nègre comme un Anglo-Saxon cuit au
soleil, n'ont rien trouvé de mieux à lui offrir que le
self government. Le nègre a accepté avec empressement
le régime qui fait le bonheur des Anglo-Saxons et qui
avait d'ailleurs le mérite de le débarrasser du fouet et
du bâton, mais il n'a pas appris encore la manière de
s'en servir, et Dieu sait s'il réussira jamais à l'apprendre. Des négresses, en robe blanche à volans, portent
sur un plateau en bois, placé en équilibre sur la tête
nue ou coiffée d'un mouchoir noué à la créole, des
régimes de bananes, des oranges et des mangues, ou
bien encore des poteries et d'autres menus articles.
Elles ont les attaches fines et un port de statue. Les
traits sont irréguliers, mais les yeux sont veloutés ; et
quelles dents! L'hôtel des Bains est fermé à Hastings.
Nous retournons à la *Standard Ice House* où le déjeuner
nous attend, un déjeuner plein de couleur locale et
tropicale. Jugez-en par le menu : poissons volans à la
Colbert, biftecks de tortue, ignames et patates douces,
confitures de goyaves, bananes, oranges et mangues.
La salle à manger et le salon de lecture sont ornés de
chromos, parmi lesquels éclate la reproduction du
tableau de Vibert, *le Libérateur du territoire.* Dans la
rue, à deux pas, une colonne tricolore annonce, comme
dans toute l'Amérique, la boutique d'un barbier.
Celui-ci parle le français. Il prétend même être seul
à le parler. Mais la France ne fournit pas seulement
à la Barbade des chromos et des barbiers. L'affiche du
théâtre de Bridgetown annonce *Claire* ou *le Maître de*

forges, la pièce émouvante du célèbre auteur français,
M. Ohnet, qui a été représentée plus de cent fois au
théâtre Wallack à New-York. C'est la grande attraction du jour. Il est 2 heures. Le thermomètre marque bien 35°. Le sol calcaire de la capitale de la
Barbade nous aveugle, tandis qu'une fine poussière
blanche nous prend à la gorge. Nous nous hâtons de
sortir de cette fournaise et nous allons prendre le
train du chemin de fer de Bath, car il y a un chemin
de fer à la Barbade, avec un réseau télégraphique et
même téléphonique. Les stations sont de simples bara-
ques en planches. La première porte le nom français
de Rouen, dont nous ne nous expliquons pas l'origine,
la Barbade seule parmi les Antilles n'ayant jamais
changé de propriétaires; elle a été peuplée au commencement du XVII⁰ siècle par des colons anglais qui
allaient occuper des concessions accordées par Jac-
ques I⁰ʳ et Charles I⁰ʳ à des seigneurs de la cour, et
elle a toujours appartenu à l'Angleterre. Les rails sont
posés, sans grande façon, sur des traverses en bois;
le tablier des ponts et des viaducs est à jour; les voitures à l'américaine n'ont aucun luxe; la seule différence entre les premières et les troisièmes classes,
c'est que les sièges en bois sont en largeur dans les
unes, en longueur dans les autres; mais les tickets ne
sont pas bien chers : un aller et retour, pour une distance de 25 à 30 kilomètres, nous coûte 2 shellings 1/2
(3 fr.). Nous traversons une superbe région de terre
noire, presque entièrement plantée de cannes à sucre,
car l'île n'est qu'une vaste sucrerie. A côté de champs

de cannes mûres qu'on est en train de couper à la serpe, et sur lesquels on laisse pourrir le feuillage, d'autres viennent d'être plantés, tandis qu'un peu plus loin une charrue attelée de dix bœufs trace lentement son sillon (1). Les travailleurs ne paraissent

(1) Un de nos compagnons de voyage, membre de la Société des agriculteurs de France, M. Cottu, veut bien me communiquer quelques-unes de ses observations sur les cultures de la Barbade. Elles intéresseront certainement nos lecteurs :

« La campagne que nous traversons est couverte de cultures : cannes à sucre et patates. La canne à sucre domine de beaucoup, c'est le produit principal de l'île. La terre est fertile : c'est une terre noire, compacte, durcissant au soleil et formée par l'accumulation, au bas des pentes, de détritus organiques. Elle doit être nettement acide et rappelle absolument les terres de nos vieilles prairies de France. La superbe végétation que nous voyons sur ces terres nous amène à penser qu'il y aurait avantage, dans beaucoup de nos pays, à utiliser pour la culture les masses d'azote accumulées dans les terres de cette nature.

« Ici ces terres se présentent en couches moins profondes qu'au bord de nos rivières : l'épaisseur totale de l'humus ne dépasse pas 0^m,50 à 0^m,60 et le sous-sol calcaire coquillier vient immédiatement après ; grâce à cette situation, les pluies amènent la chaux qui manque presque toujours à cette sorte de terrains, et les racines de la plante peuvent aller elles-mêmes prendre la chaux nécessaire à la nitrification de l'azote dont elles ont besoin.

« Les champs de cannes que nous traversons sont de belle venue : quelques-uns présentent des tiges dépassant uniformément une hauteur de 2^{m}50 environ. La plantation est faite en lignes à environ 1^{m}50 d'écart entre les rangs et 1 mètre seulement sur le rang même ; la terre est façonnée à la main, de manière à conserver, autour du pied, une petite cuvette ; ce pied drageonne et forme, au moment de la récolte, une touffe vigoureuse composée de cinq ou six tiges, de la grosseur des gros maïs caragua cultivés en lignes.

« La plupart des champs sont divisés en grandes planches par de profondes rigoles d'environ 0^{m}30 à 0^{m}40 de creux et aboutissant à des canaux de plus grande dimension. Je croyais tout d'abord à

pas plus pressés que les bœufs ; quelques-uns regardent passer le train en suçant un bout de canne. Mais voici un propriétaire à cheval qui surveille, immobile, une escouade d'ouvriers. Il a la figure entièrement couverte d'un voile blanc, comme d'un masque de ' pénitent : c'est, nous dit-on, un « respiratoire » destiné à préserver des miasmes qui s'échappent du sol remué. Au temps de l'esclavage, ce propriétaire soigneux aurait eu un fouet à la main. C'était le bon temps, au 'moins pour les propriétaires, sinon pour les nègres. De distance en distance, on aperçoit les

un système d'irrigation ; mais ce sont au contraire des canaux d'absorption, d'égout destinés à empêcher la canne d'être noyée par les pluies torrentielles, assez fréquentes. En effet, je ne pouvais parvenir à trouver le point de départ des eaux d'irrigation et les fossés les plus nombreux se trouvaient dans les bas-fonds où toute irrigation était impossible.

« On commence la récolte de la canne ; des nègres armés de serpes à deux tranchants coupent, avec une grande rapidité de main, le sommet de la plante ainsi que les feuilles mortes du bas de la tige, puis ils sapent la 'canne au ras du sol ; des négresses mettent alors ces cannes en bottillons, les liant avec le sommet des tiges qu'elles trouvent par terre. Les tomberaux, petits, d'un modèle assez étrange, charroient les cannes au moulin voisin de l'usine. Ce sont de simples moulins à vent, moins la construction de bois qui, chez nous, surmonte le bloc de maçonnerie : cette absence leur donne, à nos yeux, un air massif et écrasé.

« Quant aux tombereaux, ils sont à avant-train, établis comme les caissons d'artillerie ; le tombereau remplaçant le canon, mais, comme lui, venant s'accrocher à l'avant-train.

« Les déchets de récolte paraissent être laissés simplement sur le sol pour servir d'engrais et protéger la repousse de la canne qui, une fois enracinée, donne trois récoltes annuelles sans plantation nouvelle. Je vois aussi apporter, sur les champs de jeunes plants, les déchets de la fabrication sucrière qui sont mis en m eules

bâtiments et la haute cheminée d'une sucrerie, ou bien encore des moulins à vent qui servent à broyer la canne. Nous remarquons quelques plantations de sorgho. C'est un essai. Des arbres à pain à larges feuilles et que nous avions pris d'abord pour d'énormes cédratiers, des cocotiers et d'élégants palmiers dont le tronc lisse ressemble, jusqu'aux deux tiers de la hauteur, à un pied de colonne, de couleur gris cendré et d'un vert transparent jusqu'au panache, mettent un peu de fraîcheur — trop peu ! — dans ce paysage torride.

dans les cours des usines. Parfois on parque dans une clôture, au milieu même du champ, quelques bœufs sur les déchets de récolte : l'engrais se fait ainsi sur place.

Les charrois semblent assez courts; la petite taille des animaux. de race danoise, la disposition des champs de cannes rendent les transports difficiles. Je vois du fumier apporté sur le bord des chemins, qui est repris et transporté dans des paniers ronds, que les négresses placent sur leurs têtes, dans les champs de cannes, à d'assez longues distances. J'ai vu faire également des terrassements par le même procédé.

« Malgré le prix peu élevé de la journée de. nègre, un shilling (1 fr. 25) net, sans nourriture ni logement, et celui de la journée de négresse, qui doit être inférieur, ce système doit être coûteux. Que ne connaissent-ils les bienfaits du Decauville ?

« Le chemin de fer qui nous transporte a dû développer beaucoup cette culture. A chaque station, Bullkely, Carrington, Three-House, se trouve une grande usine à sucre : l'odeur de la vinasse nous poursuit. A Carrington j'aperçois tout un outillage de labourage à vapeur en état apparent d'abandon à la porte de l'usine ; la petite étendue des pièces (les plus grandes ont environ 3 hectares), les différences de niveau ont dû montrer à ce progressiste que l'étude attentive et approfondie du milieu doit toujours précéder l'application des outils perfectionnés, si l'on veut en obtenir tout l'effet utile. »

Dans le voisinage des sucreries, on aperçoit des
cases à nègres en files ou en groupes. Ces cases sont
ce qu'il y a de plus rudimentaire dans la série des
habitations humaines. Les tentes des Sarcis, que j'ai
visitées dernièrement au pied des Montagnes-Rocheuses, sont des palais en comparaison. Figurez-vous,
posée sur quatre grosses pierres en guise de soubassement, une hutte en planches nues de 3 ou 4 mètres
de largeur sur 2 ou 3 de profondeur et de hauteur;
point de cheminée. Dans la saison sèche, on fait la
cuisine en plein air; dans la saison des pluies, on pose
le réchaud à l'intérieur, la fumée s'échappe par la
porte et les deux ou trois ouvertures servant de fenêtres et sur lesquelles s'abattent au besoin des
châssis en bois. C'est dans ce taudis étroit et enfumé
que grouille le monde noir, parfois en compagnie, pas
toujours, d'un porc de même pelage; parfois aussi
la case a pour attenance un jardinet où l'on cultive
quelques patates et où s'étalent, au sortir de la lessive,
les robes blanches à volans des négresses. C'est la toilette favorite des paysannes aussi bien que des cita-
dines. Rien de curieux comme de voir au milieu d'un
champ de cannes ces têtes noires sortant d'une gaine
blanche point trop chiffonnée ni maculée. La toilette
fait tort au logement. Mais que voulez-vous, on n'est
pas riche. Les salaires sont bas, 1 shelling par jour
pour les hommes (1 fr. 25.), les deux tiers ou la moitié pour les femmes, et il n'y a pas de travail pour tout
le monde. La Barbade est une très petite île, de 30 kilomètres de longueur environ sur 20 de largeur, et

elle est surchargée de population ; d'après le recensement de 1876, elle n'avait pas moins de 162,000 habitants, dont 16,000 blancs seulement. Aussi n'est-elle pas négligée par les agents d'émigration. A toutes les stations du chemin de fer, nous trouvons une affiche intitulée : « Un tour à Panama », dans laquelle la Compagnie hollandaise et américaine qui s'est chargée du creusement de la tranchée de la Culebra, une tranchée de 88 mètres, demande 12,000 travailleurs, en leur promettant de gros salaires. Cette affiche m'explique la mauvaise humeur des propriétaires à l'endroit du canal. C'est que les travaux du percement de l'isthme, en créant un nouveau et large débouché pour les bras, font hausser les salaires.

Nous atteignons par une série de courbes et de pentes audacieuses une région pittoresque de calcaire coquillier surplombant une crique remplie de brisants et de récifs qui ressemblent à des dolmens. C'est le terminus du chemin de fer. Nous revenons sur nos pas et nous achetons au retour, moyennant la faible somme d'un penny, un numéro du *Bridgetown Ledger*, qui paraît trois fois par semaine et qui est, d'après son propre témoignage, le plus répandu des journaux de l'île. « Le *Ledger*, dit-il dans un long et éloquent avertissement destiné à faire valoir les avantages extraordinaires de ses annonces, le *Ledger* est, de tous les journaux qui ont jamais paru dans cette île, celui dont la vente est sans comparaison la plus considérable. Dussions-nous vexer nos confrères, nous devons à la vérité de dire qu'un bon nombre de leurs abonnés les ont quittés, pour venir à nous. Et nous n'avons pas seulement des abonnés. Nous vendons tous les jours notre numéro par milliers. Du soir au matin des nuées de *news boys* se répandent dans la ville et les faubours en vendant le *Ledger*... Le *Ledger* fait payer ses annonces plus cher que ses concurrents, cela est vrai, et son intention est même de les faire payer toujours plus cher, mais leur supériorité n'est-elle pas manifeste et indiscutable? » Cependant malgré ce discours engageant, les annonces n'affluent pas dans le *Ledger* : elles n'occupent guère que deux colonnes sur vingt. Les plus notables sont celles des entrepreneurs de pompes funèbres. Le *Barbados funeral furnishing establishment*, par exemple, est organisé de manière à travailler moins cher que le moins cher et mieux que le meilleur de ses concurrents, et il promet qu'aucun effort ne sera épargné pour donner une entière satisfaction à sa clientèle. De plus, il met gratis ses « brancards brevetés » à la disposition des clients qui n'ont pas les moyens de se payer des funérailles luxueuses. N'est-ce pas séduisant? et ne serait-il point particulièrement avantageux de mourir à la Barbade?

Par malheur, il n'est pas, en ce moment du moins, aussi avantageux d'y vivre. Cela tient à la crise de l'industrie sucrière, et pour remonter à l'origine même du mal, cela tient au système colonial, qui a encouragé artificiellement et poussé à l'excès la production du sucre dans les Antilles, en assurant aux planteurs le monopole du marché de la métropole. Les énormes bénéfices que procurait ce monopole, à l'origine, ont multiplié les plantations; on a déboisé et saccagé ces îles merveilleuses pour en faire des champs de roseaux saccharifères; et comme on avait commencé par massacrer les indigènes, comme les travailleurs européens ne résistaient pas au climat et d'ailleurs revenaient trop cher, on a importé des esclaves africains pour exécuter, sous le stimulant du fouet, la grosse besogne des cultures. L'esclavage a servi d'auxiliaire au monopole. Mais un jour est venu où les pernicieuses théories de la liberté du travail et du commerce ont commencé à faire leur chemin dans le monde. Le peuple anglais s'est laissé endoctriner par Cobden, qui comparait le monopole « à un mystérieux filou qui vous dérobe un morceau de sucre, chaque fois que vous mettez la main au sucrier. » Il s'est refusé de payer plus longtemps la dîme du monopole. Les sucres étrangers, naguère absolument prohibés en Angleterre, y ont été admis sur le même pied que les sucres des colonies. Quelque temps auparavant, les abolitionnistes avaient soulevé la conscience publique contre l'esclavage, et réussi à en obtenir l'abolition, moyennant une indemnité de 20 millions sterling (500 millions de francs), allouée aux planteurs. Mais les planteurs étaient criblés de dettes qu'il fallait liquider, et les nègres livrés à eux-mêmes ne fournissaient plus au même prix que les esclaves, et surtout avec la même régularité, le travail nécessaire aux plantations. Les planteurs les plus intelligents et les mieux pourvus de capitaux ont résisté à la crise en perfectionnant leur *machinery* arriérée. Malheureusement c'est le petit nombre. La plupart des autres ont succombé ou ont traîné une existence difficile, que l'avilissement des prix du sucre a encore aggravée. Ils sont à plaindre assurément, mais ils ont hérité d'un lourd passé de fautes et de crimes, et ils fournissent un exemple saisissant de la solidarité qui unit les générations, dans le bien comme dans le mal. En gens pratiques toutefois, ils se sont efforcés d'alléger leur fardeau, en le faisant autant que possible peser sur les épaules de leurs anciens esclaves.

Les dépenses publiques sont relativement considérables à la Barbade ; elles se sont élevées l'année dernière à 146,134 liv. st. ; et il y est pourvu, pour la plus grosse part, au moyen des droits établis à l'importation des subsistances, farines et viandes. L'île ne produisant guère que du sucre, un peu d'arrowroot et des fruits, la presque totalité des articles d'alimentation paye un tribut au fisc, et ce tribut est lourd. La farine est grevée d'un droit de 4 shell. 2 d. par boisseau. D'après le prix courant que je trouve dans le *Ledger*, les prix de la farine varient selon les qualités, de 4.75 à 7.50 dollars. Ce qui porterait le droit à 15 ou 20 p. 100 en moyenne. Le beurre paye 5 shell. 4 3/4 d. par quintal ; la viande salée, le lard et les jambons, 5.7 1/4. On voit qu'un bon morceau du shelling qui constitue le revenu quotidien du travailleur de plantation est rogné par le fisc. Les articles qui sont particulièrement sinon exclusivement demandés par la petite classe des propriétaires blancs sont, au contraire, fort ménagés.

Le thé ne paye que 3 pence (30 centimes) par livre, les pickles 4 p. 100 ; les produits manufacturés de toutes sortes, étoffes de coton, de laine, de soie, les machines, la papeterie ne supportent, de même, qu'un droit léger de 4 p. 100 ; les livres sont exempts. Est-il nécessaire d'ajouter que, si la multitude noire est chargée de fournir la plus forte part de la recette, c'est la minorité blanche qui profite surtout de la dépense? autant les salaires des travailleurs sont bas, autant les appointements des fonctionnaires sont élevés. Le gouverneur reçoit 4,000 liv. st. par an (100,000 fr.) ; le secrétaire colonial 700 liv., le *chief justice* 2,000 liv., l'attorney général 500 liv., l'inspecteur général de la police 520 liv., l'évêque 1,000 liv. C'est un bel état-major, mais un peu lourd pour une population de moins de 200,000 âmes, composée pour les neuf dixièmes de pauvres gens dont le revenu, taxes et repos du dimanche déduits, n'atteint pas 75 centimes par jour, et même, en tenant compte des enfants et des vieillards, à peine 50 centimes. Aussi la vie est-elle moins facile qu'on ne serait tenté de le supposer à l'aspect de ce merveilleux climat et de cette terre si riche et si féconde. Le *Ledger* pousse des cris de détresse, et il engage ses lecteurs, dont il accuse l'indifférence, à s'occuper d'économie politique. Ce bon et sage *Ledger!* il constate non sans amertume que les exemplaires des ouvrages de John Stuart Mill, Herbert Spencer, Huxley et Henry George restent intacts et d'une propreté immaculée sur les rayons de la bibliothèque publique. « Il y a pourtant, conclut-il, dans cette île des hommes qui pourraient aider le peuple à résoudre le problème de l'existence, à remédier au paupérisme, à le prévenir. A ceux-là nous disons : Aidez-nous ou nous périssons! »

Vous le voyez, on a beau traverser l'Océan et changer de climat, on se retrouve en présence des mêmes souffrances et des mêmes problèmes. Mais il est temps de retourner à bord du *Medway*. Nous venons de passer dix heures à la Barbade. Nous devons encore nous arrêter deux heures à Jacmel (Haïti) et faire une escale d'un jour et demi à Kingston (Jamaïque) avant d'aborder à Colon.

III.

En vue de Colon, le 17 février 1886.

De la Barbade on va en trois jours à Kingston, le
port principal et la capitale de la Jamaïque. Quoique
les îles, grandes et petites, se comptent par douzaines
dans cet énorme golfe qui s'avance entre les deux
Amériques, en ne leur laissant pour se joindre que la
maigre épine dorsale de l'isthme, nous n'y rencontrons
pas une seule voile. Il ne se fait pour ainsi dire point
de commerce entre les Antilles. Elles n'ont guère de
relations qu'avec l'Europe, les États-Unis, et, les plus
rapprochées de la côte de l'Amérique du Sud, avec le
Vénézuéla. Cela tient, sans doute, en partie à ce que
leurs productions sont à peu près identiques, mais cela
tient surtout à ce que chacune a sa douane fiscale ou
protectionniste. Les Antilles espagnoles, Cuba et Porto-
Rico, ont conservé, bon gré, mal gré, sauf quelques

modifications inévitables, le vieux système colonial de
Charles-Quint; les Antilles françaises y sont revenues
depuis l'année dernière; les Antilles anglaises n'accordent aucune faveur aux produits de leur métropole,
elles taxent également les articles de toutes provenances; mais leurs tarifs n'entravent pas moins leurs
relations avec le reste du monde, et en particulier
avec les autres îles du golfe. Les historiens de la découverte de l'Amérique racontent que les Caraïbes voi-
sinaient volontiers, et qu'on rencontrait à chaque moment leurs pirogues. Mais les Caraïbes ne connaissaient
point la douane. C'étaient des sauvages !

Nous nous retrouvons donc au milieu de la solitude
de l'Océan; les seuls êtres animés qui la peuplent sont
les poissons volants, et deux frégates aux ailes immenses
qui nous accompagnent pendant toute une journée.
Nous côtoyons la grande île de Saint-Domingue, et
nous nous arrêtons une heure devant Jacmel, un port
haïtien, où l'on va chercher du café et des bois de tein-
ture. C'est un groupe de maisons et de magasins aux
couleurs vives d'un joli aspect, mais qu'il faut voir de
loin. Les côtes de Saint-Domingue sont montueuses
et toutes vertes, avec des échancrures de falaises
blanches et rouges. Voici enfin la Jamaïque, la vaste
rade et la ville de Kingston, bâtie dans une plaine basse
au pied de la haute chaîne des Montagnes-Bleues.
La Jamaïque est la plus grande, la plus belle, la plus
salubre, la plus fertile des Antilles anglaises, et peut-
être de toutes les Antilles, et cependant elle est en
pleine décadence. La population blanche y est en voie

de diminution. Sur 581,000 habitants, chiffre du dernier recensement, on ne compte que 13,000 blancs; un bon nombre de propriétaires sont absents, et ceux qui restent n'aspirent qu'à s'absenter. La ville de Kingston a été presque detruite, il y a quelques années, par un incendie. Aux États-Unis, cet accident ne laisserait plus de traces au bout de deux ou trois mois; ici, des rues entières sont restées telles que l'incendie les a faites. La Jamaïque, comme les autres Antilles, n'en est pas moins un riche débouché pour les cadets de l'aristocratie parmi lesquels s'est recruté jusqu'à présent le haut personnel des fonctionnaires civils et militaires. Le gouverneur reçoit 7,000 liv. st. (175,000 fr.), le secrétaire colonial 1,500 liv. st. ; une série d'administrateurs et de sous-administrateurs, de 600 à 1,000 liv. st. ; le collecteur des douanes, 750 liv. st. ; le surintendant médical et chirurgien médical, 1,000 liv. st. ; le chef de justice, 2,000 liv. st.; les juges 1,500 liv. st. L'importance de la Jamaïque peut, dans une certaine mesure, justifier ce gros personnel et ces gros appointements; mais de petites îles comme Saint-Kitts, Nevis, Montserrat, qu'on pourrait à la rigueur gouverner au moyen du télégraphe ou du téléphone, ont des états-majors presque aussi touffus. Depuis 1865, époque de la grande insurrection des nègres, la Jamaïque est demeurée soumise à un régime purement autoritaire ; l'année dernière, cependant, l'élément électif a été introduit de nouveau, mais sans y dominer, dans le Conseil législatif, qui constitue, avec le gouverneur et le Conseil privé, le gouvernement de l'île.

3.

Ce gouvernement de fonctionnaires vaut bien, il faut le dire, celui de l'aristocratie coloniale qui dominait auparavant dans l'Assemblée législative. Il a rétabli l'ordre dans les finances, et il entretient admirablement les routes. Nulle part je n'en ai vu de plus belles.. On a beaucoup reproché au trop fameux gouverneur, M. Eyre, l'effroyable rigueur avec laquelle il **a** réprimé la révolte des nègres. 439 de ces malheureux ont été pendus, et on n'a pas compté ceux qui ont péri sous le fouet ; mais c'étaient des nègres ! Les Européens, anglais et autres, sont d'ailleurs généralement convaincus qu'une exécution est nécessaire de temps en temps pour maintenir les populations de couleur dans l'obéissance. Les conquérants espagnols ont donné le ton et employé ce système, on sait avec quel succès, à l'égard des indigènes. Seulement ils ont eu le tort de multiplier les exécutions au point que, au bout de deux siècles, il ne restait plus personne à exécuter. On ne retrouve plus aujourd'hui dans les Antilles que de rares spécimens des races indigènes. Les Anglais, eux, y mettent plus de modération, quoiqu'ils aient la pendaison facile. Témoin l'abominable et injustifiable supplice de ce pauvre Louis Riel dans le dominion du Canada. Actuellement, les nègres sont plus paisibles, et l'esprit de révolte paraît éteint dans l'île. On me fait l'éloge de l'administration de la justice ; blancs et noirs sont égaux devant la loi ; mais le sont-ils autant devant l'impôt ? Ici plus encore qu'à la Barbade, les charges publiques pèsent sur la multitude qui vit du produit de son travail quotidien. Le droit sur la farine

est double de celui de la Barbade ; il s'élève à 8 sh. par
baril, et on estime qu'il enchérit de 50 p. 100 le principal article de la nourriture de la population, sans parler de l'influence qu'il exerce sur les autres (1). Les
droits sur le poisson et la viande ne sont pas moins
exorbitants. Ces impôts sur les subsistances et, en

(1) Les droits les plus élevés sur les articles d'alimentation sont
payés par le peuple de la Jamaïque. Le droit sur les farines est
de 8 sh. par baril de 196 livres. Il ne faut pas s'étonner si la population ouvrière consomme seulement 4 onces par semaine et par
tête de cet article de luxe. La farine est un article sujet à se détériorer rapidement sous le climat des tropiques. D'un autre côté, le
taux de l'intérêt y est plus élevé qu'en Angleterre (le taux le plus
bas qui soit exigé pour de bon papier est de 6 p. 100 dans les principaux ports). Un négociant qui est obligé de payer argent comptant les droits sur la farine, tandis que la farine même est souvent
payée en produits ou en billets, doit se couvrir du double au
moins de cette avance pour compenser le risque de la détérioration.
Un droit sur la farine, surtout s'il est élevé, est donc la taxe la
plus mauvaise qui puisse être imposée sous les tropiques. Il
accroît le montant du risque de l'importateur de telle façon que
celui-ci est forcé d'augmenter le prix de sa marchandise dans une
proportion plus considérable que celui du droit acquitté, et qu'il
doit se garder d'en importer au delà de la quantité pour laquelle
il est assuré de trouver des acheteurs. Le droit sur la farine de
froment est en moyenne de 26 p. 100 dans nos colonies des Indes
occidentales (Antilles) en la comptant au prix actuel de 16 sh. le
baril de 196 livres. Pour la raison exposée plus haut, ce droit
occasionne un renchérissement de 39 p. 100. A la Jamaïque, où le
droit sur la farine est d'environ 50 p. 100, l'exhaussement du prix
est proportionnellement plus considérable, et au détail la différence devient véritablement formidable. L'ouvrier ordinaire ne
peut dans ces conditions consommer régulièrement du pain. Il est
obligé de se contenter d'aliments inférieurs que les droits sur la
farine contribuent néanmoins à renchérir.

(*The Crown colonies of Great-Britain*, par C.-S. Salmon.)

réalité, sur les salaires, servent à défrayer la presque
totalité des dépenses publiques; et, parmi ces dépenses, il faut noter les frais d'importation des coolies
de l'Inde qui viennent faire concurrence aux nègres.
Que diraient nos ouvriers si le gouvernement employait
une partie du produit des droits sur les blés et le bétail à payer les frais de voyage des ouvriers belges, italiens et allemands qui viennent travailler en France?
Ils diraient qu'on les traite comme des nègres, et, cette
fois, ils auraient raison.

Je sais bien que les financiers de la Jamaïque ne
manquent pas d'arguments pour justifier leur système
d'impôts. D'abord ils disent qu'il leur serait impossible
de se procurer autrement les 500,000 ou 600,000 liv. st.
dont ils ont besoin pour subvenir aux frais du gouvernement des 600,000 habitants de la Jamaïque, à raison de
1 liv. st. par tête; ensuite, que, le nègre étant naturellement paresseux, il faut lui rendre la vie difficile à
gagner si l'on veut qu'il la gagne. Quand il a travaillé
à la tâche, de six heures du matin à une heure, et reçu
son shelling (1 fr. 25), il se garde bien de faire une seconde tâche dans l'après-midi, et même on ne peut
pas compter sur lui tous les jours. Que serait-ce donc
si l'impôt ne lui dévorait pas la moitié de son salaire?
C'est à peine s'il travaillerait de deux jours l'un. — Je
ne suis pas absolument convaincu, je l'avoue, de la
paresse naturelle du nègre. Sans doute il éprouvait
une répugnance visible à travailler pour un maître qui
le payait à coups de bâton et, aujourd'hui encore,
quoiqu'il n'ait que des idées fort vagues sur l'incidence

des impôts, il est fort possible qu'il n'éprouve pas un vif désir de doubler une journée de travail dont la bonne moitié sert à payer grassement les fonctionnaires de S. M. Britannique et à subventionner l'importation de ses concurrents les coolies de l'Inde ; mais je puis constater *de visu* que nègres et négresses ne reculent pas devant les besognes les plus rebutantes, quand un bon salaire est au bout. Nous nous sommes arrêtés à Kingston pour renouveler notre provision de charbon. A peine le navire est-il arrivé à quai qu'il est envahi par une légion de démons noirs, dont une bonne moitié porte des restes de robes à volants et même de crinolines. Ils ont sur la tête, qui des paniers remplis de menu charbon, qui des blocs de grosse houille superposés comme les pierres d'un dolmen. Ils vont, ils viennent, sans trêve ni repos, par la terrible chaleur du jour, et ils ne s'arrêtent qu'après avoir emmagasiné dans les soutes les 250 tonnes de charbon, destinées à l'approvisionnement du *Medway* et dont on leur paye le transport à raison de 1 sh. la tonne. La besogne faite, ils vont tous ensemble se débarbouiller dans une crique de la baie, sans aucun souci des requins qui y pullulent. Au sortir de l'eau, ils remplacent leurs guenilles noircies par de frais costumes du dimanche, — car c'est un dimanche, hélas ! un dimanche anglais, que nous avons fait escale à Kingston. Mais ne voilà-t-il pas une paresse bien occupée ? Qu'auraient fait de plus ces braves gens s'ils avaient été laborieux ?

Kingston est une ville de 35,000 âmes, bâtie en damier; les rues ne sont point pavées, un ruisseau au milieu de la rue, comme dans le vieux Paris, tient lieu d'égout; dans les quartiers riches, les maisons construites en bois, sur un soubassement en briques, avec leurs vérandas, leurs persiennes et leurs moucharabiehs à jour, leurs jardinets ombragés d'arbres à larges feuilles ou de massifs de bougainvilliers à fleurs violettes, ont un aspect élégant et procurent au moins la sensation morale de la fraîcheur. Il y a un jardin public où s'épanouit la flore des tropiques et qui est soigneusement entretenu. Les magasins sont fermés. Les enseignes n'ont rien de caractéristique, ni les affiches. J'en excepte l'annonce d'un grand « pic-nic » et celle de chapeaux de Paris, qui sont « de vraies perles ». Nous prenons une voiture légère, attelée d'un cheval, maigre mais nerveux, et conduite, naturellement, par un cocher nègre. Nous traversons le champ de courses — partout où il y a des Anglais, il y a un champ de courses ; — nous croisons en route force négresses et mulâtresses en robes de cotonnades blanches, bleues, rouges, ou multicolores, la tête couverte d'un chapeau de paille fleuri, un livre de prières à la main ; les cotonnades ne payent que 4 p. 100 et les livres sont exempts de droits. — Elles ont l'allure modeste, et quelques-unes ont la beauté de leur race. Des villas bordent la route ; elles sont encloses de formidables haies de cactus ; mais les gens aisés vont d'habitude se loger plus haut dans la montagne. La végétation a une puissance et une richesse auxquelles nos yeux européens ne sont pas encore accoutumés. Nous suivons une

vallée sinueuse où coule un torrent en ce moment
presque à sec. Les lianes, les orchidées parasites qui
s'attachent au tronc des grands arbres, forment un
fouillis inextricable, où la vie éclate et déborde sous
les formes les plus variées. Il n'y a point de place vide :
tout est feuilles, fruits et fleurs. On y voudrait quelques oiseaux ; il n'y a que des papillons jaunes et de
grands urubus noirs. L'urubus est un vautour officieux qui remplit dans toutes les villes du Sud les
fonctions de balayeur et qui est ordinairement seul à
les remplir. Une ordonnance du gouverneur, portant
en grosses lettres : *Birds and Fishes*, Oiseaux et Poissons, nous explique pourquoi les volatiles sont rares.
On les chasse en toute saison. L'ordonnance a pour
objet de les protéger, les uns, — les perroquets notamment, — pendant six mois ; les oiseaux chanteurs
ou insectivores, toute l'année. Souhaitons bon succès
à l'ordonnance du gouverneur !

Nous nous arrêtons à Gordon Town, petit groupe
de maisonnettes, parmi lesquelles un restaurant tenu
par M. Maurice Duval. Les noms français ne sont pas
rares à la Jamaïque. Un bon nombre de colons de
Saint-Domingue sont venus s'y réfugier à l'époque des
massacres ; ils ont une église catholique à Kingston ;
mais, s'ils ont conservé leur religion, ils ont oublié
leur langue. Déjeuner champêtre. On cueille les oranges à l'arbre ; on prend du café qui a été récolté dans
une plantation du voisinage, et on l'arrose de vrai
« rhum de la Jamaïque ». Le caféier croît à mi-côte.
Il n'aime pas la grande chaleur comme la canne à

sucre; mais il lui faut une température toujours égale.
Nous allons cueillir ses graines rouges, poussées en
grappes au milieu d'un feuillage qui ressemble à celui
du camélia. Un bel arbuste et un agréable présent de
la Providence! Le lendemain matin, lundi, visite au
marché, proprement et même élégamment construit
en fer. Un avis, mis en bonne place, nous apprend
que, des plaintes étant venues aux oreilles de l'autorité au sujet du pesage des denrées, chacun peut aller
faire vérifier le poids de ses achats à la balance publique du marché. Cet avertissement salutaire, mais in-
quiétant, n'a pas altéré la bonne humeur d'un bou-
cher qui affiche en manière d'enseigne ce distique :

> Puff they may in every way
> I am prais'd from day to day;
> In good order always found,
> I am Christmas all year round.

Les marchandes de fruits et de légumes étalent
d'énormes patates et de superbes ananas qu'elles vendent trois sous pièce ; mais quels pauvres oignons et
quels maigres choux! Les végétaux, pas plus que les
hommes des climats tempérés, ne s'acclimatent complètement dans ces régions torrides. Ils rabougrissent
et dégénèrent. Les hommes, du moins, ont la ressource du métissage. Quelques gouttes de sang noir,
jaune ou rouge, vivifient le sang blanc quand elles ne
l'abâtardissent point davantage. N'est-il pas fâcheux
que la science du mélange utile ou nuisible des familles humaines soit encore à l'*a b c*? Qui pourrait dire

à laquelle de toutes ces races venues d'Europe, d'Afrique et d'Asie, les unes de gré, les autres de force, appartiendra l'avenir? A coup sûr, ce n'est point à cette pauvre et chétive race des coolies de l'Inde dont nous rencontrons des spécimens à la station de Bog-Walk, où nous conduit le chemin de fer du gouvernement, — un vrai chemin de fer administratif avec des voitures de vieux modèle, et toujours en retard! Ces coolies qui arrivent de l'Inde aux frais des bons contribuables nègres sont engagés pour sept ans. Au bout de cette période ils ont le droit d'être rapatriés; mais un certain nombre amènent avec eux leurs femmes et s'établissent dans les colonies. Ils ne se marient qu'entre eux. Deux femmes, du plus petit format, sont assises les jambes croisées devant la station; l'une d'elles est toute mignonne et jolie, ses yeux sont noirs et veloutés, la raie qui partage sa chevelure lisse est rougie par le henné, ses bras et ses chevilles sont encerclés de bracelets d'argent niellé. Les enfants ont les traits fins et délicats, mais cela ne fera jamais des travailleurs capables de lutter avec la vigoureuse descendance de Cham.

Ces bons nègres, dont on accuse la paresse, nous allons en embarquer 350 pour Panama. La Jamaïque a été jusqu'à présent la principale pourvoyeuse des travaux de l'isthme. Elle leur a fourni, depuis quatre ans, environ 20,000 travailleurs, et elle pourrait aisément en fournir encore autant. Voici comment s'organise ce recrutement : moyennant une somme de 10 piastres par tête, 44 fr. (la piastre colombienne

équivaut à 4 fr. 40 c.). un entrepreneur se charge du
transport à Colon, sans autres frais et en bonnes conditions, des ouvriers qui lui sont demandés. A bord
du *Medway*, les passagers d'entre-pont payent vingt-
cinq shellings de Kingston à Colon, mais on m'assure
que l'entrepreneur jouit d'une réduction de cinq shellings. Le transport ne lui coûterait donc que 25 fr. Il
donne quelque chose, assure-t-il, aux nègres pour
leurs dépenses de nourriture pendant le trajet et
l'entretien de leurs familles, ce qui ne l'empêche pas
de réaliser un bénéfice honnête. Des concurrents ont
voulu remplir le même office pour 7 piastres; mais
ils ne donnaient rien aux nègres, et on a dû renoncer
à leurs services. Le trajet de Kingston à Panama n'est
que de quarante heures. A leur arrivée, les travailleurs importés par ce procédé sont embauchés au prix
ordinaire de une piastre et demie (6 fr. 60) par jour.
Les plus intelligents et les plus vigoureux peuvent
même gagner davantage. Je trouve, affichée à Kingston, une liste officielle des sommes laissées par des
ouvriers morts à Panama; ces sommes s'élèvent de
quelques shellings jusqu'à dix-neuf livres sterling,
près de 500 fr. Aussi le canal jouit-il d'une grande
popularité auprès de la population ouvrière de la
Jamaïque.

En revenant à bord, nous traversons, non sans
peine, un flot de population. Ce sont les ouvriers et
les ouvrières, — les deux sexes me paraissent en nombre égal, — qui vont s'embarquer, et auxquels leurs
parents et amis font la conduite. Le tableau est plein

de mouvement et de gaieté. Sous je ne sais quel prétexte, car on ne se gêne pas avec les fils de Cham, on
a retardé l'embarquement jusqu'à la dernière heure.
Les émigrants font queue devant la passerelle, où on
ne les laisse passer que par escouades. Ils sont chargés des objets les plus variés, malles, caisses, sacs de
nuit, lits de camp, quelques-uns même emportent
des *rocking chairs* (fauteuils à bascule); d'autres ont
à la main des cannes à sucre; les femmes ont des toi-
lettes claires, comme le dimanche; les hommes sont
confortablement vêtus de pantalons et de paletots
sans accrocs. Tout ce monde bigarré s'agite et crie.
On enlève la passerelle, et le navire s'éloigne lentement du quai. Une négresse en retard fend la foule
et pousse des cris désespérés. Des amis officieux la
saisissent par l'arrière-train, tandis que des matelots
lui lancent un bout de corde et la hissent à bord.
Quelques minutes après, lorsque le navire est déjà
éloigné de plusieurs encâblures, une barque manœu-
vrée par deux vigoureux rameurs le rejoint malgré
le remous. Elle contient un émigrant du sexe mas-
culin, une scie et un sac de nuit. On jette deux bouts
de corde du haut du pont. L'émigrant attrape l'un
et se hisse à la force des poignets jusqu'au bastin-
gage; on attache à l'autre le sac et la scie, qui vont
rejoindre leur propriétaire. Le tout en un clin d'œil.
Les parents et les amis assemblés sur le quai poussent
des cris, remuent les bras avec le corps, envoient des
baisers, agitent des mouchoirs ou lancent des oranges aux partants. Point de larmes; tout ce monde

paraît satisfait et joyeux. Quelques tours d'hélice, et
le quai se perd dans l'éloignement. Les émigrants se
casent tant bien que mal sur le pont. Mais la mer,
si placide de la Barbade à la Jamaïque, recommence
à moutonner. Le roulis se combine de nouveau avec
le tangage. La nuit est mauvaise, et le lendemain, il
ne fait pas bon se promener dans le campement noir
de l'avant.

Enfin, nous voici au terme du voyage. Nous entrons
dans la baie de Limon, et dans une heure nous serons
à Colon. Nous sommes partis de Southampton le
28 janvier, et nous arrivons à Colon le 17 février.
Nous sommes restés juste vingt jours en mer, et
nous avons fait, depuis le Havre, 5,378 milles marins
ou 9,955 kilomètres : 126 milles du Havre à Southampton, 3,635 milles de Southampton à la Barbade,
812 milles de la Barbade à Jacmel, 255 milles de
Jacmel à Kingston et 550 milles de Kingston à Colon.
Le navire n'a filé, en moyenne, que 12 milles à l'heure,
et nos escales nous ont retenus deux jours. Avec un
steamer de course nouveau style, on pourrait faire
le trajet en douze jours. On le fera.

IV

CHRISTOPHE-COLOMB ET COLON

Arrivée. — La réception de M. de Lesseps. — Le terre-plein de
Christophe-Colomb. — La ville de Colon. — L'hôpital. — Le
programme des visites aux travaux du canal.

Christophe-Colomb, le 21 *février* 1886.

A l'entrée de la baie de Limon, se trouve l'île
de Manzanillo, qu'un petit bras de mer sépare de la
terre ferme. La ville de Colon est bâtie sur la côte
septentrionale de l'île. La baie a 35 kilomètres carrés
de superficie, et une profondeur de 9 mètres dans la
partie où vient déboucher le canal ; elle forme un
vaste entonnoir, bordé de récifs de corail, où les flots
verts jaunis par la vase viennent se briser en tamisant
une poussière d'écume. Une vingtaine de navires, parmi
lesquels la frégate des États-Unis, le *Tennessee*, sont
à l'ancre dans la baie. Tous ont hissé leurs pavillons,
et la musique du *Tennessee* nous envoie les sons de *la
Marseillaise*. Les wharfs (jetées en bois où vont se
remiser et se décharger les navires) sont couverts de
monde. Nous abordons. M. Charles de Lesseps saute à
bord du *Medway* et vient embrasser son père ; il est

suivi d'une foule enthousiaste, dans laquelle s'est glissé un noir pickpocket, qui aurait encore des leçons à recevoir de ses frères blancs, car il se fait prendre honteusement la main dans la poche du délégué de Marseille. Une députation s'avance à la rencontre de M. de Lesseps. Elle est précédée de deux charmantes jeunes filles, l'une blonde, vêtue d'une robe bleue avec une écharpe rouge et blanche : c'est la France ; l'autre, brune, robe jaune, écharpe rouge et bleue ; c'est la Colombie. Elles offrent des bouquets à l'illustre voyageur, en lui souhaitant la bienvenue ; puis le cortège se dirige vers Christophe-Colomb. Ici je suis forcé d'ouvrir une parenthèse topographique.

Les wharfs de Colon où nous avons débarqué forment une avancée dans la baie ; de là, en laissant Colon à gauche et en faisant un demi-cercle de 200 à 300 mètres, on va au terre-plein ou au môle construit par la Compagnie, et à l'extrémité duquel s'élève, faisant face à l'embouchure du canal, la statue de Christophe Colomb, cadeau de l'impératrice Eugénie. Ce terre-plein occupe la place d'un vaste et infect marécage de 1,200 hectares de superficie, qu'il a fallu combler. Ç'a été une dépense considérable, mais une dépense nécessaire. Non seulement le terre-plein protège et assainit l'embouchure du canal, mais encore il est devenu la base des opérations de la Compagnie. Elle y a construit parallèlement à la côte deux larges rues et un boulevard, auxquels des rangées de palmiers fourniront leur ombrage quand ils auront poussé, et où circule une brise à peu près fraîche. Les maisons construites en

bois à un étage, recouvertes en tôle ondulée, avec
une véranda, et largement espacées, sont occupées
par les bureaux et les logements du personnel ; tout au
bout sont deux élégants chalets où se logent les ingénieurs et les employés supérieurs que leurs fonctions
obligent à circuler entre Colon et Panama, et qui pourraient servir au besoin de sanitarium. Plus tard, quand
le canal sera ouvert, le terre-plein changera probablement de caractère : il se remplira d'établissements
commerciaux et maritimes, et les emplacements y coûteront cher. En attendant, le boulevard de Christophe-
Colomb rappelle la promenade des Anglais à Nice,
avec une quinzaine de degrés de plus ; il y en a bien 35 !

Cependant, une nouvelle députation, ayant à sa tête
un orateur délégué par les employés de la Compagnie,
vient à la rencontre de M. de Lesseps. L'orateur prononce
un discours, que les visiteurs non encore acclimatés
trouvent peut-être un peu long. M. de Lesseps répond
avec son brio accoutumé, et nous arrivons au bruit
des hourras à Christophe-Colomb. Notre délégation
s'est augmentée de deux nouveaux membres, M. Bige-
low, ancien ministre des États-Unis à Paris, délégué de
New-York, et M. Appleton, délégué de Boston. Quelques
visiteurs distingués se sont joints à eux ; l'amiral Car-
penter, de la flotte de S. M. Britannique : le colonel
Talbot, le duc de Sutherland, arrivé à bord de son
yacht ; l'amiral américain Jewitt et son état-major, le
consul général de France à Panama, M. Lavieille ; le
vice-consul de France à Colon, M. Boulanger ; M. Rousseau, délégué du gouvernement français pour ins-

pecter les travaux du canal; l'évêque de Costa-Rica, Mgr Thiel, etc.

Dans l'après-midi, je reviens de Christophe-Colomb à Colon. Quoique les deux localités se touchent, elles ne seraient pas plus différentes d'aspect si elles étaient séparées par un millier de kilomètres. Christophe-Colomb est tout battant neuf et convenablement entretenu. Colon, au contraire, est un trou infect; l'expression n'est pas trop vive. En comparaison, les repaires de Juifs de la Russie blanche, Toulon, Gênes, Naples, le vieux Stamboul, mériteraient des prix de bonne tenue. et de propreté. Cependant Colon a eu l'avantage d'être presque entièrement incendié l'année dernière, dans le paroxysme d'une révolution locale, et on est en train de le rebâtir. Ordinairement l'incendie purifie et assainit; ici, il a créé simplement des dépôts de décombres et d'immondices au milieu d'un marécage. Deux ou trois larges voies, garnies de rails du chemin de fer de Panama, et où les trains circulent librement, en avertissant les passants de se garer, par le tintement continu d'une cloche; dans l'espace que les rails laissent libre, des ornières profondes coupées d'intervalle en intervalle par des mares d'une boue épaisse où les mules attelées aux haquets enfoncent jusqu'au ventre; d'étroits trottoirs en planches bordant des maisons bâties en bois pour la plupart, et assises sur des cubes en maçonnerie ou sur de simples pilotis fichés dans le marais ; de grands espaces vidés par l'incendie, où s'accumulent, dans l'eau stagnante des pluies, des débris de toute sorte : poutres noircies, tôles de toi-

UNE RUE DE CHRISTOPHE-COLOMB.

ture tordues par le feu, débris de vaisselle et bouteilles cassées ; voilà Colon. Quelques maisons peintes de couleurs vives ont un aspect plaisant à l'œil ; mais il ne faut pas s'en approcher de trop près. Comme il n'y a ni égouts ni service de voirie d'aucune espèce, comme les waterclosets y sont absolument inconnus, on jette, dans le marais de dessous ou dans les décombres d'à côté, tous les détritus et toutes les ordures. Les grenouilles se plaisent dans la partie liquide de ces mares verdâtres, les rats infestent la partie solide, les serpents de la forêt, qui commence où Colon finit, y viennent chasser grenouilles et rats ; des myriades de moustiques s'élèvent de ces régions inférieures pour se répandre dans les habitations généralement dépourvues de vitres et y chercher leur subsistance. Colon n'en est pas moins un centre de population fort animé, et quoiqu'on n'y compte guère que 3,000 habitants de toute origine et de toutes couleurs, la circulation des hommes et des marchandises y égale celle des quartiers les plus vivants de nos ports. De vastes magasins-bazars s'y sont improvisés et multipliés depuis l'ouverture des travaux du canal. On y vend, en espagnol, en anglais, en français, en italien, en chinois, les marchandises les plus variées. Voici, par exemple, la *Boston Ice Company* qui vous offre, au choix, de la glace, des bois de construction, des clous, de l'huile, du vin, de l'eau-de-vie et des cigares. Voici des colporteurs qui étalent dans leurs boutiques roulantes des mouchoirs de couleur suspendus à un cercle et des bijoux faux; voici des marchandes d'oranges, de bananes, de pâtisserie,

de coco et de pain d'épices ; voici encore la série des
hôtels (?), des restaurants et des bars. Il y a l'hôtel
Central, l'hôtel du Commerce, l'hôtel des Cent-Villes
d'Italie, l'hôtel du Héros de Caprera, *l'eroe di Caprera*,
le restaurant de la Maison-Dorée ; il y a même un bar
de tempérance, mais il est unique, et, hélas ! il est
vide, tandis que les autres sont remplis. Je coudoie
des nègres et des négresses aux cheveux crépus, des
Indiens-Zambos aux cheveux lisses, à la peau jaune et
portant aux oreilles de larges plaques de cuivre ; force
métis de toutes nuances ; je tâche de me préserver des
trains du chemin de fer, des files de haquets, des
chevaux lancés au galop par des nègres surexcités, des
poutres et des planches que d'autres nègres transportent, en barrant le chemin, aux maisons en construction, et j'arrive à une vieille église espagnole, trans-
formée en temple protestant, qui marque l'extrémité
de Colon. A côté, se trouve une colonne élevée à la
mémoire de M. Aspinwall, le créateur du chemin de
fer de Panama. Je reviens sur mes pas et j'aperçois,
posé sur des chaises sans autre cérémonie, le long de
la voie, un cercueil peint en rouge, qui attend le train
pour être transporté au cimetière de l'hôpital. Personne
n'y prend garde. C'est un colis comme un autre ! Ces
colis-là sont nombreux à Colon, mais à qui la faute ?
Si la nature y a accumulé les moyens de destruction,
il faut avouer que l'homme fait tout ce qu'il peut pour
aider la nature. Ai-je besoin de dire que la Compagnie
du canal est sans pouvoir à Colon. L'assainissement
de la ville dépend du Conseil municipal, lequel, comme

tous les Conseils municipaux des deux mondes, a bien
d'autres affaires.

Le lendemain, jeudi 18, je vais avec M. de Lesseps et
les délégués des chambres de commerce, visiter l'hôpital de la Compagnie. Il est situé à l'extrémité de
Colon, à une centaine de mètres au delà de la vieille
église espagnole. C'est un grand parallélogramme en
bois, bâti sur des cubes de maçonnerie, au bord même
de la mer ; les vagues viennent en battre les fondations.
On y accède par un petit jardin rempli de palmiers. Il
n'y a qu'un rez-de-chaussée et un étage. Les malades
atteints de la fièvre jaune et d'autres fièvres pernicieuses
sont logés dans des annexes séparées du bâtiment,
principal. L'hôpital contient 100 lits, dont 83 sont
actuellement occupés, et il est tenu, — admirablement
tenu, — par les sœurs de Saint-Vincent-de-Paul, au
nombre de huit. La supérieure, coiffée de sa grande cor-
nette blanche, nous en fait les honnenrs. Nous visitons
d'abord au rez-de-chaussée la salle des blessés et des
amputés. Cette salle contient vingt lits largement
espacés. Les tables de nuit et les cuvettes sont reluis-
santes de propreté ; la brise de mer purifie continuellement l'atmosphère ; les blessures se guérissent prom-
ptement. Au-dessus, c'est une salle de fiévreux. Les
fièvres de toutes catégories sont, avec les dyssenteries
et les insolations, les maladies dominantes. Chose
curieuse ! malgré ses conditions remarquables d'insalubrité, Colon est rarement ravagé par la fièvre jaune.
Elle sévit, au contraire, presque en tout temps dans la

baie. Les neuf malades que contient en ce moment
l'annexe sont des matelots, appartenant pour la plupart
à un navire norvégien. Trop souvent, l'excès de travail
accompagné d'autres excès amène le mal. L'élévation
des salaires à Colon pousse les capitaines des navires
marchands à surmener leurs équipages. Un matelot
tombe malade de fatigue, il prend la fièvre jaune, et
son absence impose un surcroît de besogne à ses cama-
rades qui sont atteints à leur tour. C'est une horrible
maladie, mais elle a le mérite, qui lui est commun, au
surplus, avec les autres affections locales, de ne pas
laisser languir le malade. « Il n'y a pas de malades à
Colon, dit un proverbe indigène, il n'y a que des morts. »

La fièvre jaune y est caractérisée par un gonflement
monstrueux de la rate, le prognathisme de la face,
l'injection sanguinolente de l'œil. Quand l'albuminurie
se déclare, le malade est perdu, il en meurt ordinairement un sur deux. On a beaucoup disserté sur les
causes de la fièvre jaune, et encore davantage sur les
remèdes ; on m'assure qu'un médecin mexicain a réussi
à découvrir le microbe qui la produit, et qu'un autre
médecin cultive ce microbe à Panama, et pratique des
inoculations, dont on vante le succès. Dieu le veuille !
mais je crois qu'une constitution solide et un *self
government* sévère de nos appétits des deux sexes
pourraient bien être encore un préservatif plus sûr de
la fièvre jaune et de ses congénères. — Nous visitons
la lingerie et la pharmacie, tenues en bel ordre, comme
le reste. C'est un hôpital modèle, mais qui revient
cher. L'humidité et les termites rongent le bois et né-

cessitent d'incessantes réparations; les salaires du
personnel sont gouvernés par la loi de l'offre et de la
demande, — cette loi d'airain contre laquelle nos
socialistes accumulent les anathèmes, mais dont les
travailleurs masculins et même féminins ne se plaignent pas à Colon. Les blanchisseuses de l'hôpital, par
exemple, sont payées à raison de 1 piastre 1/2 colombienne (6 fr. 60 c.) par jour. Il faut bien élever en
proportion les frais de séjour à l'hôpital. Le prix ordinaire de la journée est de 1 piastre. La Compagnie
pourvoit aux frais de maladies de ses employés, sauf à
s'en faire rembourser s'il y a lieu; le gouvernement
de la Jamaïque se charge de ceux de ses nationaux, de
toutes couleurs. En revanche, les malades de France
ou des colonies françaises sont moins favorisés, et ils
s'en plaignent amèrement au consul qui n'en peut
mais. Quelques-uns se font porter sur un brancard au
consulat. Il faut bien les envoyer à l'hôpital, sauf à
débattre la question des frais avec les bureaux de la
métropole, ces terribles bureaux! C'est assez dire que
l'institution d'une Société de secours mutuels, ou
mieux encore l'établissement de succursales de sociétés
d'assurances contre les maladies et accidents, sans
acception de nationalités, serait un bienfait à Colon.
J'en dirai autant d'une caisse d'épargne. Seul encore
le gouvernement de la Jamaïque se charge de recevoir
les économies des travailleurs de cette colonie et de les
faire passer à leurs familles. Un bon nombre d'entre
eux profitent de cette faculté, et l'envoi régulier des
épargnes que l'élévation des salaires dans l'isthme per-

met de réaliser a singulièrement contribué à populariser les travaux du canal et à faciliter le recrutement des travailleurs à la Jamaïque. Sur les 12,000 à 14,000 ouvriers actuellement employés par la Compagnie, au moins 10,000 proviennent de cette île. J'ai assisté, aujourd'hui dimanche, au payement des ouvriers à Christophe-Colomb, et ce spectacle m'a paru de nature à rendre particulièrement sensible l'utilité d'une caisse d'épargne. Ce payement se fait tous les quinze jours, en piastres colombiennes sonnantes. Un caissier et son aide sont assis à une table, sous la véranda du magasin général. Les travailleurs, rangés en bon ordre par un policeman nègre, s'avancent à la file, leur bordereau à la main. On les paye, puis ils vont sur la place, où leurs créanciers les attendent, régler leurs dettes de la quinzaine; ils empochent le reste, quand il y a un reste, et ne reparaissent dans les chantiers que le mardi. Que voulez-vous qu'ils fassent de leur argent et où mettraient-ils en sûreté leurs lourdes piastres, s'ils ne les confiaient au bar voisin? Mais une caisse d'épargne ne vaudrait-elle pas mieux?

C'est le vendredi 19, deux jours après notre arrivée, qu'a commencé la série de nos visites aux travaux du canal; en voici le programme :

VENDREDI 19 FÉVRIER.

Excursion auprès de Colon.
Dérivation du Chagres au débouché de l'Atlantique.

SAMEDI 20.

Chantiers de dragages de Colon au kilomètre 15.
Retour à Colon par le chemin de fer.

LUNDI 22.

Départ de Colon par le chemin de fer.
Chantiers de terrassement de Bohio-Soldado.
Chantier des transporteurs dans la plaine de Tavernilla.
Arrivée à Panama.

MARDI 23.

Dragages dans la baie de Panama.
Chantiers de construction de dragues.
Le Boca, débouché du canal dans le Pacifique.

MERCREDI 24.

Chantiers de Pedro-Miguel, Paraíso, Culebra, Emperador.
Retour à Panama.

VENDREDI 26.

Chantiers de las Cascadas, Haut et Bas-Obispo.
Emplacement du barrage du Chagres.
Chantiers de Santa-Cruz, Matachin, Gorgona. — Retour à Panama.
En revenant à Colon, visite des ateliers de Bas-Matachin et des chantiers de San-Pablo.

Ce programme, que nous avons commencé à exécuter, ne dira pas grand'chose à nos lecteurs. Je tâcherai de le leur expliquer dans mes prochaines lettres. Mais, tout d'abord — à en juger par ce que nous avons vu dans nos deux premières excursions de vendredi et de samedi, — je suis charmé de dire que notre attente a été dépassée, et que, si l'entreprise du percement du canal de Panama présente des difficultés énormes, l'effort fait pour les vaincre est en proportion. Jamais œuvre plus colossale n'a été entreprise, jamais le capital et la science n'ont réuni et déployé un appareil aussi puissant pour venir à bout des résistances de la nature.

V

DANS L'ISTHME

L'organisation des travaux de percement du canal. — L'outillage.
Les installations. — Le personnel.

Panama, le 25 février.

Si le percement de l'isthme de Panama avait été
entrepris à l'époque où florissait la peinture allégori-
que et mythologique, voici de quelle façon un peintre
sachant quelque peu son métier aurait pu figurer
cette grande lutte de l'industrie humaine contre les
forces brutes de la nature. D'un côté, un géant monstrueux et rébarbatif appuyé sur les derniers contre-
forts des Cordillères, ayant à ses pieds un fleuve
débordant et des marécages empestés où grouillent
les caïmans; un groupe de Mégères personnifiant la
fièvre jaune, les diverses et funèbres variétés des fièvres
paludéennes, la dyssenterie, la dyspepsie, et les autres
implacables ennemis de la vie humaine; des forêts
impénétrables où foisonnent les serpents et les insectes
venimeux, le serpent corail, le serpent plume, le
scorpion, la fourmi géante, sans oublier des nuées de
moustiques sanguinaires. D'un autre côté, la Science,

appuyée sur le Capital, lançant une armée de travailleurs, pourvue d'un matériel perfectionné, contre le
monstre et ses acolytes. Notez que je mets sur le
premier plan la Science et le Capital. N'en déplaise à
mes bons amis les socialistes, c'est bien la place qui
leur appartient. Le Travail, proprement dit, ne vient
qu'après, sur le second plan du tableau. Et permettez-
moi à ce propos d'ouvrir une courte parenthèse.

Je voudrais que les contempteurs du capital vinssent
visiter l'œuvre colossale qui s'accomplit en ce moment
grâce aux capitaux français à 10,000 kilomètres de la
France. Peut-être comprendraient-ils à quoi sert ce
parasite, et cesseraient-ils de demander qu'on le sup-
prime. Sans l'intervention libre et volontaire du capital,
attiré par l'appât d'une juste rétribution, comment le
percement de l'isthme de Panama serait-il possible?
Il a fallu réunir et il faut entretenir, pendant des
années, dans un pays dépourvu de ressources, toute
une armée de travailleurs et tout un arsenal d'outils
et de machines. Sans doute le canal est une œuvre
productive. Selon toute probabilité, son revenu annuel
couvrira et au delà les frais qu'il aura fallu faire pour
le percer et le mettre au service du commerce du
monde. Mais ce revenu ne pourra être réalisé qu'au bout
de huit ou neuf ans. En attendant, qui fera l'avance
de la construction, de l'installation et de la réparation des machines? Qui pourvoira aux frais de transport,
de nourriture et d'entretien des travailleurs? En vain
on leur restituerait, comme le demandait récemment
un honorable conseiller municipal de Paris, les droits

de pêche, de chasse, de cueillette des fruits et des racines dont on les a abusivement dépouillés : l'exercice de ces droits primordiaux et imprescriptibles ne les ferait pas vivre vingt-quatre heures. Ils seraient réduits à s'entre-dévorer, comme les Indiens anthropophages, qui vivent encore, m'assure-t-on, dans les parties inexplorées de l'isthme. Qu'a-t-il donc fallu faire avant tout pour rendre possible l'exécution du canal ? Il a fallu réunir un capital qui pourvût à l'avance des frais de construction et se chargeât des risques. Et ce capital indispensable, à qui l'a-t-on demandé ? On l'a demandé à la multitude des gens laborieux et écono-mes — pour la plupart de petites gens ! — qui ne dépensent pas tout leur revenu, et c'est en rassemblant et en associant toutes ces modestes épargnes de l'employé, du commerçant, de l'ouvrier, qu'on a pu constituer la plus grande entreprise industrielle de notre temps. Quand le socialisme sera capable d'en faire autant, je me convertirai au collectivisme, voire même à l'anarchisme.

Excusez, je vous prie, cette digression profession-nelle, et essayons maintenant de nous rendre compte de l'emploi que la Compagnie du canal interocéanique a fait jusqu'à présent de son capital.

Quelques mots sur l'organisation de la Compagnie. Elle est dirigée à Paris par un Conseil d'administration présidé par l'infatigable (nous en savons quelque chose, nous qui l'accompagnons) M. de Lesseps, avec l'assistance d'un comité technique, composé de nota-bilités de la science et de l'industrie. Dans l'isthme, la

direction des travaux est confiée actuellement à un
jeune ingénieur déjà célèbre, M. Boyer (1), qui est en
même temps le chef des services administratifs.

L'organisation est la suivante :

Onze divisions :

1° Division du secrétariat ;

2° Division des bureaux techniques ;

3° Division de la comptabilité générale et des caisses ;

4° Division du matériel et des approvisionnements ;

5° Division des ateliers ;

6° Division des transports et opérations maritimes.

Divisions d'exécution :

1re division à Colon, de Colon au kilomètre 26 350 ;

2e division à Gorgona, du kilomètre 26 350 au kilomètre 44 ;

3e division à Emperador, du kilomètre 44 au kilomètre 53 600 ;

4e division à Culebra, du kilomètre 53 600 au kilomètre 55 800 ;

5e division à Panama, du kilomètre 55 800 à l'extrémité du canal.

Chacune de ces dernières divisions est placée sous
le gouvernement d'un ingénieur qui contrôle les opérations des entrepreneurs avec lesquels la Compagnie
a traité pour l'exécution des travaux, et qui dirige en

______

(1) La Compagnie a eu le malheur de perdre cet excellent ser-
viteur quelques jours après notre départ de Panama.

UNE DRAGUE.

même temps ceux que la Compagnie exécute elle-même
en régie. Au début, la Compagnie avait commis la
faute de confier à une seule entreprise l'ensemble des
travaux du canal. L'expérience n'a pas tardé à lui
démontrer que le monopole ne vaut pas mieux en
matière de travaux qu'en toute autre; elle a morcelé
l'entreprise et elle a fait appel à la concurrence des
entrepreneurs. Seulement elle est tombée d'un excès
dans un autre. Après avoir trop concentré le travail,
elle l'a trop divisé. Les entrepreneurs, trop nombreux,
se gênaient mutuellement, surtout quand il s'agissait
du transport des déblais; ils ne possédaient pas toujours, non plus, les ressources nécessaires; quelques-
uns étaient obligés de recourir à l'assistance des
banquiers de l'isthme, gens secourables et pleins de
philanthropie, mais qui ont le sentiment de la valeur
de leur argent et ne le prêtent pas volontiers à moins
de 2 p. 100 par mois. D'autres demandaient même à
la roulette, qui fleurit à Panama à titre d'institution
gouvernementale et fiscale, les ressources que leur
refusaient les banquiers, et chacun sait ce que vaut la
roulette considérée comme institution de crédit. Aujourd'hui, ces écoles ont porté leurs fruits. La Compagnie a traité avec de grands entrepreneurs qui ont
amené avec eux un personnel d'élite, et qui s'appuient
sur de puissantes institutions financières. Actuellement, il y a encore vingt-sept entrepreneurs dans
l'isthme; mais ce nombre sera probablement réduit à
moins de moitié d'ici à la fin des travaux. La Compagnie se charge de leur fournir, ou pour mieux dire

de leur louer le matériel à des conditions spécifiées dans les contrats, et ce matériel est véritablement formidable. Aux adversaires systématiques de la Compagnie qui lui demandent aigrement ce qu'elle a fait de l'argent de ses actionnaires et de ses obligataires, je conseillerai d'employer leurs prochaines vacances à un petit voyage à travers l'isthme; ils seront pleinement édifiés sur cette question qui éveille à un si haut point leur sollicitude, et peut-être finiront-ils par être émerveillés comme nous le sommes nous-même du nombre et de la puissance de l'outillage, de l'étendue et de la perfection des installations que la science, assistée du capital, a accumulées sur ce point reculé et naguère presque désert de notre globe.

A tout seigneur tout honneur. Au premier rang figurent les machines d'attaque, dragues et excavateurs de tous modèles et de toutes provenances. Je voudrais pouvoir emprunter la plume de notre savant et aimable collaborateur, Henri de Parville, pour vous décrire ces ingénieux mécanismes qui ont remplacé avantageusement la pioche, et dont la puissance va croissant tous les jours. Chacun a pu voir d'ailleurs des dragues fonctionner dans nos ports. Ce sont de simples bateaux pourvus d'une série de godets rattachés par une chaîne et animés d'un mouvement circulaire, qui creusent le sol détrempé et déversent le produit de leur travail tantôt dans des chalands ou des bateaux à clapets, tantôt dans des couloirs qui le portent sur les berges ou dans des trains de wagons. Il y a vingt ans, la plus forte drague employée au

creusement du canal de Suez n'enlevait guère que
1,000 mètres cubes par jour ; il y en a aujourd'hui à
Panama qui font régulièrement 4,000 mètres, et qui
vont même jusqu'à 7,000 quand le terrain est favorable. En déduisant les interruptions causées par le
dérangement des machines, on peut compter sur un
chiffre moyen de 3,000 mètres cubes. C'est l'équiva-
lent du travail de 1,000 ouvriers armés de la pioche,
et même quelque chose de plus, car sous le climat
énervant de l'isthme l'ouvrier le plus vigoureux ne
peut extraire plus de 2 mètres cubes 1/2 par jour.
Mais la drague ne peut fonctionner que dans l'eau, et
lorsque le lit du canal a acquis déjà une profondeur
suffisante — environ 3 mètres — pour la porter. Jusqu'à ce que cette profondeur soit atteinte, on emploie
des excavateurs. L'excavateur n'est autre chose qu'une
drague à sec. La plupart portent, comme la drague,
une chaîne de godets ; d'autres ne portent qu'un seul
et énorme godet armé de trois dents ressemblant à des
défenses d'éléphant, avec lesquelles ils arrachent d'une
seule emprise un mètre cube de terre qu'ils déversent
par un mouvement de bascule dans des wagons ou
sur la berge ; d'autres encore, que nous verrons fonctionner au chantier de Tavernilla, sont pourvus de
« transporteurs », tabliers mobiles qui portent les
matériaux d'extraction à 50 ou 60 mètres de distance.
Dragues et excavateurs ne peuvent toutefois être uti-
lisés que dans le sol meuble ou désagrégé. Le roc ou
les terrains pierreux exigent l'emploi préalable des
perforatrices, de la poudre et de la dynamite.

Heureusement, la plus grande partie du parcours du canal est occupée par des couches de terrains argileux ; on ne rencontre la roche dure que sur les seuils de la traversée de l'isthme.

Cependant ces machines d'attaque, qui constituent en quelque sorte la grosse artillerie chargée de trouer la cuirasse de l'isthme, ne forment que la plus faible portion du matériel. Il faut, pour imprimer le mouvement aux 32 dragues et aux 82 excavateurs qui existaient dans l'isthme au commencement de cette année, comme aussi pour emporter les produits de leur travail, près de 300 locomotives, locomobiles et machines mi-fixes ; 16 bateaux à clapets, c'est-à-dire à fond mobile, construits sur le modèle de ceux dont le célèbre Carrier se servait pour engloutir dans la Loire les ennemis de la liberté, de l'égalité et de la fraternité ; des milliers de wagons et wagonnets, circulant sur près de 500 kilomètres de chemin de fer à voie large ou étroite. Ce n'est pas tout. Il a fallu établir des ateliers de réparation et même de construction pour les outils et les machines ; et des hôpitaux, autrement dit d'autres ateliers de réparation pour les hommes ; il a fallu bâtir des logements sains et confortables pour l'armée industrielle qui allait pendant de longues années se livrer aux plus durs travaux dans ce dangereux repaire des fièvres, où l'homme blanc, rouge, brun ou même noir qui commet l'imprudence de coucher à la belle étoile court le risque de ne point se réveiller. Tout cela a été fait, et j'ajoute, *de visu*, bien fait, grâce au concours de la science et du capital, sans oublier

le dévouement et la foi à une grande œuvre. Rien
qu'en additionnant les pouvoirs des moteurs mécani-
ques concentrés sur le parcours du canal, on obtient
une force équivalente à celle d'un demi-million
d'hommes (1); joignez-y la masse de travail accumulée
dans les installations des hommes et des machines,
et vous aurez une idée de ce qu'a dû coûter la simple
préparation à l'œuvre du percement de l'isthme (2).
Il est vrai que cette préparation constitue une bonne

(1) Voici, d'après une note publiée par la Compagnie, l'état du
matériel existant dans l'isthme au 1er janvier 1886 :

Dragues, 32 ; hopper-barges à vapeur, 10 ; bateaux à clapets, 16 ;
porteurs à fond fixe, 26 ; chalands, 103 ; débarquements flottants, 4 ;
remorqueurs, 29 ; excavateurs, 82 ; locomotives, 163 ; longueur de
grande voie de 1^m,515 d'écartement, 314 kilomètres ; grands wagons
de terrassements de 6 mètres cubes, 2,102 ; grands wagons de terrassements de 4 et 3 mètres cubes, 2,590 ; grands wagons pour
transports, 1,576 ; wagonnets à voie étroite, 6,723 ; longueur de voie
de 0^m,50 d'écartement, 175 kilomètres 325 mètres ; transporteurs de
déblais, 20 ; locomobiles et machines mi-fixes, 129 ; pompes diverses, 468 ; gros tuyaux pour transports de déblais, 6,000 ; grands
ateliers, 3 ; ateliers de sections, 9.

A ce matériel existant, il faut ajouter en cours d'exécution ou
d'expédition : 8 dragues, 34 excavateurs, 8 locomotives et 5,500 gros
tuyaux pour transports de déblais.

(2) Nous sommes loin aujourd'hui, remarque à ce propos M. Henri
de Parville, grâce au progrès de l'art de l'ingénieur, du bon temps
où le pharaon Cheops était obligé d'employer 30,000 hommes pendant trente ans pour élever la grande pyramide d'Égypte.

Il est facile, ajoute M. de Parville, de justifier par quelques
chiffres l'évaluation de M. de Molinari. En travail courant, on peut
dire qu'il faut dix hommes pour accomplir la besogne d'un cheval-
vapeur. Or le matériel en ce moment dans l'isthme ou en cours
de construction ou d'expédition représente une force totale de
57,400 chevaux-vapeur.

57,400 chevaux-vapeur ! soit 574 000 hommes de fer et d'acier.

part du travail à accomplir. Un ingénieur expérimenté
qui a fait la campagne de Suez me disait : — En admettant même que nous n'eussions pas encore enlevé
un seul mètre cube de terre, nous aurions fait déjà un
bon tiers de notre besogne. Nous sommes aujourd'hui
à Panama au point où nous étions à Suez en 1865,
quatre ans avant l'ouverture du canal. — J'ajoute que
les frais de cette préparation colossale ont été réduits
autant qu'ils pouvaient l'être grâce à l'esprit et aux
pratiques libre-échangistes de la Compagnie. Je remarque cependant, dans son matériel et ses installations un bon nombre d'articles de provenance française. Ce qui prouve, pour le dire en passant, que nos
industriels, qui sont hors d'état, comme chacun sait,
de soutenir en France la concurrence anglaise, belge,
allemande ou américaine, la soutiennent parfaitement
à Panama. D'un autre côté, la confiance de la Compagnie dans l'efficacité du principe de la concurrence
lui a épargné encore la grosse dépense de la création
de magasins d'approvisionnements de tout genre à
l'usage de son personnel. — On disait à M. de Lesseps :
Quoi! vous allez rassembler dans un pays presque désert et dépourvu de ressources une armée de 15,000 ou
20,000 travailleurs, et vous ne songez pas à pourvoir
à sa subsistance; vous ne vous occupez pas des moyens
de la nourrir et de la vêtir. Ne l'exposez-vous pas à

Sans compter les hommes en chair et en os ! Quel effort et quelle
manifestation écrasante de la puissante humaine !
    (Henri de Parville, Bulletin scientifique du *Journal des Débats*
du 9 avril 1886.)

une catastrophe dont la seule pensée fait frémir ? Vos travailleurs mourront de faim, ou tout au moins ils seront exploités par des monopoleurs sans vergogne qui leur feront payer au poids de l'or les premières nécessités de la vie. — A quoi M. de Lesseps se contentait de répondre : Un des articles de mon traité avec le gouvernement colombien stipule qu'il ne sera point prélevé de droits de douane dans l'isthme pendant toute la durée des travaux du canal, et que le commerce y sera absolument libre. J'ai fait en Égypte l'expérience de la liberté du commerce : j'avais rassemblé là en plein désert des milliers d'hommes sans me préoccuper le moins du monde de les nourrir. Je me contentais de les payer. Eh bien ! la liberté du commerce a été la manne qui les a nourris. Ils n'ont jamais manqué de rien. Soyez tranquilles, ils ne manqueront de rien à Panama. — Et ils ne manquent de rien en effet. La liberté a attiré dans l'isthme des marchands, des hôteliers, des boutiquiers de tous les points du monde, des Italiens, des Allemands, des Chinois, avec des provisions de toute sorte et de toute provenance. J'ai dîné pour une piastre (4 fr.) à l'hôtel de la Marine, à Panama, aussi bien que j'aurais pu le faire dans le meilleur des « bouillons » ; j'ai acheté dans un magasin composite une demi-douzaine de cravates pour 2 francs, et on m'y offrait un pantalon digne de la Belle-Jardinière pour 4 francs. M. de Lesseps n'avait-il pas raison d'avoir confiance dans la liberté du commerce?

Le recrutement du personnel s'est opéré sans plus de difficulté que son approvisionnement. Cependant n'était-ce pas un problème ardu que celui de constituer toute une armée de travailleurs avec son état-major d'ingénieurs et d'administrateurs, ses cadres de conducteurs de travaux et d'employés, dans un pays dépourvu de tout ce qui rend la vie facile et agréable : où la moindre imprudence, le moindre écart de régime est puni de mort et auquel la construction du chemin de fer de Panama avait valu une réputation funèbre? Ne disait-on pas, — et peut-être disait-on vrai, — que chacune des traverses de la voie, bien plus facile à construire cependant qu'un canal, recouvrait le cadavre d'un Chinois? Eh bien! malgré cette histoire ou cette légende, l'état-major et les soldats se sont présentés en foule. Ç'a été tout d'abord un personnel passablement mêlé d'aventuriers et de déclassés; mais peu à peu le bon grain s'est séparée de l'ivraie, et aujourd'hui aucune Compagnie ne possède un état-major plus distingué et plus dévoué. Elle emploie 670 Européens dont 530 Français, sans parler des entrepreneurs et de leur personnel. Un bon nombre d'entre eux ont été à Suez, et ils le rappelaient non sans fierté à M. de Lesseps, qui allait serrer la main à ces vieux compagnons de travail. D'autres sont venus du Sénégal. D'autres arrivent du Brésil conduits par un ingénieur d'élite, M. Bonnafous; un foreur de puits a été au Saint-Gothard; presque tous ont appartenu à ces bandes de « cheminaux », comme ils se plaisent à se nommer, qui ont construit les chemins de fer des deux mondes. Je rappellerai à ce propos que les capitalistes, les ingénieurs, les conducteurs de travaux

et les ouvriers français ont joué dans la construction
des chemins de fer de l'Europe orientale et méridionale et de l'Amérique latine un rôle dont ils peuvent
s'enorgueillir à bon droit. En Russie, en Autriche,
en Italie, en Espagne, au Brésil, ils ont été les initia-
teurs de ce progrès, qui est en train de changer la face
du monde, et ce n'est vraiment pas leur faute s'il a
été si lent à se réaliser en France. Les soldats n'ont
pas manqué à cet état-major et à ces cadres accoutumés de longue main à lutter avec la nature et à la
vaincre ; il n'a pas été nécessaire de recourir à la conscription ou au service obligatoire pour les recruter ;
ils sont arrivés d'eux-mêmes, et ils arrivent tous les
jours en nombre croissant de la Jamaïque, de la Barbade, de la Colombie, du Venezuela, des États-Unis ;
il en viendra au besoin de la Chine et de l'Inde. Il
a suffi de leur promettre un bon salaire, et, chose plus
rare, de tenir cette promesse. J'ajoute que la concorde
la plus parfaite règne parmi ce monde bigarré d'hommes
blancs, jaunes, bruns ou noirs. Point de rixes, rarement une querelle. Chacun s'occupe de son affaire et
gagne paisiblement son salaire. Une seule fois le sang
a coulé dans un chantier, à la Culebra. Des soldats
colombiens y sont venus fusiller à bout portant de
pauvres nègres de la Jamaïque qui s'étaient montrés
peu respectueux pour les uniformes dépenaillés de
ces défenseurs de l'ordre. Depuis, les soldats et la police n'ont plus paru dans les chantiers et l'ordre s'y
est maintenu de lui-même.

Maintenant que vous avez un aperçu général du

matériel et du personnel de l'armée industrielle que
la Compagnie a rassemblée dans l'isthme, allons, si
vous le voulez bien, voir cette armée à l'œuvre.

Ce sera l'objet de ma prochaine lettre.

VI

DANS L'ISTHME.

Les ateliers de construction et de réparation. — L'inspection des
travaux. — La dérivation du Chagres. — L'embouchure du canal
dans l'Atlantique. — Le chemin de fer. — Bohio Soldado. — Tavernilla. — La réception de M. de Lesseps à Panama. — L'hôpital. — La mortalité. — La Boca.

Colon, le 2 mars.

Les grosses difficultés du percement du canal de
Panama proviennent surtout de la distance de l'Europe, de l'absence presque complète de ressources
locales et de l'insalubrité du climat. Il faut apporter à
grands frais dans l'isthme les machines et les hommes,
et pourvoir à leur entretien, de manière à les faire
durer le plus longtemps possible, car le renouvellement coûte cher. Notre première visite avait été pour
l'atelier de réparation du personnel, l'hôpital. La seconde a été consacrée aux ateliers de construction et
de réparation du matériel. Nous avons d'abord visité
ceux de Christophe-Colomb, sur l'Atlantique, plus
tard ceux de Bas-Matachin, au centre de l'isthme, et
de la Boca, sur le Pacifique. Non seulement on y répare outils et machines, mais on peut y couler des

pièces de fonte de 15 tonnes, et la nécessité oblige à
y cumuler les travaux les plus disparates. J'ai vu à
l'atelier des tourneurs de Christophe-Colomb une
jambe, hélas! faite au tour, destinée à un malheureux amputé. Outre ses trois grands ateliers qui peuvent rivaliser avec les plus complets et les mieux
installés que j'aie vus en France et en Belgique, la
Compagnie est en train d'établir neuf ateliers auxiliaires, dits de sections, dont quatre sont entièrement
terminés (1). Ce sont des installations qui ont coûté
fort cher, mais sur lesquelles on ne pouvait songer à
faire des économies.

C'est le 19 février qu'a commencé notre inspection
des travaux, sur toute la longueur du canal ; elle s'est

(1) La compagnie a des ateliers à Christophe-Colomb, sur l'Atlantique, au centre de l'isthme, à Bas-Matachin, et à la Boca, sur le
Pacifique. Voici quelques renseignements et quelques chiffres qui
donneront une idée sommaire de leur importance.

A Christophe-Colomb, 3 ateliers et 1 grande scierie : 1° Un atelier central de 962^m,50 de superficie, employant 49 ouvriers, forge-
rons, mouleurs, modeleurs, ajusteurs, tourneurs, etc. ; 2° l'atelier
de montage de Fox-River. Superficie, 976 mètres carrés. 164 ouvriers
dont 30 mécaniciens. Cet atelier a monté dans le dernier trimestre
4 locomotives et en a réparé 11 avec 80 wagons de terrassement,
2 grues, etc. ; 3° l'atelier du matériel flottant. Superficie, 1,300 mètres.
100 ouvriers. Réparé 20 chaloupes à vapeur, 4 clapets à vapeur,
3 dragues et 3 débarquements flottants ; 4° la grande scierie. Superficie, 1.300 mètres. 21 ouvriers.

Au Bas-Matachin. 1° Un atelier central de 1,350 mètres carrés,
95 ouvriers. Outre les réparations et confections diverses qui ont
été faites dans cet atelier pendant le dernier trimestre, 8 locomotives franco-belges y ont été montées ; 2° atelier de charpente et de
modelage. Superficie : 455 m., 35 ouvriers, dont 19 charpentiers ;
3° fonderie. Superficie : 390 m., 12 ouvriers. Peut couler des pièces

poursuivie presque sans interruption jusqu'au 26 ; puis, avec un intervalle de repos, jusqu'au 2 mars. Après avoir passé en revue la machinerie de Christophe-Colomb, M. de Lesseps et ses compagnons traversent en chaloupe le Fox-River, un morceau du bras de mer qui sépare de la terre ferme l'île de Manzanillo, où est situé Colon avec son annexe Christophe-Colomb, et ils vont visiter la dérivation du Chagres. Je ne vous ai pas encore parlé du Chagres. C'est l'ennemi intime du canal. Si vous avez un plan de l'isthme sous les yeux, vous remarquerez que le tracé du canal est à chaque instant traversé dans la plus grande partie de son parcours par une rivière plus sinueuse encore que la Seine : c'est le Chagres.

pesant 15 tonnes. La production mensuelle est actuellement d'environ 6 tonnes de fonte et 100 kilogrammes de cuivre ; 4º halle de montage pour locomotives et wagons. Superficie, 975 mètres. 55 ouvriers. A réparé pendant le dernier trimestre 13 locomotives francobelges et américaines, 210 wagons de terrassement, 2 grues et monté 8 locomotives, 250 wagons de terrassement et 6 grues. Peut en cas de besoin monter de 1,000 à 1,500 wagons par trimestre. Au Bas-Matachin se trouvent aussi des remises de locomotives, un parc à charbon, une halle à coke et une halle à bois.

A la Boca. 1º Un atelier central, 600 mètres de superficie, 51 ouvriers ; 2º un atelier de charpente, 120 mètres, 7 ouvriers ; 3º un atelier de montage de la machinerie des dragues, 16 ouvriers ; 4º montage de la coque des dragues, 2 cales de montage comprenant 6 fermes. Chaque ferme a 12^m,50 d'ouverture et 45 mètres de long ; 3 fermes ont leurs glissières terminées, les autres sont en construction. 6 dragues avec 325 employés.

En outre, la Compagnie possède 9 ateliers de section, 4 terminés à Bohio, Gorgona, Emperador et Culebra, 1 en montage à Tavernilla, et 4 à monter à San-Pablo, Obispo, Paraiso et Corosal.

A l'inconvénient de former boucle sur boucle, le Chagres joint de celui d'être sujet à des débordements formidables. Vous savez qu'ici l'année se partage entre deux saisons, la saison sèche ou *verano* qui va de décembre à mai, et la saison pluvieuse, *invierno*, qui est, en même temps, la saison chaude, — l'une et l'autre coupées en juin par les belles journées du *veranito*, petit été de la Saint-Jean. Dans la région de l'Atlantique où le Chagres a principalement son cours, il tombe en une année 3 mètres d'eau ; en 1882, il en est tombé 3^m,15, et jusqu'à 165 millimètres dans une seule journée de novembre. De là, les crues du Chagres. Son débit ordinaire, mesuré à Gamboa, n'est que de 13 mètres à la seconde dans la saison sèche ; il monte à 134 dans la saison pluvieuse, et à 666 pendant les crues annuelles qui durent ordinairement quarante-huit heures. Dans la crue, à la vérité exceptionnelle, de 1879, il a atteint 1,930 mètres à la seconde pendant six jours. On ne pouvait laisser le canal à la merci de ce voisin dangereux. Qu'a-t-on fait ? On a dérivé le Chagres en lui creusant non pas seulement un nouveau lit, mais deux lits, un à gauche du canal, — celui que nous allons visiter d'abord, — et un autre à droite, où le Chagres reçoit de nombreux affluents, et en faisant des raccords avec les canaux de dérivation et le vieux lit de la rivière.

L'ensemble de ces canaux de dérivation ne mesure pas moins de 44 kilomètres, et leur largeur est d'une quarantaine de mètres sur 4 ou 5 mètres environ de profondeur. Ce n'est pas tout. On sera peut-être obligé, pour parer au danger des grandes crues, d'exécuter un barrage colossal à Gamboa (voyez la carte) et de créer un réservoir ayant les proportions d'un lac et pouvant contenir 1 milliard de mètres cubes d'eau. La question n'est pas, du reste, entièrement décidée; il est possible qu'on puisse éviter le barrage en rejetant plus loin le cours du Chagres. Ce serait une grosse difficulté de moins, — la plus grosse difficulté technique que rencontre, au dire des ingénieurs, l'exécution du canal, — et une économie notable. Pour le moment, nous allons voir la nouvelle embouchure qu'on est en train de faire dans l'Atlantique à ce fleuve gênant. Elle est bien à une trentaine de kilomètres de l'ancienne. Le chantier installé là n'a rien de bien caractéristique. Le sol de vase durcie a la consistance de la pierre et ne comporte guère l'emploi des machines. Les travailleurs de toutes les nuances, du pain d'épice au noir de suie, ceux-ci au nez écrasé, la bouche fendue jusqu'aux oreilles, — en somme, des physionomies honnêtes et gaies, — acclament M. de Lesseps. L'un d'eux porte une bannière rouge, sur laquelle quatre mains blanches et quatre mains noires sont fraternellement tendues vers un monceau de dollars ; est-ce l'emblème du travail qui demande sa juste rétribution ou simplement un pourboire ?

Le lendemain, visite à l'embouchure du canal. Nous nous embarquons sur un bateau à vapeur, suivi de toute une flottille de chaloupes à vapeur, et de grands bateaux à voiles pavoisés de haut en bas, et nous

entrons dans le canal, presque achevé sur une longueur de 15 kilomètres, le cinquième environ du parcours total, qui est de 74 à 75 kilomètres. Il ne reste
plus qu'à l'approfondir de 3 mètres, besogne facile
dans un fond marécageux, — et à couper, au sixième
kilomètre, un seuil d'environ 800 mètres. Pour le
moment, on navigue à la profondeur déjà respectable de 6 mètres. Le canal de Panama, comme celui
de Suez, aura 22 mètres de largeur au fond, avec des
talus d'inclinaison variable suivant la nature des terrains, et une profondeur uniforme de 9 mètres ; mais
à l'embouchure, dans la baie de Limon, sa largeur
n'est pas de moins de 100 mètres. Nous croisons des
dragues marines qui approfondissent le chenal et
des bateaux à clapets qui portent à la mer le produit
du travail des dragues, nous franchissons le seuil (la
loma de Mindi) qu'on est en train de démolir, et nous
rentrons de l'autre côté, dans le canal. Le Chagres,
qui le traversait là pour la première fois, et qui à
cette courte distance de son embouchure est large
comme la Seine et navigable en toute saison, lui a
rendu au moins le service de transporter les puissantes dragues écossaises et américaines qui sont en
ce moment à l'œuvre. Elles dévorent le sol à vue d'œil.
Nous faisons lever des légions d'oiseaux aquatiques,
hérons, pélicans, et garcins ; nous dérangeons les
caïmans qui pullulent dans le Chagres, mais évitent
prudemment de se montrer ; nous allons déjeuner à
Gatun, en face d'un village indien composé de huttes
de bambou recouvertes de joncs ; puis nous rentrons

UN EXCAVATEUR.

à Christophe-Colomb, satisfaits d'avoir navigué dans le canal, ce qui prouve, n'en déplaise aux feuilles américaines et autres, qu'il existe ailleurs que sur le papier.

Le dimanche 21 février, repos. Le lundi 22, départ pour Panama, par le chemin de fer, avec une double étape au chantier de terrassements de Bohio-Soldado et au chantier des transporteurs de Tavernilla. La Panama railroad Company a conservé une administration séparée de celle de la Compagnie du canal, quoique celle-ci possède les neuf dixièmes des actions du chemin de fer, et elle est gérée avec une absence de complications tout américaine. Chose inouïe ! Le public n'est pas obligé de faire queue et de se bousculer aux guichets, car il n'y a pas de guichets. Ce sont les conducteurs qui font la perception du prix des places pendant le trajet, et, chose non moins inouïe, il n'y a point de vérification. On évalue, par à peu près, le nombre des voyageurs et ce qu'ils ont dû vraisemblablement payer ; c'est tout. Ce système approximatif existe depuis une trentaine d'années et il n'a pas empêché la Compagnie de faire d'excellentes affaires. On cherche cependant à établir un contrôle plus sérieux, sans imposer au public la gêne, qui paraîtrait absolument insupportable, sous ce climat torride, de prendre ses billets au guichet ; et, en vérité, je ne vois pas pourquoi on condamne le public à subir cette gêne, même dans nos pays tempérés. A Bruxelles et ailleurs, où les tramways ont des prix qui varient selon la distance, les conducteurs font la perception en détachant d'un livre à souches des billets jaunes, rouges ou verts, et la vérification se fait aisément. Pourquoi les administrations de chemins de fer n'imiteraient-elles pas ce bon exemple? A la vérité, nous avons adapté aux chemins de fer le vieux et incommode système des diligences et des coucous, qui permet d'empiler les voyageurs inexpérimentés dans une voiture, tandis qu'un voyageur à pourboires se case seul dans un compartiment à huit places, sauf à courir le risque, d'ailleurs léger, d'y être assassiné. Ce système, la routine greffée sur le monopole des Compagnies ou de l'État nous l'imposera probablement encore pendant plusieurs siècles, et il empêchera naturellement cet autre progrès notable et confortable de la suppression des guichets. En Amérique au contraire, où les conducteurs et le public lui-même peuvent circuler librement d'un bout du train à l'autre, ce mode simplifié de perception est extrêmement facile.

On franchit la distance de Colon à Panama en 3 heures, quoiqu'on ne compte pas moins de vingt et une stations intermédiaires. Depuis le commencement des travaux du canal, quelques-unes de ces stations ont acquis une certaine importance. On y trouve des boutiques, invariablement tenues par les Chinois, qui sont en train, avec les Allemands, d'accaparer le commerce de l'isthme. Que voulez-vous? Les commerçants et négociants des autres nations sont trop pressés de faire fortune ; ils vendent cher afin de réaliser vite de gros profits. Les Chinois et les Allemands sont plus patients, ils se contentent de petits bénéfices, et ils évincent peu à peu leurs concurrents. C'est la fable du lièvre et de la tortue. L'aspect de la nature dans l'isthme n'a rien de séduisant ni même de caractéristique. Sans les larges feuilles des bananiers et les panaches des palmiers, c'est à peine si l'on se croirait sous les tropiques. Les lointains sont verts, mais la main de l'homme a tout saccagé et bouleversé, dans un rayon de plusieurs kilomètres. Les oiseaux ont fui à tire-d'aile, on ne voit planer que de sombres urubus, hôtes habituels des charniers, qui font de l'assainissement à leur manière; les tigres, les singes, les serpents se sont réfugiés dans les fourrés impénétrables avec leurs compagnons les Indiens insoumis; c'est à peine si l'on aperçoit çà et là, le long d'un talus, le museau craintif d'un gros lézard.

Nous nous arrêtons à Bohio-Soldado, le premier cerro un peu élevé que doive traverser le canal. C'est une colline rocheuse de 53 mètres environ au-dessus du niveau de la mer. On l'attaque en creusant un tunnel avec un mélange de poudre et de dynamite, et en forant, au-dessus, des puits dont les matériaux sont reçus par les wagons qui circulent dans le tunnel. Le chantier est en pleine activité, malgré les attractions d'un grand cirque américain, dont nous avons vu les affiches illustrées aux gares du chemin de fer, et qui représente l'art hippo-dramatique dans l'isthme. Au cerro de Bohio-Soldado succède la plaine marécageuse de Tavernilla, où nous allons voir fonctionner les excavateurs, desservis par des transporteurs à toile sans fin (1). Toute cette portion du canal, formant sur une étendue d'environ 45 kilomètres le versant de l'Atlantique, ne présente point de difficultés vraiment sérieuses. Sauf quelques cerros peu élevés, c'est une grande plaine ou vallée, généralement marécageuse, dont les dragues et les excavateurs viennent à bout sans trop de peine et de frais, tant pour le creusement du canal que pour celui des canaux de dérivation du Chagres. Mais après ce morceau facile vient, sur une étendue de 11 kilomètres, le noyau montagneux de l'isthme, la Culebra et l'Emperador, qui exige un déploiement colossal de forces, et où la tranchée d'ouverture du canal atteindra, sur quelques points, à une inclinaison de 45 degrés, la hauteur prodigieuse de 300 mètres. De là, on passe au versant du Pacifique dans la vallée du Rio-Grande où, en y

(1) Les transporteurs employés par la Compagnie de Panama se composent essentiellement d'un tablier sans fin de 1 mètre de largeur, s'enroulant à ses extrémités sur des tambours. Le tambour-moteur est monté sur un chariot entraîné par l'excavateur sur une voie parallèle et portant une machine à vapeur de 8 à 10 chevaux actionnant directement ou indirectement l'arbre du tambour-moteur et lui communiquant une vitesse tangentale de $2^m,50$ à 3 mètres par seconde. Le tablier est convenablement soutenu et dirigé par des séries de galets de roulement suffisamment rapprochés pour que le tablier soit bien tendu. Le tambour-conduit est porté par un arbre fixé à l'extrémité de la poutre. Cette poutre, d'une longueur de 56 mètres, repose, d'une part, sur un chariot portant la machine d'entraînement du tablier, et, d'autre part, sur un second chariot portant une machine de transmission.

Ces transporteurs formeront directement avec les déblais de la tranchée les cavaliers qui doivent séparer le canal maritime des canaux de dérivations situés à droite et à gauche.

comprenant le chenal à creuser dans la mer jusqu'aux fonds de 9 ou 10 mètres, on ne rencontre pas plus de difficultés que sur le versant de l'Atlantique. Nous réservons pour des visites ultérieures la Culebra et l'Emperador, et nous allons directement à Panama.

La ville de Panama a tenu à honneur de faire une réception magnifique au « grand Français ». Les Panaméens, qui sont témoins tous les jours du prodigieux déploiement d'activité dont la Compagnie leur donne l'exemple, — un exemple qu'ils ne se piquent point d'ailleurs d'imiter, — les Panaméens, dis-je, croient au canal, et ils saisissent volontiers toutes les occasions qui se présentent de rendre témoignage de leur foi. Ils ne pouvaient laisser échapper celle-ci, et ils ont fait grandement les choses. Vous en jugerez par le programme que j'emprunte au *Star and Herald*, journal en trois langues, dont la fondation remonte au mois de février 1849. Ce *Star and Herald* appartient, pour le dire en passant, à une Société américaine. Il se tire tous les jours à 1,600 exemplaires et ne vend pas moins de 15,000 numéros de son édition hebdomadaire. Il a une presse qui tire 26 feuilles (doubles) à la minute et une ingénieuse machine qui lui épargne le travail des plieuses. Il paye ses compositeurs à raison d'une demi-piastre (2 fr.) les 1,000 m et fait néanmoins, grâce aux annonces, d'excellentes affaires. Voici le texte du programme :

I

M. de Lesseps sera reçu à la gare par les fonctionnaires publics, le vicaire général du diocèse, les représentants de la colonie étrangère et les membres du comité de réception. M. le docteur Pablo Arosemena lui souhaitera la bienvenue au nom de la ville de Panama.

II

Aussitôt après on se mettra en marche pour entrer dans Panama. Le suivant est l'ordre du cortège :

1. Hérauts d'armes.
2. Musique.
3. Piquet des chasseurs de la garde.
4. Héraut portant les armes de la république et de la ville.
5. Voiture de M. de Lesseps, le délégué du département et le vicaire général.
6. Voitures des diverses commissions.
7. Voitures des invités.
8. Chars allégoriques.
9. Écoles de garçons.
10. La colonie étrangère.
11. La foule.

Arrivé devant le monument élevé sur la place Saint-Anne, M. Ferdinand de Lesseps sera salué par M. Guillaume Andrève au nom de la classe ouvrière de Panama. De là le cortège se dirigera jusqu'à l'arc de triomphe de la place de la Cathédrale, en face le palais épiscopal, où la petite fille Edvina Andrève présentera à M. de Lesseps une couronne de lauriers, symbole de la persévérance et du mérite.

III

Illumination de la ville. Lumière électrique dans les places de la Cathédrale et Sainte-Anne. A neuf heures,

grande retraite aux flambeaux en face le palais habité par
M. de Lesseps sur la place de la Cathédrale.

J'y joins la description des chars allégoriques :

Char nº 1 : L'industrie représentée par une machine à
vapeur, une pyramide avec tous les outils imaginables ; la
statue de l'Industrie au milieu et une machine à imprimer
qui a fonctionné pendant le trajet et a distribué dans les
rues des petites feuilles de papier avec l'inscription suivante :

VIVE EL CONDE
FERDINAND DE LESSEPS.
VIVA EL GRAN FRANCES.
VIVA EL GENIO DEL SIGLO XIX.

Deux petits garçons habillés en ouvriers complètent cet
ensemble.

Char nº 2 : L'Agriculture ; une dizaine de paysans, dans
des costumes variés, distribuent des fruits et des fleurs et
travaillent la terre avec les outils variés de l'agriculture ;

Char nº 3 : L'Amérique ; des arbres, des prairies, des
fleurs et huit petites fillettes en Indiennes Peaux-Rouges.

Char nº 4 : L'Afrique ; des cocotiers et une dizaine de
petits négrillons se livrant à un bamboula effrénée.

Char nº 5 : L'Europe, avec huit petites filles habillées
dans les différents costumes des pays européens.

Char nº 6 : L'Asie, représentée dignement par la colonie
chinoise de notre ville, qui, comme toujours, a fait les
choses grandement. Orchestre spécial en costume chinois,
instruments chinois, musique chinoise et rythme chinois.
Derrière le char chinois venaient trois voitures avec les
notabilités chinoises en grand costume.

Char nº 7 : Le Commerce ; un bateau parfaitement outillé
avec mâts, voiles, rames, cordages, etc., et dix matelots
ramant avec énergie.

Char n° 8 : La ville de Panama avec le peuple panaméen sur le char travaillant à l'achèvement du canal. Deux magnifiques toiles, de chaque côté du char, représentent le canal en cours d'exécution et le canal achevé.

Ce qui n'était pas dans le programme, c'était la poussière, une poussière jaune, épaisse, suffocante. Pourtant, les autorités avaient ordonné un balayage extraordinaire, la ville était presque propre, toutes les maisons étaient pavoisées, et, aux balcons, des grappes appétissantes de senoras de toutes les couleurs acclamaient le grand Français. Le soir, bouquets, danses, illuminations, feux d'artifice et que sais-je encore ?

Le lendemain, mardi 23 février, nous commençons notre journée par une visite à l'hôpital. J'avais admiré l'hôpital de Colon, mais celui de Panama est une merveille. C'est l'hôpital idéal, en admettant que cette qualification puisse être appliquée à un hôpital. En Europe, les hôpitaux sont de gros et lourds bâtiments que l'on continue à bâtir dans les quartiers populeux des villes, comme s'il n'existait ni chemins de fer ni téléphones. Les microbes s'y accumulent, l'infection y pourrit les murailles, les malades y servent à l'instruction des carabins pendant ce qu'il leur reste de vie comme après leur mort.

A Panama, l'hôpital a été construit hors de la ville, et le médecin éminent et bienfaisant qui a présidé à son établissement, le docteur Compagnon, l'a placé dans la localité la plus salubre du voisinage, sur le versant d'une énorme butte, que viennent baigner de leurs effluves rafraîchissants les brises de l'océan Pacifique. Il se compose d'une quarantaine de bâtiments séparés, légèrement construits en bois, entre lesquels l'air et la lumière circulent sans obstacles. Une eau excellente, captée sur les hauteurs de la butte et emmagasinée dans un château d'eau au moyen d'une machine à vapeur, y est distribuée à profusion. L'hôpital a son abattoir, sa ferme et sa glacière. Les immondices sont enlevées chaque nuit et transportées à la mer. Les salles des malades sont tellement vastes et aérées que même dans celles dont les lits sont occupés par des nègres atteints de la fièvre des marais, les nerfs olfactifs les plus déliés ne perçoivent pas la moindre odeur; 200 malades y sont traités en ce moment; l'hôpital peut en contenir 500. Il y a des chambres particulières pour les employés de la Compagnie, et, dans les maisons de santé les plus chères, on ne trouverait point d'installations plus confortables. Le service est confié à cinq médecins dévoués et expérimentés qui ne font point de savantes leçons, mais qui se consacrent exclusivement à leurs malades de l'hôpital, sans se préoccuper de la clientèle. La direction, l'administration, la surveillance et les soins de jour et de nuit au lit des malades occupent trente sœurs de Saint-Vincent de Paul. Je n'ai pas à faire l'éloge de ces braves filles; qu'il me suffise de dire que, en présence des grosses dépenses nécessitées par la construction et l'entretien de l'hôpital, elles n'ont pas insisté pour avoir une église, elles se contentent d'une étroite et modeste chapelle.

Certes, cet hôpital modèle a coûté cher ; je n'ai pas sous les yeux le compte de la dépense, mais si élevée qu'elle soit, cette dépense peut-elle être qualifiée d'excessive ? Le climat de l'isthme est énervant et dévorant. Il tue annuellement en moyenne 7 0/0 du personnel employé aux travaux du canal (1). Il en tuerait

(1) *Note sur la mortalité.* — Le personnel occupé aux travaux du canal interocéanique peut se diviser en deux catégories que distingue à la fois le genre d'emploi, le mode d'existence et la différence des races : d'une part, les agents classés et temporaires, Européens en majorité ; de l'autre, les ouvriers proprement dits, dont beaucoup sont créoles ou indigènes.

Il a paru que la manière la plus sûre de se rendre un compte exact des conditions climatériques de l'isthme de Panama était de dresser la statistique de la mortalité en ce qui concerne les deux catégories d'individus.

Ce travail a été fait avec le plus grand soin pour les années 1884 et 1885. Il donne les chiffres suivants, qu'il est facile de vérifier :

Pendant cette période, le personnel classé et temporaire s'est élevé au chiffre moyen de 1,100 agents, dont 141 sont décédés, soit 53 en 1884 et 88 en 1885. La proportion moyenne des décès a donc été de 6,4 0/0 par an.

Quant aux ouvriers, il est bien difficile d'établir une proportion rigoureusement mathématique entre le chiffre des hommes figurant sur les contrôles et celui des décès, par le motif que le personnel est essentiellement variable au double point de vue du nombre et des individualités.

Il ressort de là que la proportion de décès trouvés au moyen des chiffres d'ouvriers présents sur les chantiers sera trop forte, puisqu'il y a dans cette population un va-et-vient continuel d'importation, mais qu'aussi il est parfois arrivé que l'administration n'ait pas été régulièrement informée de quelques décès.

Dans ces conditions et au risque d'être un peu au delà de la vérité, on ne saurait cependant essayer de s'en rapprocher davantage qu'en calculant sur les chiffres officiels.

Pendant les années 1884 et 1885, le nombre moyen des ouvriers

certainement le double si les « ateliers de réparation »
de Colon et de Panama n'étaient pas installés, organisés et desservis de manière à abaisser la mortalité au
minimum le plus bas possible. Or, si vous calculez ce
que coûterait à la Compagnie, en frais d'importation
et de renouvellement du personnel, une mortalité

a été de 13,000, parmi lesquels 1,800 décès ont été enregistrés, soit
par an une proportion moyenne de 7,2 0/0.

En résumé, tant pour le personnel classé et temporaire que pour
les ouvriers proprement dits, la moyenne de la mortalité annuelle
est de 6.8 0/0.

— Maladies régnantes dans les hôpitaux de Panama et de Colon
dans la période du 1er janvier au 15 février 1886 :

Fièvre jaune, 41 ; fièvres paludéennes, 602 ; fièvres bilieuses, 100 ;
dysenterie, 65 ; anémie, 67 ; dyspepsie, 77 ; bronchite, 54 ; pneu-
monie, 57 ; rhumatismes, 35.

Il résulte de ces indications qu'il n'y a pas actuellement dans
l'isthme d'affection présentant un caractère épidémique. La fièvre
jaune existe à l'état endémique et n'offre qu'un nombre relativement restreint.

Parmi toutes les maladies traitées dans les hôpitaux de Panama
et de Colon, les fièvres paludéennes tiennent incontestablement le
premier rang, mais il convient de remarquer que sous cette rubrique
sont comprises beaucoup d'attaques bénignes dont la guérison est
facile et rapide.

Le chiffre des malades atteints d'anémie est très peu élevé. Quant
aux maladies organiques, leur proportion est normale et rassurante.

L'état sanitaire est donc aussi bon qu'on peut souhaiter de l'obtenir sous un climat qui éprouve toujours dans une certaine mesure,
et pendant une certaine période, les tempéraments européens.

— La Compagnie soigne gratuitement ses employés et les ouvriers qu'elle occupe en régie.

Les employés et ouvriers des entrepreneurs sont également
admis dans les hôpitaux de la Compagnie, moyennant le payement
des journées de maladie.

Le prix de la journée est de 1 piastre.

(*Communication du service sanitaire de la Compagnie.*)

double, sans parler du surcroît de salaires déterminé par l'accroissement de la prime des risques, vous demeurerez convaincu qu'en établissant des hôpitaux modèles elle n'a pas fait seulement une bonne action mais encore une bonne affaire.

Nous consacrons le reste de la journée à visiter la Boca, embouchure du canal dans l'Océan Pacifique. La Boca est située à droite de Panama, à 4 kilomètres environ de la baie, en face du groupe des îles Naos, Perico, Favallon, Flamenco et Culebra, gros pitons qui émergent de l'Océan, et derrière lesquels vont trouver un abri sûr, avec une profondeur suffisante, les grands steamers qui font le service du Pacifique. Les travaux ne sont pas aussi avancés ici que du côté de l'Atlantique. Le canal n'est pas ouvert, mais depuis quinze mois on a fait de véritables prodiges. Au mois de novembre 1884 rien n'était commencé. Aujourd'hui on a dragué, à la profondeur de six mètres, 1,500 mètres du chenal de 5 kilomètres qu'il faudra creuser dans l'Océan pour arriver, près de l'île Favallon, aux profondeurs de 7 à 10 mètres. A l'embouchure même on a établi, au milieu d'un marais, un terre-plein et un chantier qui ont pris les proportions d'une ville. J'ai donné plus haut la statistique des cales et des ateliers de montage. Cales et ateliers sont rattachés au chemin de fer de Colon par un embranchement de 3 kilomètres et à Panama par une voie carrossable. En outre, l'accès par mer a été assuré au moyen d'un wharf qui permet d'accoster à toute heure de la marée. Sur le terre-plein, une quarantaine de bâtiments et de maisons servent d'ateliers, de bureaux pour les sections des travaux, la poste et le télégraphe et de logements pour une population de 700 individus. 15,000 tonnes de charbon venues d'Angleterre ou d'Australie y sont entassées. Cette création à l'américaine — elle me rappelait les villes du Nord-Ouest canadien qui s'improvisaient pour ainsi dire sous mes yeux — est l'œuvre d'un jeune ingénieur, M. Bunau Varilla qui était chargé alors de l'intérim de la direction et dont on peut dire qu'il est déjà quelqu'un. Plus tard, on continuera le terre-plein, de manière à supprimer entièrement le marais et, ou je me trompe fort, ou la ville de Panama ne tardera pas à émigrer pour la seconde fois (le vieux Panama, détruit en 1680 par le flibustier Morgan était situé à gauche de la baie tandis que le nouveau est à droite) et à s'établir définitivement à la Boca. Mais faudra-il construire une écluse à l'embouchure du canal? Les ingénieurs sont presque unanimes à dire oui. Les ingénieurs ont un goût prononcé pour les écluses, car c'est leur métier de les construire, et, s'il fallait les croire, la différence des marées dans les deux océans rendrait celle-ci indispensable. Dans la mer des Antilles, à Colon, la marée se fait à peine sentir; elle n'est que de 60 centimètres au plus; dans l'Océan Pacifique au contraire, à Panama, elle s'élève jusqu'à 6^m,40. Quoique le niveau moyen soit le même des deux côtés de l'isthme, à la marée basse il est de 3 mètres de moins dans le Pacifique, à la marée haute de 3 mètres de plus. Donc il faut une écluse pour empêcher les eaux de se précipiter tantôt d'un côté, tantôt d'un autre. A quoi M. de

Lesseps, grand ennemi des écluses, répond que les choses s'arrangent naturellement, sans le moindre cataclysme, au détroit de Magellan et au cap Horn, où il n'y a pas d'écluse, et qu'il ne voit pas pourquoi elles ne s'arrangeraient pas dans le canal. S'il réussit à faire prévaloir son opinion, — et il y tient, — les frais de construction du canal seront diminués d'une quarantaine de millions. Les ingénieurs sont d'avis que ce n'est pas la peine de chicaner pour si peu, mais il n'y a pas de petites économies.

VII

DANS L'ISTHME. — LA VILLE DE PANAMA.

La Culebra. — L'Emperador. — Gamboa. — La durée et le coût pro-
bables des travaux. — Pourquoi la bataille de l'isthme doit être
gagnée. — La ville de Panama. — Les loyers. — Le taux de l'intérêt. — Les salaires. — L'influence salutaire du libre-échange.
— La Colombie et ses révolutions.

A bord du Wahingston, *le 8 mars.*

Nous avons employé les dernières journées de notre
séjour à Panama à visiter les travaux de la région du
centre, où se trouve le noyau montagneux de l'isthme.
Cette région comprend quatre sections de travaux :
les sections d'Obispo et d'Emperador, sur le versant
de l'Atlantique; celle de Culebra, point culminant du
tracé, et celle de Paraiso, qui s'étend sur le versant
du Pacifique jusqu'à la vallée basse du Rio-Grande.
Des chantiers sont installés sur tous ces points, à
Pedro-Miguel, à Paraiso, à la Culebra, à l'Emperador,
à las Cascadas, au haut et bas Obispo; puis, en con-
tinuant sur le versant de l'Atlantique jusqu'à Tavernilla, où nous nous étions arrêtés dans la première
série de nos excursions, à Santa-Cruz, Matachin,

Gorgona et San-Pablo. Je n'entrerai pas dans le détail de ces visites. Aux yeux d'un visiteur profane qui n'est point sorti de l'École des ponts et chaussées ou de l'École centrale, tous les chantiers se ressemblent. Des tranchées au fond desquelles fonctionnent les excavateurs, des rochers entamés et désagrégés par la mine, des files de wagonnets attelés d'une locomotive qui emportent des déblais; et sur les hauteurs avoisinantes, des maisons en bois de différents styles, quelques-unes joliment peintes de couleurs vives au milieu de massifs d'arbres et de fleurs, qui servent de logement aux ingénieurs et aux conducteurs de travaux; d'autres, en plus grand nombre et d'aspect plus modeste, qui abritent le peuple des ouvriers, voilà un chantier. Les ouvriers, la plupart jamaïcains, sont logés par escouades de trente dans des maisons en bois, d'un modèle uniforme, peintes en bleu ou en gris, et largement espacées. Nous en avons visité quelques-unes, le mobilier est simple ; il se compose de couchettes en bois, de coffres ou de malles appartenant aux hôtes de l'habitation, et d'un petit nombre d'ustensiles indispensables; mais, chose essentielle, ces logements sont bien aérés et généralement propres. En comparaison des cases à nègres de la Jamaïque, ce sont des villas confortables, sinon luxueuses.

Ces visites aux chantiers, faites aux heures les plus chaudes de la journée, à celles que les Panaméens consacrent habituellement à la sieste, n'étaient pas précisément hygiéniques, et la diversité des modes de locomotion les rendait quelque peu fatigantes. Après

LA CULEBRA

être descendus du train du chemin de fer, nous nous embarquions parfois dans une cayuque, — pirogue creusée dans un tronc d'arbre, — puis nous montions des mules habituées à grimper comme des chèvres sur les talus des chantiers et à en descendre. M. de Lesseps, toujours infatigable, tenait la tête de la caravane. Je le vois encore escaladant au galop un escarpement de la Culebra, au bruit des hourrahs enthousiastes des noirs et des blancs, émerveillés de tant d'ardeur et de jeunesse. Ce chantier de la Culebra présentait l'aspect d'une véritable fourmilière ; 2,000 ouvriers y travaillaient dans des tranchées superposées, sur un espace de moins de 2 kilomètres, enlevant ici de larges tranches d'argile rouge au moyen de puissants excavateurs qui font une trouée de 3,000 mètres cubes en dix heures, là entamant à la mine les massifs de dolérite. Même animation à l'Emperador. Un peu plus loin, à Gamboa, nous voyons se soulever toute une montagne : 30,000 mètres cubes de roche dure sautent et retombent en fragments dans un énorme nuage de poussière rougeâtre. De notre vie, nous n'avions assisté à pareil spectacle. C'est la lutte de l'homme contre la nature dans ce qu'elle a de plus grandiose et même de plus dramatique, car la nature se défend avec des armes qui tuent aussi sûrement que les obus et les balles.

Certes, la victoire de l'homme n'est pas douteuse. Ce n'est qu'une question de temps et d'argent. Mais combien faudra-t-il de temps et d'argent ? voilà ce qui intéresse avant tout les actionnaires du canal. Si

l'on se bornait, comme le font d'habitude les adversaires de la Compagnie, à compter le cube actuellement extrait, — 17 millions environ sur 120 millions (1), — on trouverait certainement que le canal
ne sera pas terminé avant la fin du siècle, et encore !
Mais cette manière de compter a beau être ingénieuse, elle n'en est pas plus exacte ; elle suppose que
les installations se sont improvisées d'elles-mêmes,
sans travail et sans frais, comme par un coup de ba-
guette. Or ces installations, au point où elles sont
actuellement amenées, représentent un bon tiers du
travail et de la dépense. Ajoutez-y le cube extrait et
vous arriverez à la moitié. Cette estimation, que je

---

(1) État du cube de terrassement exécuté dans l'isthme de Panama
par les entreprises :

Dans l'axe du canal, au 31 décembre 1885.....	10.056.000	m. c.
Déviation du chemin de fer..., ...	430.000	—
Dérivations du Chagres, etc.................	1.004.000	—
Total........	11.490.000	—

En janvier 1886 :

Axe du canal.............,	975 m. c. 740	⎫		
Déviation..................	7 — 821	⎬	1.067.000	—
Dérivations................	84 — 262	⎭		
Cube exécuté en régie avant et pendant les entreprises..............................,			1.521.000	—
Total au 31 janvier 1886........			14.088.000	m. c.

Ce cube ne comprend pas toutefois les déblais exécutés pour
les installations des campements, voies d'accès, etc., ainsi que les
dragages en régie des ports de Colon à l'origine ; ce qui porterait
le total général du cube exécuté à environ 17 millions.

Les prix du mètre cube varient d'un minimum de 32 c. à 1 fr. 60
et 2 fr. (Voir à l'annexe les relevés les plus récents du cube extrait).

tiens d'un ingénieur familier avec les travaux du canal, est-elle exagérée? Je l'ignore. Mais elle m'a paru s'accorder assez bien avec d'autres. Interrogé sur la durée probable des travaux, un des hommes les plus compétents pour en juger me disait : Nous pouvons achever en trois ans 59 kilomètres sur 74 ou 75, c'est-à-dire les quatre cinquièmes : on nous accordera bien un peu de répit pour le cinquième restant. Sur la dépense probable, je pourrais citer un témoignage analogue : avec 600 millions, m'affirmait-on, nous terminerons le canal, sauf les parachèvements, et nous resterons ainsi dans les limites prévues par la commission internationale d'études, qui a évalué, en 1879, la dépense totale à 1,200 millions.

Ce n'est pas après une visite et un examen sommaires d'une quinzaine de jours que je me hasarderai à mon tour à émettre une opinion sur ces questions délicates. Tout ce que je puis dire, c'est qu'il m'est resté de ma visite une impression favorable au succès de l'entreprise. On ne doit pas se dissimuler que les difficultés à vaincre sont exceptionnelles. Il s'agit, à la Culebra, de faire dans le massif des Cordillères une tranchée d'une altitude moyenne de 87 mètres, plus que la hauteur des tours Notre-Dame, de détourner le cours capricieux du Chagres, en lui creusant deux lits artificiels, et peut-être de créer, au moyen d'un barrage, un lac d'une contenance de 1 milliard de mètres cubes pour absorber et régulariser les crues énormes (elles dépassent quelquefois 8 mètres) de ce fleuve dangereux ; il s'agit encore de creuser dans l'Océan Pacifique un chenal de 100 mètres de largeur et de 9 mètres de profondeur pour atteindre à 5 kilomètres de distance du rivage des fonds accessibles aux grands navires, et cette œuvre colossale doit être accomplie à 10,000 kilomètres de la France, dans un pays presque complètement dépourvu de ressources, où il faut tout apporter, capital, science, travail, machines, outils, subsistances, vêtements, sous un climat brûlant et énervant, au milieu de marécages où les pires variétés de la fièvre ont élu domicile. Mais la puissance de l'attaque est proportionnée à celle de la défense, et quand on a vu à l'œuvre la vaillante armée industrielle que la Compagnie du canal a réunie sur ce champ de bataille, avec un matériel pour le moins aussi perfectionné que celui de la guerre, on ne doute plus de la victoire. J'ajoute que les jeunes généraux qui commandent cette armée ont une foi profonde dans le succès, et que, cette foi, ils la rendent communicative. La même confiance anime les ingénieurs et les entrepreneurs avec lesquels j'ai eu l'occasion de m'entretenir. Il n'y a pas de défaillances dans ce personnel d'élite. Il y en a parfois, me dit-on, dans le personnel administratif, et cela tient, selon toute apparence, à un excès de précaution et de prévoyance de la Compagnie. Elle a partagé son personnel en deux catégories : le personnel classé qu'elle recrute en France, et auquel elle accorde des faveurs extraordinaires, après lui avoir toutefois fait subir un examen médical et s'être assurée de sa capacité, et le personnel non classé, qu'elle recrute sur les lieux mêmes, parmi les gens aventureux qui y sont venus à tout hasard, et qu'elle paye moitié moins. Qu'arrive-t-il ? C'est que des employés attirés à-Panama par l'appât de salaires exceptionnels agrémentés de congés, etc., sans s'être rendu un compte suffisant des risques qui motivent ces faveurs, s'effrayent, se découragent, et forment la queue des traînards et des plaignards de l'armée. Ils ont beau avoir subi des examens médicaux et autres, il y a une sorte de capacité sans laquelle les autres demeurent stériles, c'est la capacité morale, c'est l'énergie de caractère, c'est l'aptitude à supporter les privations, à affronter les maladies, c'est la volonté de faire son devoir malgré tout. Cette capacité-là, aucun examen ne peut la mesurer, et c'est pourquoi tous les mandarinats fondés sur des examens dans lesquels la capacité morale, la plus nécessaire de toutes, ne compte pas, aboutissent à la création d'une bureaucratie fainéante quand elle n'est pas autrement démoralisée. Mais je me hâte de dire que les traînards et les plaignards sont l'exception dans l'isthme. L'esprit général est bon ; la confiance dans les chefs, qui a manqué à certains moments, est aujourd'hui entière ; on ne doute plus du succès et on va de l'avant.

J'espère pour ma part que cette confiance sera partagée par le public français, en dépit du dénigrement systématique dont l'œuvre vraiment grandiose du percement de l'isthme de Panama est encore l'objet. Que les Américains ne croient pas ou affectent

de ne pas croire à l'utilité et au succès du canal,
quoiqu'il doive leur profiter plus qu'à tout autre
peuple, cela se conçoit. Les Anglais, on s'en souvient,
ne se montraient pas plus favorables au canal de Suez,
et les négociants d'Alexandrie, qui étaient cependant
dans le voisinage, sont demeurés persuadés jusqu'au
dernier moment — ils savent ce qu'il leur en a coûté,
car ils jouaient à la baisse ! — que ce serait un fiasco
colossal. Les financiers américains ont une raison de
plus pour déprécier l'entreprise du canal de Panama :
c'est qu'ils ne seraient pas fâchés de la reprendre.
Supposons que le public français et européen cesse
d'avoir confiance dans l'affaire, et que la Compagnie
ne réussisse point à réunir le capital nécessaire pour
achever son œuvre, qu'arrivera-t-il ? C'est qu'on
pourra racheter à vil prix l'énorme matériel accumulé
dans l'isthme, en profitant de tous les travaux exécutés. Tandis que les actions de la Compagnie décédée
tomberont à zéro, celles de son héritière, dont le siège
sera établi à New-York par exemple, feront prime. De
là, la campagne que la finance newyorkaise a entreprise contre le canal, et les télégrammes et câble-
grammes à sensation destinés à discréditer l'affaire :
nous en avons trouvé un hier même, à notre arrivée à
Porto-Cabello. Ces manœuvres sont assurément peu
délicates, on pourrait même les qualifier plus dure-
ment; mais chacun sait que la morale financière est
plus large encore que l'isthme de Panama, qu'elle
considère volontiers que la fin justifie les moyens.
C'est au public à ne pas s'y laisser prendre. Est-il

nécessaire d'ajouter enfin que la réussite de l'entreprise du canal de Panama n'intéresse pas seulement les actionnaires de la Compagnie, que c'est une affaire d'intérêt national? Si elle venait à échouer, c'en serait fait pour longtemps du prestige de la France en Amérique. Les Yankees ne manqueraient pas de répéter que les Français peuvent être, si l'on veut, d'excellents coiffeurs et de remarquables cuisiniers, mais qu'ils sont de pauvres financiers, des hommes d'affaires incapables et des ingénieurs médiocres; bref, une race inférieure destinée à faire place avant peu à la race anglo-saxonne, la seule race vraiment sérieuse qui existe en ce monde, surtout depuis qu'elle a émigré en Amérique. La perte de la bataille de l'isthme équivaudrait pour nous à un Sedan économique. Voilà ce que nos capitalistes, nos industriels, nos négociants, qui luttent, non sans peine, sur les marchés de l'Amérique du Sud avec la concurrence des États-Unis, ne doivent pas oublier, s'ils ont quelque souci des intérêts généraux et permanents de la France, auxquels les leurs sont attachés. Et voilà pourquoi, je ne saurais trop le répéter à mon tour, *il faut* que la bataille de l'isthme soit gagnée! Elle le sera!

Panama, où nous avons passé une dizaine de jours dans les intervalles de nos pérégrinations, est une ville de 25,000 à 30,000 âmes, située sur la droite de la baie peu profonde qui porte son nom. Elle a eu ses jours de prospérité à l'apogée de la domination espagnole, et ces jours-là ont commencé à renaître. Malheureusement, on n'efface pas en quel-

ques années les stigmates d'une période de décadence.
Les tremblements de terre, les révolutions, et par-
dessus tout l'incurie des autorités et la négligence de
la population, énervée par le climat, y ont entassé
les ruines et les ordures. Les maisons badigeonnées
en jaune avec de larges balcons bleus ou gris, et
couvertes en tuiles rouges, n'auraient pas mauvaise
apparence si elles étaient entretenues; les rues sont
droites, il ne leur manque que d'être repavées au
moins une fois par siècle et balayées une fois par an:
quelques églises, la cathédrale, par exemple, bâtie à
la fin du dix-septième siècle, sont spacieuses, et elles
ont une certaine majesté d'aspect, mais elles sont en
ruines. On commence seulement à réparer le fronton
de la cathédrale, démoli il y a une vingtaine d'années
par un tremblement de terre, et je crois bien avoir
compté trois ouvriers sur les échafaudages; encore
faisaient-ils la sieste. Les couvents ont été laïcisés et
ne montrent plus que leurs squelettes noircis. Comme
dans tous les pays, où le monopole d'un culte a été
maintenu à l'aide de prohibitions impitoyables
— l'Inquisition était établie à Panama — et où l'observation des pratiques religieuses était protégée par
des pénalités draconiennes, la population a fini par
avoir une véritable indigestion de religion; aujour-
d'hui, il n'y a guère que des femmes — encore sont-
elles en petit nombre — qui fréquentent les églises.
Les biens du clergé et des ordres religieux ont été
confisqués, sans indemnité aucune, et avec défense
au clergé de posséder des immeubles. L'Église, na-

guère le plus riche propriétaire du pays, n'a pour
ressource qu'un casuel précaire. Aussi est-ce à peine
si l'on compte un prêtre sur 20,000 habitants. La
moralité a-t-elle baissé avec la religion? Voilà ce qu'il
serait difficile de dire faute d'un point de comparaison dans le passé. La religion a eu beau s'en aller, le
goût des carillons est resté; il y en a à toutes les
églises et ils font rage. Au son religieux des carillons
se mêle le bruit profane de la musique du *Fénix-salon*,
une maison de jeu située en face même de la cathédrale.
La roulette y est installée sous la protection spéciale
du gouvernement qui en partage les profits avec les
fermiers. Il y aussi, tout à côté, une loterie nationale.
L'une et l'autre ont une nombreuse clientèle. Que
voulez-vous? les distractions sont rares à Panama.
Point de théâtre, et rarement un bal. Une promenade
dite de *las Bovedas*, sur les vieux remparts, au bord de
l'Océan, où l'on rencontre des soldats dont les chaussures ont besoin de réparations urgentes quand ils ont
des chaussures, et d'où on aperçoit les hôtes de la prison de la ville, derrière un grillage, comme au Jardin
des Plantes. Une autre promenade, celle de la Savane,
située à vingt minutes de Panama, serait plus agréable
si l'accès n'en était défendu par des nuages de poussière rouge que la pluie transforme en torrents de
boue. On peut aller aussi à la jolie île de Taboga où
la Compagnie a établi un vaste sanitarium, et que nous
avons visitée, au bruit du canon, sur une frégate de
guerre que le gouvernement colombien avait mise gra-
cieusement à la disposition de M. de Lesseps; mais il

faut près de deux heures pour aller à Taboga, et l'Océan Pacifique ne mérite pas tous les jours son nom.

Que faire donc à Panama, sinon gagner de l'argent? On en gagne, et même beaucoup. Les banquiers, israélites pour la plupart, font l'escompte à 15 0/0 et au-dessus, et le bimétallisme pratiqué dans toute sa pureté leur permet de faire des opérations de change aussi lucratives que possible. Depuis 1857, la Colombie a adopté le système monétaire français; seulement le monnayage de l'argent est illimité. Il en est résulté que la piastre, frappée au même poids et au même titre que notre pièce de 5 francs, est tombée à 4 francs et que l'or a complètement disparu de la circulation. Une pièce d'or de 20 piastres se paye 34 piastres en argent, et les commissions de banque, quand il s'agit d'envoyer des fonds à l'étranger ou d'en faire venir, s'élèvent à des hauteurs fantastiques, 10 0/0 et même davantage. Les propriétaires d'immeubles ne sont pas moins favorisés que les banquiers. Les travaux du canal ont amené à Panama un surcroît de population qui a surexcité la demande des logements et triplé le prix des loyers; un appartement qui vaudrait à peine 2,000 francs, dans les beaux quartiers de Paris se paye 6,000 francs et il n'est pas question d'eau ni de gaz. Cependant la ville est éclairée au gaz, mais c'est un gaz dont l'odeur fait regretter celle du pétrole. L'eau est colportée par des aguadores, dans des petits tonneaux de la contenance des seaux d'Auvergnats, au prix de 50 centimes. Malgré l'élévation extraordinaire du prix des loyers, ou ne bâtit pas de nouvelles maisons et même

on ne répare pas les anciennes. C'est que les capitaux
et la main-d'œuvre coûtent cher, et qu'on se dit, non
sans raison, que la surabondance des locataires pourrait bien prendre fin avec les travaux du canal. Qui
sait d'ailleurs si la ville elle-même ne se transportera
pas à la Boca?

Le travail n'a rien à envier au capital. Les ouvriers
ayant un métier, les charpentiers, les mécaniciens, les
ajusteurs peuvent gagner de 3 1/2 à 4 piastres par jour.
Un domestique mâle se paye couramment 60 piastres
(240 fr.) par mois ; un cuisinier blanc jusqu'à 150 piastres. En revanche, l'absence des droits et des formalités douanières permet de se procurer à aussi bas
prix qu'en France, et même à meilleur marché, les
comestibles, les vins et liqueurs, les vêtements confectionnés, et généralement tous les articles qui n'exigent point de façon ou de préparation sur les lieux
mêmes. Grâce à ce libre-échange, malheureusement
accidentel et temporaire, car le gouvernement colombien s'est réservé le droit de rétablir sa douane lorsque le canal sera achevé, la vie n'est pas hors de prix.
On peut, malgré la cherté des loyers, trouver le logement et la nourriture dans une pension convenable
pour 50 et même pour 40 piastres par mois. Pas au
grand Central Hôtel, par exemple. Terrible, ce grand
Central Hôtel! Bâti en carré, sur une cour herméti-
quement couverte et close, il manque d'air et il faut
y allumer en plein midi sa bougie fichée dans un
porte-allumettes. D'horribles odeurs s'y accumulent,
mélangées aux émanations du gaz. Les rats y dansent

des sarabandes sur les lits des voyageurs tenus éveillés par les moustiques. Et pourtant le grand Central Hôtel est le meilleur hôtel de Panama. Plutôt que d'y retourner, qu'on me ramène aux Montagnes Rocheuses !

J'ajoute en manière de correctif que le nouveau gouverneur, le général Santo Domingo Villa vient de prendre une mesure qui pourrait bien améliorer sensiblement les services publics de Panama ; il a nommé une municipalité, composée en partie d'étrangers choisis parmi les négociants notables. Cette admission des étrangers aux fonctions municipales n'a au surplus rien d'insolite. Elle existe déjà à Lima et à Callao au Pérou, et elle y a donné d'excellents résultats.

Mais on s'étonnera peut-être que, dans une république dont la Constitution démocratique est taillée sur le modèle de celle des Etats-Unis, les conseils municipaux soient nommés par le gouverneur. Cela tient à ce que l'Etat de Panama a été réduit à la condition d'un simple territoire à la suite de la révolution avortée de l'année dernière. Quelques mots sur la Colombie et ses révolutions suffiront pour vous expliquer ce phénomène.

La Colombie, qui formait autrefois le noyau principal de la Nouvelle-Grenade, est une confédération composée de 8 Etats et de 7 territoires ; elle occupe une superficie de 830,000 kilomètres carrés, un peu plus d'une fois et demie l'étendue de la France, et possède environ 3 millions d'habitants de diverses couleurs, dont 220,000 dans l'isthme de Panama. Pour arriver à sa capitale, Bogota, il faut remonter pendant huit jours, par une chaleur étouffante, le fleuve de la Magdalena, sur un steamer qui a la réputation bien établie d'être un nid de moustiques, puis monter à dos de mulets la Cordillère jusqu'à un plateau d'une altitude de 2,600 mètres, où l'on jouit d'un climat agréablement tempéré. Au dire d'un habitant de cette capitale reculée, c'est un séjour charmant; les esprits y sont cultivés, la littérature y est en honneur, et l'on y enseigne même l'économie politique. Malheureusement, c'est un enseignement purement platonique. Il y a en Colombie, comme partout, des partis qui se disputent la possession du pouvoir, et que l'on désigne, à peu près comme partout aussi, sous les noms de conservateurs et de libéraux. Seulement, ils sont peut-être plus avancés que les nôtres, en ce sens qu'après avoir fait, au début, de la politique de principes, romantique ou idéaliste, ils sont arrivés où nous nous acheminons, à la politique réaliste. Posséder le pouvoir, à leurs yeux, cela revient à disposer souverainement du droit de légiférer et surtout de taxer, autrement dit à remplir d'une manière ou d'une autre les caisses publiques et à en dépenser le contenu à leur profit. Cette manière d'envisager les choses de la politique est, il faut le dire, singulièrement encouragée par l'influence du climat. Comme l'avait remarqué Montesquieu, dans un chapitre célèbre de *l'Esprit des lois*, la chaleur relâche les fibres — il en avait fait l'expérience sur une tête de mouton — et pousse l'homme à la paresse. Le travail physique et plus encore le travail intellectuel sont particulièrement pénibles dans les pays chauds, et insupportables sous les tropiques. On

conçoit donc que des gens avisés aient cherché à s'en
affranchir. Or, il suffisait pour cela aux « libérateurs »
des possessions espagnoles du nouveau monde, d'imiter leurs anciens maîtres, en substituant simplement
au gouvernement de la métropole leur propre gouvernement, sans rien changer du reste au mécanisme
financier, militaire et administratif établi par l'Espagne.
Ils n'y ont pas manqué. Mais, comme dans ces pays
pauvres et à peine peuplés le budget ne pouvait fournir des places et des appointements civils et militaires
à tout le monde, il s'est créé des mécontents, et les mécontents, en se groupant, ont formé un ou plusieurs partis dissidents. En Europe et aux Etats-Unis, on a inventé
et réussi à appliquer, bien ou mal, l'ingénieux mécanisme du régime parlementaire, qui régularise la
lutte des partis et la maintient pacifiquement dans
l'enceinte des Parlements et dans l'arène électorale.

Est-ce encore l'influence du climat qu'il faut accuser?
mais le tempérament des politiciens tropicaux n'a pu
s'accommoder de la lente et méthodique opération de
ce mécanisme. Quand les électeurs civils se refusent
à les porter au pouvoir, ils ont recours à des électeurs
militaires, beaucoup plus expéditifs et moins exigeants.
Ils s'adressent à un général, auquel les financiers du
parti fournissent les avances de fonds indispensables,
le général en distribue une partie à ses subordonnés,
un *pronunciamiento* a lieu. Si les insurgés l'emportent,
le général vainqueur est élu Président à l'unanimité,
le parti s'empare des places et les financiers commanditaires de l'insurrection rentrent largement dans leurs

avances. Si le gouvernement établi, au contraire, est victorieux, il exile ou fusille quelques-uns des artisans du *pronunciamiento* et se rallie les autres en leur donnant des places. Il lève une contribution extraordinaire sur ceux qu'il soupçonne d'avoir commandité l'insurrection, et même sur les « indifférents » qui ont commis le crime de rester neutres. Parfois, il arrive que les soldats manquent aux généraux. Alors, on a recours à la presse ; on s'empare de préférence des Indiens. Dans la dernière insurrection de l'État de Panama, on guettait les domestiques jaunes qui s'aventuraient dans les rues, et on saisissait les ouvriers colombiens au sortir des chantiers de la Compagnie. On les enrégimentait à la hâte, et on les forçait à se battre pour la bonne cause, sous peine d'être fusillés. Cette insurrection de Panama s'est terminée, comme on sait, par la défaite des insurgés. Dans leur désappointement, ils ont incendié la ville de Colon. On a saisi quelques-uns des incendiaires, mais on était fort embarrassé pour leur infliger le châtiment exemplaire qu'ils avaient mérité ; car la peine de mort a été abolie dans la Colombie, même en matière politique. On a eu l'idée ingénieuse de recourir à la « loi internationale », en vertu de laquelle on les a condamnés à la pendaison. On les a hissés sur un wagon de chemin de fer, après leur avoir passé préalablement autour du cou une corde suspendue à un gibet. Au coup de sifflet de l'exécuteur, la locomotive s'est mise en marche avec le wagon, les condamnés sont restés en l'air. Et voilà comment les principes sont restés saufs, tandis que les incendiaires de Colon étaient pendus grâce à la « loi internationale ». Voilà pourquoi aussi Panama, qui était un État, est devenu un simple territoire, et pourquoi, enfin, les Conseils municipaux y sont nommés par le gouverneur.

Les politiciens colombiens n'en sont pas moins des gens instruits et civilisés. Ils comprennent admirablement l'importance du canal, et ils ont fait un charmant accueil à M. de Lesseps et à ses compagnons. Peut-on raisonnablement leur reprocher la façon dont ils pratiquent le régime constitutionnel et parlementaire? Je ne le crois pas. C'est l'influence du climat !

Le 2 mars, nous étions de retour de Panama à Colon, et, le 3, nous nous embarquions sur le *Washington,* un des meilleurs navires de la Compagnie transatlantique, commandé par le capitaine Dardignac, le plus obligeant et le plus aimable des capitaines.

VIII

DE COLON A LA MARTINIQUE.

Sabanilla. — Porto-Cabello. — La Guayra. — Caracas. — L'illustre
Américain. — Fort-de-France. — Le camp de Balata. — La fontaine Absalon. — Le départ de M. de Lesseps. — La Martinique
et la sucrerie coloniale. — Effets comparés de la liberté et de la
protection. — Les usines à sucre. — La crise.

Petite-Rochelle (Martinique), le 15 mars 1886.

Le lendemain de notre départ de Colon nous faisons
une première escale à Sabanilla, près de l'embouchure
du grand fleuve de la Colombie, le rio Magdalena.
Sabanilla se compose de quelques masures, d'un
poste de la douane et de la station terminus du petit·
chemin de fer de Baranquilla, qui est le centre commercial de cette partie de la Colombie. Nous recevons
la visite des autorités douanières, et nous embarquons
non sans peine, — car Sabanilla ne possède qu'une
rade ouverte et la mer est houleuse, — 1,400,000 ou
1,500,000 francs d'or, produit des mines colombiennes.
Deux ou trois passagers débarquent. Il semblerait que
la douane dût se borner à visiter leurs malles et leurs
paquets. Point. C'est infiniment plus compliqué.
Quoique le navire demeure en rade, à un bon kilomètre

de la côte, la douane exige une déclaration renfermant
la liste de l'équipage et des passagers, le compte de
leurs malles et valises, l'état des provisions et de l'armement, le nombre des mâts et cordages. Dans les
possessions espagnoles, elle est plus exigeante encore.
Il lui faut le détail des effets des passagers (j'entends
de ceux mêmes qui ne débarquent pas), et si par hasard quelque caisse de cigares est oubliée dans la
déclaration, elle la confisque. Ici, les douaniers me
paraissent, malgré tout, gens accommodants. On les
invite à déjeuner et on a mis en réserve à leur intention, dans le fumoir, une bouteille de vermouth et une
bouteille de cognac, qui entreront sans payer de droits.
Leurs façons sont aimables et leur visite est sommaire,
je crois même qu'ils se sont abstenus discrètement de
demander l'âge du capitaine.

Deux jours après (7 mars), seconde escale à Porto-
Cabello. La veille, nous avons quitté les côtes de la
Colombie pour longer celles du Venezuela. L'aspect
du pays a changé, la végétation est plus riche, et
Porto-Cabello possède un excellent port, on y débarque
à quai. — Mais ai-je bien entendu? le droit d'y jeter
l'ancre pendant quelques heures se paye 1,200 francs.—
Porto-Cabello, dis-je, est une jolie petite ville, presque
propre. Les rues sont droites ; les maisons à un étage,
badigeonnées en jaune, avec des portes bleu indigo et
des toits en tuiles rouges, ont un aspect original. Il y
a un jardin public, entouré d'une grille en fer et soigneusement entretenu ; sur un palmier une affiche, à
signaler à M. Pasteur, vous invite à acheter « el Caribe »,

remède infaillible contre la rage. Nous nous apercevons que le carnaval est commencé, aux petits masques suivis de bandes de gamins multicolores qui parcourent les rues. Les portes entr'ouvertes d'une modeste église, dont les colonnes sont drapées de rouge, nous laissent voir des senoras enveloppées dans leur mantille, dévotement agenouillées devant une statue endimanchée de la Vierge. Nous allons faire une promenade à Saint-Esteban, vallon sinueux rafraîchi par un torrent, où des villas qui ressemblent à des chalets suisses émergent des plants de cacaotiers, de bananiers et de hauts cactus servant de clôtures. Malgré la terrible chaleur du jour, nous nous laissons induire, par un indigène amateur d'antiquités, à visiter la « pierre indienne », fragment de rocher couvert de dessins naïfs qu'on croirait empruntés aux marges illustrées des cahiers des élèves de nos écoles primaires. Mais point de rafraîchissements, pas même un verre d'eau. Médiocrement hospitaliers, les antiquaires de Saint-Esteban.

Le lendemain, troisième escale à la Guayra, port de Caracas, la capitale du Venezuela. La Guayra n'a qu'une rade ouverte et l'on y débarque en canot et non sans peine le long d'un wharf encombré de balles de café et de cacao. Nous ne nous y arrêtons pas, car nous n'avons que juste le temps de prendre le train du chemin de fer de Caracas. Ce chemin de fer n'est ni plus ni moins qu'une merveille d'audace et de bon marché. Construit à l'américaine par une compagnie anglaise, sur le versant du massif de montagnes qui sépare la

Guayra de Caracas, il s'élève par une série de courbes
de 15 mètres de rayon (de la dernière voiture du train
on voyait la locomotive) et de pentes de 4 centimètres,
à une hauteur de 1,175 mètres, en longeant sans le
moindre remblai d'effroyables précipices. Par moment
la voie revient sur elle-même et fait à la montagne
une double ceinture. A peine quelques bouts de tun-
nels. Sur les torrents, deux ou trois viaducs où les traverses sont à jour. La voie est étroite (90 centimètres)
et unique, avec des garages aux stations intermédiaires.
Ce chemin de fer vertigineux a 22 milles (36 kilomètres)
de longueur et n'a coûté que 15 millions de francs.
S'il avait été construit par des ingénieurs de l'État,
accoutumés à faire grand aux frais de l'État ou avec
la garantie de l'État, il en aurait coûté 150. Tel qu'il est,
il suffit amplement aux besoins de la circulation, et
« il paye », autrement dit il donne des dividendes à ses
actionnaires. Le paysage est aride et grandiose. La végétation se réduit à quelques touffes de maquis surmontées de hauts cactus à branches bifurquées. De
temps en temps, le train traverse une pluie de flocons
blanchâtres que je ne saurais mieux comparer qu'aux
morceaux de papier qu'on fait tomber des cintres, dans
les théâtres de province, pour figurer la neige. Ce sont
des nuées de grosses sauterelles ailées. Nous voici sur
le haut plateau, entouré de montagnes, où Caracas est
bâti en damier, à la mode américaine, une mode plus
économique que pittoresque. Nous montons au Calvaire, qui domine la ville et sur lequel s'élève la statue
colossale de « l'illustre Américain », M. Gusman Blanco.

Je reviendrai tout à l'heure sur l'illustre Américain.
Pour le moment, nous sommes absorbés par la con-
templation d'une grande volière remplie des merveilleux oiseaux des tropiques, que nous n'avons guère
vus jusqu'à présent en liberté. N'y en aurait-il que
dans les volières? Sous nos pieds, à une centaine de
mètres, une plaine de toits rouges de laquelle émergent, ici les tours du Capitole où siègent la Chambre
des députés et le Sénat, là le Grand-Théâtre, plus loin
l'arène des combats de taureaux, puis le Panthéon, le
Musée et les églises. La plupart des édifices religieux,
sans oublier les statues, sont dus à l'illustre Américain. Qui est donc cet illustre Américain, que nous
connaissons si peu, et qu'a-t-il fait pour mériter le culte
que lui ont voué ses compatriotes? Il leur a donné
mieux que des édifices et des statues, il leur a donné
la sécurité. C'est grâce à lui que les révolutions et les
guerres intestines ont pris fin au Venezuela, et que ce
pays, naguère un des plus tourmentés de l'Amérique
du Sud, jouit maintenant d'une paix profonde. La
Constitution lui interdisant d'être réélu président,
c'est un de ses amis, M. Crespo, qui occupe sa place;
mais on a modifié la Constitution, on vient de le réélire
et on lui prépare, à son retour d'Europe, une réception
triomphale. Comme nous allions déjeuner à l'hôtel
Saint-Amand (un nom, sinon un hôtel français) et que
notre voiture soulevait des flots de poussière : — « On
voit bien, nous disait un Vénézuélien, que Gusman
Blanco est absent. Quand il était à Caracas on balayait
les rues et il n'y avait pas de poussière. Il est temps que

Gusman Blanco nous revienne ! » Certes, un homme qui met fin aux révolutions, et qui fait balayer les rues, mérite bien le nom d'illustre Américain. Que n'avons-nous un illustre Européen? Hourra donc pour Gusman Blanco ! Mais après lui?...

Nous allons visiter le Panthéon, qui renferme le tombeau de Bolivar et une élégante statue de ce libérateur par Tenerani, puis des généraux et des colonels, beaucoup de généraux et de colonels; nous accompagnons M. de Lesseps chez le président, qui fait l'accueil le plus cordial au grand Français et à ses compagnons; nous reprenons le train et nous remontons à bord du *Washington*. Deux jours après, le 10, nous apercevons une grosse forteresse vieux style et nous entrons dans une baie. Nous sommes à Fort-de-France, la résidence officielle du gouverneur et le siège du gouvernement de la Martinique.

Jetons d'abord un coup d'œil sur le paysage, qui certes en vaut la peine. L'horizon est découpé par des mornes et des pitons d'un vert intense. Entre parenthèses, un morne, c'est une haute colline, presque une montagne; un piton, c'est un morne en pyramide ou en pain de sucre. Au pied des mornes, et descendant d'étage en étage, des carrés plantés de cannes, ici d'un vert clair éclatant, là de nuances de moins en moins vives, selon leur degré de maturité; des villas blanches et roses au milieu de bocages touffus; tout au bord de la mer une savane, autrement dit une prairie, ombragée par l'épais feuillage des manguiers et des sabliers; au milieu, la blanche statue de l'impératrice

Joséphine, entourée de hauts palmiers droits comme des I, couronnés de leurs superbes panaches; aux abords de la savane, une ville paisible et proprette dont les rues sont tirées au cordeau et qui doit à l'un de ses gouverneurs, l'amiral de Gueydon, l'avantage inappréciable, sous les tropiques, d'avoir de l'eau en abondance en toute saison et tous les jours, à l'exception du jeudi matin, réservé au curage. Bref, une ville bâtie à la française au pied d'un immense parc anglais, voilà Fort-de-France. Point de réception officielle. Il paraît que les autorités n'ont point été prévenues officiellement de l'arrivée de M. de Lesseps ; mais l'hospitalité privée y supplée largement, et la population s'apprête à faire une conduite triomphale à cet hôte illustre. En attendant, nous allons faire la première excursion que recommanderait un Guide des touristes, s'il y avait un Guide des touristes à la Martinique, — une visite au camp de Balata et à la fontaine Absalon.

Le camp de Balata s'élève sur la côte qui mène aux pitons, et d'où part la « Trace », route pittoresque de Fort-de-France à Saint-Pierre. C'est le sanitarium de la garnison. La fontaine Absalon est une source d'eau thermale. Nous avions visité la Jamaïque et l'isthme de Panama et nous venions de la côte de Venezuela; eh bien ! avant d'être descendu à la fontaine Absalon, nous ne nous faisions pas la moindre idée de la puissance de la végétation des tropiques. Il y avait là des bambous hauts comme des peupliers et des fougères arborescentes dont les feuilles finement découpées auraient recouvert les larges panaches des palmiers.

Une merveille qui vaudrait à elle seule le voyage des Antilles! Au camp de Balata, les troupiers de loisir cultivent de vulgaires mais utiles légumes d'Europe : des petits pois, des artichauts, des asperges, qui y poussent, ma foi, fort bien, mais dont il faut renouveler continuellement les semences. Nous redescendons à Fort-de-France. On s'empare de nous, on nous héberge dans la plus charmante des villas ; et, quand le moment de la séparation est venu, la population entière fait cortège à M. de Lesseps, en applaudissant, en chantant, en dansant, avec une furia tropicale. Je quitte à regret mes aimables compagnons de voyage pour étudier, au moins d'une façon sommaire, la situation économique de la Martinique, et je m'installe sur la savane, à l'hôtel des Paquebots, l'idéal des calmes et honnêtes hôtelleries de province, ancien style.

La Martinique est une assez petite île ; elle n'a que 80 kilomètres de longueur sur 31 kilomètres de largeur moyenne et une superficie de 98,782 hectares ; encore les cultures n'en occupent-elles pas même la moitié : 42,290 hectares, dont 25,795 en sucre, 15,652 en vivres, plus un millier d'hectares en cacao, café, coton, tabac, etc.; le restant se compose de savanes, de forêts et de terrains d'habitation ; mais il ne faudrait pas juger de son importance et de sa richesse par son étendue. Les « pouvoirs productifs » que la nature y a mis à la disposition de l'industrie humaine dépassent certainement ceux qu'elle a distribués d'une main avare sur une surface décuple de nos pays d'Europe, réputés les plus fertiles. Toutes les plantes des tropiques, y

compris les épices et les parfums, le poivre, la can-
nelle, la noix muscade, les clous de girofle, la vanille,
l'ixora, les plantes tinctoriales et médicinales, le campêche, le roucou, le quinquina (celui-ci de qualité
supérieure), les arbres à fruits, le cocotier, le bananier,
le manguier, l'avocatier, l'arbre à pain, la sapotille,
— j'en passe et des meilleurs, — et un bon nombre de
végétaux et d'arbres fruitiers des régions tempérées, la
vigne par exemple, poussent à l'envi dans cet éden
tropical. Si les cultures y avaient été libres à l'origine,
ce serait aujourd'hui le plus merveilleux des jardins
de rapport. Mais le « système colonial » y a mis bon
ordre. Il a commencé par interdire les cultures qui
auraient pu faire concurrence à celles de la métropole,
et notamment d'y planter la vigne, et parmi les autres
il a choisi quelques favorites qu'il a protégées d'une
façon spéciale, telles que celles du café, du tabac, du
sucre, du coton, du cacao. Le café de la Martinique a
acquis une réputation universelle, il est coté immédiatement après le moka et le Rio-Nunez et, quoique la
Martinique n'en produise plus même assez pour sa
propre consommation, il continue à faire les délices
des gourmets. Seulement, il vient de la Guayra ou
même du Brésil. Le tabac à priser de Macouba n'était
pas moins, comment dirai-je?... prisé, et néanmoins
la culture en a été abandonnée, — tellement abandonnée que les plus vieux habitants de Macouba ne
se souviennent pas d'y avoir vu un plant de tabac.
C'est la canne à sucre qui a tout envahi, tout absorbé.
Comment en aurait-il été autrement? Le sucre des

colonies possédait le monopole absolu du marché de
la métropole, il y régnait en maître, car le sucre
étranger, cet abominable sucre étranger, était prohibé,
On vendait alors le sucre brut jusqu'à 60 francs les 50 kilogrammes, — aujourd'hui, ce n'est pas sans peine
qu'on en obtient 12 fr. 50 — et les bénéfices étaient naturellement en proportion. Cependant, il n'est pas prudent de se fier au monopole. C'est un protecteur perfide,
qui ne vous enrichit aujourd'hui que pour vous ruiner
demain. Ajoutons que c'est au moment même où il
vous prodigue ses faveurs qu'il travaille le plus dili-
gemment à votre ruine. Sous l'influence des prix
surélevés par le monopole, la production du sucre a
doublé à la Martinique dans les premières années de la
Restauration. De 16 millions de kilogrammes en 1818,
l'exportation s'est élevée à 33 millions en 1828. On a
tout délaissé, café, tabac, coton, cacao, pour faire
du sucre. La Martinique n'a plus été qu'une vaste
sucrerie. Mais comment cette augmentation extraordinaire de la production dans les colonies mêmes
n'aurait-elle pas fait tomber les prix? C'était le premier mauvais tour que le monopole jouait à ses
protégés. Il leur en préparait un second, bien autrement cruel, en leur suscitant la concurrence du sucre
de betterave. Certes, la betterave est une plante
saccharifère bien inférieure à la canne, et il y a grande
apparence que, en dépit du blocus continental, elle
aurait continué modestement à servir de nourriture
aux bestiaux, si les bénéfices énormes que le monopole
distribuait aux planteurs de cannes n'avaient encou-

UNE DRAGUE.

vés que par des esclaves à peau noire, et par conséquent que l'abolition de l'esclavage des nègres
amènerait infailliblement la ruine immédiate des
cultures tropicales. Cette vérité, les planteurs la considéraient si bien comme acquise que, aux États-Unis,
ils enduisaient de goudron et roulaient dans de la
plume ceux qui s'avisaient de la discuter, puis mettaient le feu à la plume. Les abolitionnistes les plus
endurcis ne résistaient pas à ce mode d'argumentation. Or voici, tout à coup, qu'on apprend qu'un des
premiers actes de l'Assemblée nationale de 1848 a
été d'abolir l'esclavage, brusquement, sans aucune
préparation ni transition, en quoi certainement elle
avait tort. N'était-ce pas la ruine, la ruine totale et
irrémissible? Eh bien! non, encore une fois. Chose
invraisemblable, inouïe, les colonies survivent à ce
coup mortel. Le premier affolement passé, les esclaves s'aperçoivent qu'il faut vivre et ils reviennent
d'eux-mêmes offrir leurs bras à la culture. Enfin,
dernière épreuve, l'odieux libre-échange se joint à
la liberté du travail, le sucre étranger est admis à
faire concurrence au sucre national et colonial sur le
marché de la métropole. Malgré tout, la production
du sucre ne faiblit pas. Que dis-je? Elle va croissant
avec une rapidité vertigineuse. De 16 millions de
kilogrammes en 1818, sous l'égide du système colonial;
de 30 millions en 1847, en plein esclavage, l'exportation de sucre de la Martinique monte à 50 millions de
kilogrammes en 1875, et, en dépit de la crise, elle se
maintient à 49 millions en 1884. De plus, le tafia, qui

STATUE DE L'IMPÉRATRICE JOSÉPHINE A FORT-DE-FRANCE.

était en 1847 une quantité négligeable, ajoute à ce chiffre 17 millions de litres et plus de 6 millions de francs. Voilà comment le sucre de betterave, l'abolition de l'esclavage et le libre-échange ont successivement ruiné les colonies en général et la Martinique en particulier.

Mais de quelle façon peut-on expliquer ce développement invraisemblable d'une production dont les voix les plus autorisées prédisaient la ruine? Tout simplement par les effets comparés du monopole et de la concurrence. Aussi longtemps que les planteurs de cannes, les propriétaires d'habitations ou « les habitants », comme on les nomme ici, possédaient le double monopole du travail de leurs esclaves et de l'approvisionnement des consommateurs, ils n'éprouvaient aucunement le besoin d'améliorer leurs procédés de culture et de fabrication. Sous ce double rapport, la production sucrière demeurait ce qu'elle était à l'époque de l'introduction de la canne aux Antilles. La concurrence a réveillé les colons endormis sur la foi des zéphirs protectionnistes, et ils ont créé les « usines ». C'était toute une révolution. Jusque-là la culture et la fabrication du sucre avaient été réunies dans l'habitation même. La création des usines les a séparées, en déterminant en même temps un progrès dans les cultures et dans la fabrication. On a découvert l'existence des engrais chimiques et autres, et on a constaté que leur emploi pouvait augmenter d'une façon notable le rendement de la canne. D'un autre côté, les usines sont arrivées de progrès en progrès à fabriquer un sucre dit « d'usine » qui se cote 6 ou 7 francs plus cher aux 50 kilogrammes que l'ancien sucre brut. Il est blanc, cristallisé, appétissant, et remplacera quelque jour économiquement dans la consommation le vieux pain de sucre, comme celui-ci a remplacé la cassonnade et le candi. C'est le sucre de l'avenir.

La Martinique possède actuellement dix-sept usines, fondées, à l'exception de deux, sous la forme de Sociétés par actions, au capital variant de 750,000 francs à 6 millions. Elles sont aussi bien outillées que peuvent l'être nos fabriques les plus renommées de sucre de betterave, et, au surplus, leur outillage provient des mêmes ateliers. Il a été fourni par la maison Cail ou la Société de Fives-Lille. J'ai visité au Lamentin l'usine du baron de L..., un réactionnaire fougueux, mais un propriétaire intelligent, et je ne m'attendais pas, je l'avoue, à trouver une installation aussi parfaite. L'usine est rattachée aux habitations qui lui fournissent sa matière première — la canne, simplement coupée et débarrassée de ses feuilles ou de sa bagasse — par un réseau de 47 kilomètres de chemins de fer, et elle exporte 4,000 tonnes de sucre. Elle pourrait en produire le triple. L'étendue totale des chemins de fer dits d'usine à la Martinique est de 182 kilomètres. Ces établissements perfectionnés distribuaient, avant la crise actuelle, des dividendes qui allaient jusqu'à 40 p. 100 et même davantage. Ils concluent avec les « habitants » propriétaires de champs de canne, des contrats à long terme, et n'ont pas seulement introduit un progrès économique qui a sauvé la production sucrière, mais ils ont préparé aussi un progrès social.

Avant la création des usines, la production du sucre était entièrement concentrée entre les mains d'un petit nombre de familles appartenant toutes à la race blanche et constituant une aristocratie territoriale, de mœurs patriarcales, mais plus exclusive et plus fière de son épiderme, qui lui servait de parchemins, que ne le fut jamais la noblesse d'une petite cour allemande. Ces familles ne s'alliaient qu'entre elles ou avec des blancs d'Europe ; ce qui n'empêchait pas les propriétaires d'en user avec leurs esclaves comme les anciens patriarches avec leurs servantes, et de se créer ainsi une postérité naturelle de nuances variées, qui est devenue à la longue plus nombreuse que leur postérité légale. L'abolition de l'esclavage n'avait pas changé autant qu'on pourrait le croire cet ancien ordre de choses. Tout au plus avait-elle eu pour conséquence d'augmenter le nombre des propriétaires qui s'en allaient vivre en Europe après avoir confié leurs habitations à des « géreurs », et d'élargir la plaie de l'absentéisme. La fondation des usines sous la forme de Sociétés par actions a été bien autrement efficace pour modifier la constitution et la distribution de la propriété, et ce n'est pas exagérer de dire qu'elle a rendu inévitable la déchéance de l'aristocratie coloniale.

La portion la plus importante et la plus lucrative de la production du sucre, — la fabrication, — a été

enlevée aux propriétaires, et l'habitation où cette production se concentrait naguère tout entière est devenue
une simple dépendance de l'usine qui lui fait des
avances et la tient souvent — trop souvent même —
sous sa domination. On peut donc affirmer que la
meilleure moitié de la propriété sucrière a cessé d'être
immobilisée dans les mains de la petite aristocratie
des blancs pour se répandre, en coupures accessibles
à l'épargne la plus modeste, dans l'ensemble de la
population blanche ou de couleur. Quoique l'impôt
de 3 p. 100 sur les valeurs mobilières protège — singulière anomalie sous un régime prétendu démocratique
— les usines fondées et exploitées par un propriétaire
contre celles qui appartiennent à des actionnaires, les
grandes fortunes sont trop rares pour profiter de cette
faveur, et nous avons vu que, sur 17 usines, il n'y en
a que deux dont la propriété soit concentrée en une
seule main. A la vérité, les usines ne sont guère établies jusqu'à présent que dans le sud de l'île ; dans le
nord, qui renferme les terres les plus fertiles et les
plus grands domaines, — possédés pour la plupart par
des familles résidant en Europe, — on continue à
fabriquer sur les habitations mêmes l'ancien sucre
brut. Mais ce retard tient à une cause purement acci-
dentelle et qui va, selon toute apparence, disparaître
avant peu. Le tarif américain taxe le sucre d'usine à
l'égal du sucre raffiné, et il en résulte qu'on trouve
encore avantage à importer du sucre brut aux États-
Unis. C'est le seul débouché qui lui reste. En 1884, par
exemple, sur une production de sucre brut réduite à

14,472,000 kilogrammes contre 34,897,000 kilogrammes
de sucre d'usine, on n'a exporté en France que la quantité insignifiante de 683,000 kilogrammes, le reste est
allé aux Etats-Unis. Mais les journaux américains m'ap-
prennent qu'il est sérieusement question d'abaisser et
de modifier les droits sur les sucres. Si cette réforme
s'accomplit, et si, comme la chose est probable, le
sucre brut cesse d'être protégé contre le sucre d'usine,
c'en sera fait de lui. Ce survivant de l'antique routine
aura vécu et, avec lui, disparaîtra de la Martinique le
dernier noyau résistant de la propriété aristocratique.
On fondera des usines dans le nord, et la meilleure
part de la grande propriété sucrière s'y morcellera
comme elle s'est morcelée dans le sud.

Pour le moment ai-je besoin de dire qu'il n'est question de fonder de nouvelles usines à sucre, ni à la Martinique ni ailleurs? Nous sommes en pleine crise, et
dans le monde entier, — j'entends le monde sucrier,
— ce n'est qu'un cri de détresse, suivi naturellement
d'un concert de supplications touchantes adressées aux
gouvernements sauveurs s. g. d. g. des industries en
souffrance. Cette crise, provoquée par un déborde-
ment général des sucres de toute nature et de toute
provenance qui ont inondé, submergé tous les marchés
du monde, d'où provient-elle? Entre nous, je soupçonne les gouvernements sauveteurs de la sucrerie de
n'y avoir pas été absolument étrangers. Tandis qu'ils
encourageaient d'un côté la production du sucre en
allouant une prime plus ou moins déguisée sous forme
de drawbacks à l'exportation, ils en décourageaient la

consommation, en surtaxant cette « matière éminemment imposable ». La production n'a pas manqué en conséquence de s'accroître plus vite que la consommation. D'où l'encombrement des marchés, la baisse des prix et la crise. Cette crise, des causes locales ont contribué à la rendre particulièrement ruineuse à la Martinique. Le monopole du marché national, que les colonies ont si longtemps possédé, y a naturellement engendré d'autres monopoles, qui lui enlèvent une partie de sa substance et auxquels il est obligé de fournir leur pâture accoutumée dans les mauvais jours, aussi bien que dans les bons. C'est comme dans la forêt vierge, où les grands arbres, riches de sève, sont envahis par les lianes et la foule des autres parasites. Aussi longtemps que l'arbre reçoit du sol une nourriture abondante, il suffit à sa propre subsistance et à celle de ses hôtes. Mais que ses racines viennent à être dénudées par un ouragan, que la sève s'appauvrisse, le malheureux végétal, incapable de se débarrasser de cette société gourmande qui vit à ses dépens, dépérit, ses parasites le tuent.

Sans parler du menu fretin des monopoles, — les boulangers eux-mêmes jouissent d'un privilège : dans les campagnes, ils ont leur ressort comme les officiers ministériels — le prêt des capitaux est monopolisé par deux établissements privilégiés, la *Banque de la Martinique* qui est autorisée seule à émettre des billets au porteur et qui a la faculté de prêter sur récoltes, et le *Crédit foncier colonial*. La colonie s'est engagée à garantir les prêts de ce dernier établissement, jusqu'à

concurrence d'une somme de 250,000 francs par an.
A moins que la colonie ne vienne à faire faillite, le
Crédit foncier ne court donc aucun risque, et cependant il ne prête pas à moins de 10,04 p. 100 par an, en
comprenant dans ce chiffre les frais d'administration
et 42 centimes pour l'amortissement en trente ans. La
propriété foncière lui doit environ 8 millions empruntés à ce taux, sans parler de ses autres dettes contractées à des taux plus élevés encore. Aussi longtemps que
les affaires ont bien marché, ce fardeau était supportable ; lorsqu'on gagnait 20 ou 25 p. 100 et davantage on
pouvait bien, sans se gêner, payer 10 p. 100 à ses prêteurs.
On aurait pu même faire des économies, si le tempérament et les habitudes créoles ne s'y étaient énergiquement opposés. Mais la crise est venue, les gros bénéfices sont partis et les gros intérêts sont restés. Un bon
nombre de propriétaires d'habitations ont succombé
sous le faix, la colonie garante a dû en exproprier quelques-uns, sauf à revendre à perte des propriétés dont
la valeur actuelle ne couvre plus la dette. On m'en cite
une, qui est tombée de 800,000 francs à 350,000 et ce
n'est pas à beaucoup près la plus dépréciée. Jugez de la
gêne que doit engendrer un pareil état de choses ! Les
usines ont mieux résisté à la crise, et même on m'assure que, en dépit de l'avilissement des prix, les mieux
administrées ont continué à distribuer des dividendes
à leurs actionnaires. Malheureusement, la Société
anonyme est demeurée, malgré les avantages qui lui
sont propres, un mécanisme fort imparfait, et le personnel capable de remédier à ses vices constitution-

nels est rare à la Martinique et même ailleurs. De là le peu de résistance qu'elle offre à ces cyclones du monde économique que l'on nomme des crises. Les titres de la plupart des usines n'ont guère moins baissé que les propriétés des habitants, et telle action que l'on demandait à 1,300 francs avant la crise est offerte actuellement à 400 francs. Vous voyez que l'épreuve est rude. Il ne faut pas trop s'étonner si elle a eu pour effet d'aigrir les esprits, si les « habitants » se plaignent d'avoir été ruinés par les usiniers, et *vice versa*, enfin si la crise sucrière a contribué à surexciter les passions et les appétits politiques. Mais ceci m'amène à un autre ordre d'idées et de faits que je vous demande la permission de réserver pour ma prochaine lettre.

IX

LA MARTINIQUE.

Le préjugé de couleur (1). — Causes de la décadonce de la race
blanche. — L'immigration asiatique. — L'aristocratie blanche
et la démocratie des hommes de couleur. — Protectionnisme et
fonctionnarisme colonial.

Fort-de-France, le 22 mars 1886.

La population blanche ou réputée telle ne forme
pas même un dixième de la population totale de la
Martinique (15,000 individus environ sur 167,000) et
elle est plutôt en voie de diminution que d'accroissement, car dans les colonies comme dans la métropole
les familles riches ou aisées ont pris l'habitude économique de limiter étroitement le nombre de leurs enfants. Cela .tient, en partie du moins, à l'orgueil de

(1) **Le préjugé de** couleur n'existait point dans les premiers temps
de l'établissement de l'esclavage dans les colonies ; les mariages
autorisés par le code noir étaient fréquents entre les deux races,
les nègres et les mulâtres affranchis possédaient les mêmes droits
que les blancs, et ils pouvaient comme eux entrer dans le service
du roi. Mais à mesure qu'ils se multipliaient, les blancs, qui possédaient à l'origine le monopole des emplois publics, s'efforcèrent
de protéger ce monopole contre l'invasion de concurrents mieux
adaptés au climat et de plus en plus nombreux. Le gouvernement

race, combiné avec la cherté de l'éducation. Un fils de
propriétaire ne peut décemment être que proprié-

de Louis XV eut le tort de céder à leurs obsessions ; il interdit le
mariage entre les blancs et les gens de couleur, et il ferma à ceux-ci
l'accès des carrières officielles.

Le 7 décembre 1733, le marquis de Fayet, gouverneur général de
Saint-Domingue, adressait la lettre suivante au gouverneur du Cap :

« Monsieur, l'ordre du roi est que tout habitant de sang mêlé
ne puisse exercer aucune charge dans la judicature ni dans les
milices ; je veux aussi que tout habitant qui se mariera avec une
négresse ou mulâtresse ne puisse être officier ni posséder aucun
emploi dans la colonie ; je vous prie d'observer ces deux points et
en cas que je sois informé qu'on ne l'ait pas été d'un fait aussi
important, je casserai, lorsque j'en aurai connaissance, les officiers
qui seront dans les milices ou qui auront d'autres emplois. »

Plus tard, en 1771, le ministre des colonies insistait sur la
nécessité de cette politique protectionniste en déclarant que « Sa
Majesté est déterminée à maintenir le principe qui doit écarter à
jamais les gens de couleur et leur postérité de tous les avantages
attachés aux blancs ».

Une autre ordonnance, rendue le 24 juin 1773 à Saint-Domingue,
concourait au même objet, en interdisant aux gens de couleur de
prendre un nom de baptême appartenant à la race blanche. Voici
un extrait de cette curieuse ordonnance :

« Art. 1er. — Toutes négresses, mulâtresses, quarteronnes et mé-
tisses libres et non mariées qui feront baptiser leurs enfants seront
tenues de leur donner un surnom tiré de l'idiome africain ou de leur
métier et couleur, qui ne pourra jamais être celui d'aucune famille
blanche de la colonie, et ce, à peine de mille livres d'amende, et
être tenues de tous dommages-intérêts et réparations civiles envers
les familles dont le surnom aurait été usurpé.

« Art. 2. — Faisons très expresses défenses aux nègres, mulâtres,
quarterons et métis nés libres ou affranchis qui ont usurpé jusqu'à
ce jour des surnoms de race blanche de les porter à l'avenir ; leur
enjoignons en conséquence de prendre un autre surnom de leur
choix et dans le délai de trois mois après la publication du présent
règlement, d'en faire déclaration aux greffes des juridictions dans
lesquelles ils auront domicile, lesquelles déclarations seront por-

taire, officier ou fonctionnaire. Il faut l'envoyer en
France, dans des collèges ou des écoles spéciales, et il

tées sur un registre particulier tenu à cet effet par les greffiers,
le tout à peine de prison contre les contrevenants. »

Enfin un règlement du 9 février 1779, en vue de rendre visible à
tous les yeux l'infériorité officiellement déclarée des gens de couleur, leur défend de porter les mêmes vêtements que les blancs.

« C'est surtout, lisons-nous dans cette ordonnance, l'assimilation des gens de couleur avec les personnes blanches dans la
manière de se vêtir, le rapprochement des distances d'une espèce
à l'autre dans la forme des habillements, la parure éclatante et dis-
pendieuse, l'arrogance qui en est quelquefois la suite, le scandale
qui l'accompagne toujours contre lesquels il est très important
d'exciter la vigilance de la police et de mettre en œuvre les moyens
de coercition qui sont en son pouvoir, en laissant à la sagesse de
prévenir.aussi soigneusement toute inquisition minutieuse que tout
relâchement encore plus dangereux. A ces causes et en vertu des
pouvoirs à nous confiés par Sa Majesté, avons ordonné et ordonnons
provisoirement ce qui suit :

« Art. 1er. — Enjoignons à tous gens de couleur, ingénus ou affranchis de l'un ou de l'autre sexe, de porter le plus grand respect non
seulement à leurs anciens maîtres, patrons bienveillants, leurs
veuves ou enfants, mais encore à tous les blancs en général, à peine
d'être poursuivis extraordinairement, si le cas y échet, et punis
selon la rigueur des ordonnances, même par la perte de la liberté,
si le manquement le mérite.

« Art. 2. — Leur défendons très expressément d'affecter dans
leurs vêtements, coiffures, habillements ou parure une assimilation
répréhensible avec la manière de se mettre des hommes blancs ou
femmes blanches ; leur ordonnons de conserver les marques qui
ont servi jusqu'à présent de caractère distinctif dans la forme desdits habillements et coiffures, sous les peines portées en l'article
ci-après.

« Art. 3. — Leur défendons pareillement tous objets de luxe dans
leur extérieur, incompatibles avec la simplicité de leur condition
et origine, à peine d'y être pourvu sur-le-champ, soit par voie de
police ou autrement, par les officiers du lieu à qui la connaissance
du fait appartient, et ce tant par emprisonnement de la personne

en coûte gros. On a bien établi depuis quelques années à la Martinique une petite fabrique de bacheliers et même de docteurs, mais elle est peu achalandée; l'aristocratie blanche la tient en suspicion, et elle ne recrute guère sa clientèle que parmi les gens de couleur. D'ailleurs, la métropole est le grand marché des fonctions publiques. C'est là qu'il faut aller si l'on veut « arriver ».

Cette petite aristocratie a eu entre ses mains jusqu'en 1870, avec la presque totalité de la propriété foncière, le gouvernement de la colonie. Le suffrage universel lui a enlevé le pouvoir, et elle aspire naturellement à le ressaisir, tandis que les hommes de couleur, de leur côté, tiennent absolument à le garder. De là, la lutte des partis, lutte dont la violence et l'acrimonie s'accroissent toujours en raison inverse de l'étendue de l'arène politique. Ajoutez-y l'influence de la température et de la séparation sociale qui résulte du préjugé de couleur, et vous vous expliquerez l'état d'incandescence des esprits, dès que la politique est en jeu.

que confiscation desdits objets de luxe, sans préjudice de plus forte peine en cas de récidive et de désobéissance, ce que nous commettons à la prudence desdits juges; sauf l'appel au conseil supérieur du ressort. »

On voit par là que le préjugé de couleur a été une création artificielle de la loi; mais comme il favorisait les intérêts de monopole de la classe dominante, il n'a pas manqué de passer dans les mœurs. Voir à ce sujet l'*Histoire des affranchis de Saint-Domingue* de Beauvais Lespinasse, à laquelle nous avons emprunté les documents que nous venons de citer.

Le préjugé de couleur, dis-je, y est pour quelque chose. Loin de s'affaiblir depuis l'abolition de l'esclavage et l'établissement du suffrage universel, il s'est, au contraire, enraciné davantage et en quelque sorte exaspéré. Il est bien rare qu'une famille blanche reçoive dans son intimité un homme de couleur, n'eût-il dans les veines qu'une goutte imperceptible de sang noir, et, à aucun prix, elle n'y recevra sa femme ou ses filles. Remarquez qu'entre le blanc et l'homme dit de couleur la différence est à peine visible. Il faut un œil exercé pour la saisir. Parfois même le blanc — plus ou moins authentique, car il s'est glissé, malgré tout, plus d'une brebis tachée de noir parmi les brebis immaculées, — le blanc est noir de cheveux et brun de peau, tandis que l'homme de couleur est blond et d'une blancheur mate. J'ai été accueilli, avec quelle amabilité charmante! par des familles de couleur que j'aurais crues, d'après le témoignage de mes yeux, absolument blanches, si elles n'avaient pris soin elles-mêmes de me tirer d'erreur. Mais que voulez-vous? Le préjugé de couleur est avant tout une douane, et c'est ce qui explique non seulement qu'il se maintienne, mais encore qu'il se fortifie, à mesure que les institutions qui protégeaient la race blanche contre la concurrence des hommes de couleur viennent à disparaître. C'est la dernière enceinte d'une forteresse assiégée dont la garnison va s'affaiblissant tous les jours, pendant que les assiégeants reçoivent renforts sur renforts. Le jour n'est pas éloigné peut-être où cette enceinte sera forcée, et où l'aristocratie coloniale sera obligée,

comme sa congénère européenne, à traiter avec les
assiégeants, ne fût-ce que pour renouveler ses vivres,
ou, comme on dit vulgairement, pour fumer ses terres.

Toute aristocratie, en effet, ne peut consolider sa
prépondérance qu'à deux conditions : la supériorité
de la fortune et celle des qualités physiques et morales.
La race blanche possède encore des restes de la première, mais des restes seulement. Au temps de l'esclavage, elle avait le monopole de la propriété foncière,
et, lorsqu'un propriétaire venait à s'endetter, la loi le
protégeait contre l'expropriation. L'abolition de l'esclavage et l'établissement de la loi de l'expropriation
forcée ont amené une liquidation, qui a fait une première brèche dans la fortune de l'aristocratie blanche.
La transformation industrielle déterminée par la création des usines en a fait une seconde, bien autrement
large et destinée à s'agrandir sans cesse. L'habitation
naguère souveraine est devenue tributaire de l'usine et
la propriété de celle-ci, morcelée en actions, a été
rendue accessible au grand nombre. Or, à mesure que
la culture épuisante de la canne entame davantage
les forces productives du sol, et qu'on est obligé de
recourir aux engrais, par conséquent au capital, une
transformation analogue devient indispensable dans la
propriété agricole. Déjà, la culture ne s'opère en
grande partie qu'au moyen d'avances faites par les
établissements de crédit ou les intermédiaires acheteurs de sucre. Je n'ai pas besoin d'ajouter que ces
avances coûtent horriblement cher aux habitants. Le
moment n'est pas éloigné où une nouvelle liquidation

s'imposera, où la propriété agricole se constituera à l'imitation de la propriété industrielle, et deviendra, comme elle, aisément accessible à tout le monde. La race blanche réussira-t-elle à en retenir, sinon la totalité, au moins la plus grande partie sous cette nouvelle forme? Il faudrait, pour cela, que les blancs, actuellement en voie de limitation et de diminution, eussent, sur la masse en voie d'accroissement de leurs concurrents de couleur, une supériorité décisive ; qu'ils fussent plus forts, plus intelligents, plus laborieux et surtout plus économes. Cette supériorité existe-t-elle? En d'autres termes, l'infusion du sang noir est-elle une cause de détérioration, et l'homme de couleur est-il ainsi, en vertu même de la composition de ses nerfs et de ses muscles, naturellement et irrémédiablement inférieur au blanc? Autant que le nombre restreint de mes observations me permet d'en juger, je ne le crois pas. J'incline plutôt à croire que le mélange des deux races est une cause de progrès, qu'il élève le niveau intellectuel du noir, et qu'il empêche dans les régions tropicales la dégénérescence physique et morale du blanc. Cette dégénérescence est un fait indiscutable, qu'il s'agisse du règne végétal ou du règne animal, et on n'y remédie que par une importation constante de semis ou par la greffe sur les espèces indigènes. Or, franchement, et n'en déplaise aux aristocrates de la couleur, un nègre amélioré ne vaut-il pas mieux qu'un blanc dégénéré?

Jusqu'à ces derniers temps, le blanc possédait sur l'homme de couleur une supériorité moins discutable

que celle du sang, je veux parler de l'éducation. Les
enfants des deux sexes de l'aristocratie blanche étaient
généralement élevés en France, où ils recevaient une
haute culture, tandis que l'homme de couleur était
obligé de se contenter des ressources insuffisantes de
l'éducation coloniale. Mais à mesure que la condition
de l'homme de couleur s'est élevée, cette inégalité
s'est effacée. A son tour, il a envoyé ses enfants à
Paris, et il n'a reculé devant aucun sacrifice d'argent
pour leur faire donner une éducation supérieure. Les
garçons sont placés dans les collèges en renom et les
filles dans les institutions les plus aristocratiques. Enfin,
une école préparatoire de droit et deux lycées, l'un
pour les garçons, l'autre pour les jeunes filles, ont été
ouverts aux enfants des familles moins riches. L'aristocratie blanche a donc perdu successivement, avec la
puissance politique, les monopoles qui contribuaient
à la lui conserver, le monopole de la fortune et celui
de l'éducation. Qu'elle regrette les beaux temps de sa
domination, rien de plus naturel. Qu'elle réussisse à
la ressaisir, cela me paraît de plus en plus douteux,
quoique ses successeurs s'appliquent de leur mieux à
l'y aider. Je ne crois pas qu'on puisse rencontrer un
gouvernement à idées plus étroites et plus bornées
que ne l'était celui de cette aristocratie blanche des
colonies. Jusqu'au dernier moment, elle s'est opposée
non seulement à l'abolition de l'esclavage, mais encore
à tout changement dans le régime des esclaves, et,
après que l'esclavage eut été aboli, son unique préoc-
cupation a été de le rétablir. Je vous ai déjà parlé, à

propos des colonies anglaises, de l'immigration asiatique, et du système ingénieux au moyen duquel les
propriétaires ont réussi à obliger les anciens esclaves
à supporter une partie des frais d'importation de leurs
concurrents. J'ai pu étudier de près ce système à la
Martinique, et je vais essayer d'en esquisser briève-
ment l'histoire et le mécanisme.

Dès que l'esclavage eut été aboli, un certain nombre
d'affranchis en possession d'un petit pécule abandon-
nèrent les habitations pour s'acheter un lopin de terre
et y cultiver des vivres. On les remplaça d'abord par
des Chinois et des nègres importés de la Guinée; mais
les Chinois se montrèrent trop exigeants au gré des
colons, et l'on dut renoncer à l'importation des nègres,
dénoncée par les abolitionnistes comme un succédané
de la traite. On eut recours alors à l'immigration indienne, et un traité fut conclu avec l'Angleterre pour
en régler les conditions. De 1853 à 1884, elle a fourni
25 509 immigrants, dont 12 040 sont morts et 4 541 ont
été rapatriés. Avec l'addition de 3 998 naissances, il
en restait 12 926 en décembre 1884, époque à laquelle
le Conseil général de la colonie a renoncé à intervenir
dans cette importation de travail. Voici quel en était
le mécanisme. L'administration se chargeait de fournir
des émigrants aux propriétaires dont elle recevait les
demandes. Ces émigrants, elle se les procurait par
l'intermédiaire d'agents, établis les uns dans les comp-
toirs français de Pondichéry, de Karikal et de Yanaon,
les autres dans le grand emporium anglais de Calcutta,
principal foyer de l'émigration indienne. Les agents

enrôlaient les émigrants en leur donnant une cinquantaine de francs d'arrhes, somme prodigieuse pour un Indou, et en leur faisant signer un contrat d'engagement sous la surveillance plus ou moins tutélaire d'un fonctionnaire chargé de les protéger. Le contrat signé, les émigrants étaient embarqués sur des navires nolisés par l'administration, et divisés à leur arrivée par lots de dix, dans lesquels il était prescrit toutefois de réunir les émigrants mariés et leurs enfants. Ces lots n'étaient pas laissés, bien entendu, au choix des propriétaires, qui n'auraient pas manqué de prendre les plus beaux et de laisser le rebut à l'administration ; on les répartissait entre eux par la voie du tirage au sort. Voici maintenant quelles étaient les conditions du contrat et les charges respectives du propriétaire et de l'administration. L'engagement était contracté pour cinq ans, au bout desquels l'émigrant avait le droit d'exiger son rapatriement. S'il ne se prévalait pas de ce droit et se rengageait, on lui accordait une prime de 150 francs ; s'il restait dans la colonie sans se rengager, il devait, le cas échéant, se rapatrier à ses frais. Le propriétaire devait fournir un salaire de 12 fr. 50 par mois (150 francs par an) pour les hommes, de 10 francs pour les femmes, de 5 francs pour les non adultes, avec la nourriture, les vêtements, le logement et les soins médicaux. Il se remboursait, au moyen de retenues faites par douzièmes, des arrhes que l'émigrant avait reçues au moment de l'engagement. Il payait à l'administration pour frais d'importation une somme fixe de 373 fr. 50, dont 300 francs pour le passage, et le reste pour droits fixes et proportionnels sur le contrat. En additionnant le tout, on estime que le travail de l'émigrant revenait au propriétaire de 1 fr. 50 à 2 francs par jour. De son côté l'administration prenait à son compte l'excédent des frais de transport au-dessus de 300 francs, la totalité des frais de rapatriement, de gestion et de surveillance nécessités par son intervention. Ces frais s'élevaient annuellement de 250 000 à 380 000 francs (quoique l'émigration ait cessé, ils sont encore portés au budget de 1886 pour 285 000 francs), en sorte que l'émigration indienne a coûté, depuis son origine, environ 10 millions de francs aux contribuables de la colonie.

Ce système avait deux vices radicaux. Le premier, c'était de livrer l'engagé à la merci d'un propriétaire intéressé à extraire de lui la plus forte quantité possible de travail en échange de la moindre somme de subsistances. A cet égard, la situation de l'esclave à perpétuité était préférable à celle de l'engagé à temps. Le propriétaire de l'esclave était intéressé à ne point le surmener et à lui fournir une nourriture suffisante, comme il faisait pour ses chevaux et son bétail. Je sais bien que l'administration avait conscience de ce vice du système et qu'elle s'appliquait de son mieux à y remédier. Elle avait réglementé avec un soin paternel et un détail minutieux les rapports de l'engagé et de l'engagiste et leurs obligations réciproques, fixé notamment la nature et le poids de la ration quotidienne de l'Indou : 214 grammes de morue, 85 centilitres de riz et 20 grammes de sel, le nombre et l'espèce de ses vêtements. Pour les hommes, 2 chemises, 2 pantalons

en tissu de coton et un chapeau de paille par an; pour
les femmes, 2 chemises, 2 robes ou jupes et 4 mouchoirs en coton. Elle n'avait pas négligé davantage les
soins médicaux. Un « arrêté, portant création de deux
« emplois d'inspecteur de l'immigration et prescrivant
« quelques dispositions complémentaires sur le régime
« des immigrants », avait confirmé et complété un
arrêté précédent, en vertu duquel toute exploitation
ayant vingt immigrants devait être pourvue d'une infirmerie convenablement installée et approvisionnée,
et justifier d'un abonnement avec un médecin. L'arrêté
complémentaire spécifiait que l'infirmerie devait offrir
un espace minimum de 12 mètres cubes par malade,
être divisée en deux compartiments pour la séparation
des sexes, et suffisamment approvisionnée de médica-
·ments, dont l'arrêté donnait la nomenclature pour
l'usage externe et interne, sans oublier un matériel
comprenant une balance dite trébuchet, avec ses poids
et subdivisions de gramme, des ventouses en verre,
des seringues à injection et à clystère. Eh bien! toute
cette sollicitude administrative ne suffisait pas à cor-
riger le vice du système. L'engagiste abusait de l'engagé
avec une impunité presque assurée, et l'engagé se
vengeait à sa manière par le vol et l'incendie. La plus
grande partie du contingent de la criminalité était
fournie par les Indous. Je lis dans le discours du rapporteur de cette question au Conseil général, que les
condamnations prononcées contre les immigrants du
1er janvier au 31 décembre 1884 ne se sont pas élevées
à moins de quatre-vingt-onze ans et onze mois de pri-

son. Du reste, il est impossible de ne pas être frappé de la physionomie sombre et concentrée de l'engagé indou, et du contraste qu'elle offre avec la mine insouciante et gaie du nègre employé à la tâche.

Cependant le nègre n'a pas, lui non plus, à se louer de l'immigration coloniale, et c'est ici qu'apparaît le second vice, l'iniquité criante du système. Cette importation régulière et continue de bras étrangers (elle n'a subi d'interruption que dans les années 1863, 1864 et 1873) a eu pour effet naturel de faire baisser son salaire. Dans les meilleures années, le prix de la tâche, consistant dans la plantation ou le sarclage de 400 pieds de cannes, n'a pas dépassé 1 fr. 50 ; il est tombé actuellement à 75 centimes. Un ouvrier vigoureux peut, à la rigueur, faire 1 tâche 1/2 par jour, et gagner ainsi 1 fr. 12 ; mais c'est l'exception. Cependant, le nègre n'aurait aucun droit de se plaindre si ce prix était déterminé par le mouvement libre de l'offre et de la demande des bras ; mais il n'en est pas ainsi. C'est au moyen d'une contribution prélevée pour la plus grosse part sur son propre salaire que les immigrants ont été introduits dans la colonie. Je dis pour la plus grosse part. L'impôt direct qui frappe la propriété immobilière et mobilière ne figure pas, en effet, pour un quart dans le budget de la Martinique (838 000 francs sur 4 millions 583 000 francs en 1886). Il convient d'y ajouter toutefois le produit d'un droit de sortie de 2 1/2 p. 100, réduit, depuis, à 1 p. 100, sur le sucre, destiné à tenir lieu de l'impôt foncier ; mais, même avec cette adjonction, on n'arrive pas à la moitié du budget. Ce sont les impôts

9.

de consommation qui fournissent, à la Martinique comme ailleurs, la meilleure part des ressources du Trésor, et ces impôts sont payés par la généralité des consommateurs, y compris les plus pauvres. Ils frappent — et rudement, en emportant la pièce — presque tous les articles entre lesquels le nègre répartit, bien ou mal, car il n'est guère bon économe, — ses 75 centimes par jour. J'ai pris la peine de faire le compte de la somme que soustraient à ces 75 centimes les droits sur la morue et la farine, qui constituent le fond de sa subsistance, sur les cotonnades et les autres articles du vêtement, — car si peu et si mal que ce soit, il faut être vêtu, même sous les tropiques, — sur le tafia et le tabac, dont il a le tort d'user parfois avec excès — mais que celui qui est sans péché lui jette la première pierre ! — et en tenant compte du renchérissement supplémentaire déterminé par l'avance des droits, je suis arrivé à un total de 15 à 20 centimes, équivalant à un impôt sur le revenu de 25 p. 100. Or, la totalité des impôts qui pèsent ici sur la propriété immobilière et mobilière n'équivaut pas à 5 p. 100. On peut affirmer en définitive que le nègre plus ou moins libéré de la Martinique a payé plus de la moitié de la somme de 10 millions qui a servi à introduire ses concurrents et à faire baisser son salaire. Sans être négrophile, ne peut-on pas trouver quelque chose à redire à ce protectionnisme colonial ?

Au moins l'aristocratie coloniale s'est-elle appliquée à fournir quelques compensations à ses anciens esclaves, en travaillant à élever leur niveau intellectuel et moral ? Je consulte les statistiques de l'instruction et

de l'état civil, et voici ce qu'elles me répondent. Sur
161 995 habitants existant au 1ᵉʳ janvier 1877, 31 829
seulement savaient lire et écrire. Sur 5 453 naissances
en 1884, on comptait 3 838 enfants naturels et
1 615 enfants légitimes. 1 enfant légitime sur 3 1/2!
J'avais été quelque peu scandalisé de constater une
situation analogue dans l'isthme de Panama, et je
m'étais enquis de la cause du mal auprès d'un bon
évêque. A son avis, c'était la séparation de l'Eglise et
de l'Etat qu'il en fallait rendre responsable. Mais, à la
Martinique, l'Eglise n'a pas cessé d'être salariée par
l'Etat, et jusqu'en 1870 elle a joui d'une situation prépondérante. On laissait presque exclusivement entre
ses mains le gouvernement des esprits et des âmes.
Comment n'a-t-elle pas même eu l'idée d'installer à
la Martinique une succursale de la Société de Saint-
François-Régis?

En 1870 le suffrage universel, supprimé par l'empire,
a été rétabli et le gouvernement de la démocratie des
hommes de couleur a remplacé celui de l'aristocratie
blanche. On se promettait merveille de ce progrès politique. Les abus allaient disparaître, les impôts
seraient sinon abolis, du moins diminués et équitable-
ment répartis, le nombre des emplois réduit au strict
nécessaire. Vous connaissez ce programme. Il a servi
plus d'une fois dans la métropole, avant d'émigrer aux
colonies. Seize ans se sont écoulés. Le budget des dépenses à la charge de la colonie s'est élevé de
2 800 000 francs en 1870, à 4 583 000 francs en 1886;
le nombre des places s'est augmenté; on a créé

notamment deux cents emplois nouveaux en mettant
en régie l'impôt sur les spiritueux qui était économiquement affermé ; enfin, on a aggravé l'inégalité des
charges aux dépens de la multitude des contribuables
et des consommateurs. A défaut d'autre mérite, le
gouvernement précédent avait celui d'être économe.
Non seulement il n'avait pas de dettes, mais encore il
avait constitué une réserve. Aujourd'hui, la réserve
est entamée, les communes de Fort-de-France et de
Saint-Pierre ont commencé à s'endetter et la colonie
ne tardera guère à suivre leur exemple.

Comment en un plomb vil l'or pur s'est-il changé ?

Comment un programme libéral a-t-il engendré une
pratique ultra-gouvernementaliste et protectionniste?
Hélas ! ce n'est pas aux hommes, c'est aux nécessités
politiques qu'il faut s'en prendre. Les hommes sont
remplis d'intentions libérales, mais les nécessités politiques sont terriblement impérieuses, et elles commandent précisément tout le contraire de ce que promettent
les programmes libéraux. La démocratie de couleur
était nombreuse et besogneuse ; elle s'est trouvée à
l'étroit dans les cadres qui suffisaient à l'aristocratie
blanche ; il a fallu les élargir, non sans avoir expulsé
préalablement ceux qui les occupaient. On a déblanchi
l'administration et la représentation ; on a laïcisé et
créé, d'un seul bloc, tout un système d'instruction primaire laïque et obligatoire, d'instruction secondaire et
supérieure qui a ajouté 1 million au budget colonial, et
quelques centaines d'emplois à la disposition du

« parti »; on prépare l'établissement d'un système de service obligatoire (les colonies ne sont soumises jusqu'à présent qu'à l'inscription maritime) qui exigera un autre état-major et d'autres bureaux; on a supprimé, à la vérité, — au bout de quatorze ans et non sans tirage, — l'immigration subventionnée; mais on a conservé le « service de l'immigration ». Et comme on ne peut malheureusement augmenter les dépenses sans ajouter quelque chose aux recettes, il a bien fallu élever le niveau de l'impôt. Il a fallu aussi donner satisfaction aux industries influentes qui demandaient à être protégées et au sous-secrétaire d'Etat des colonies qui venait de découvrir le système colonial et tenait à gratifier la métropole de sa découverte. Le conseil général a porté en conséquence de 3 francs à 5 fr. 50 le droit sur les farines, élevé de 7 francs à 60 francs le droit sur les bœufs, exhaussé de 3 francs à 7 fr. 50 le droit sur les mélasses et sirops étrangers, créé de toutes pièces un tarif différentiel qui frappe une série d'articles ouvrés ou manufacturés, et en particulier les lainages, les cotonnades et la bijouterie. Tels ont été les progrès politiques, financiers et économiques que la démocratie de couleur a réalisés depuis son arrivée aux affaires.

Si l'industrie sucrière avait continué à fournir aux propriétaires des habitations et aux actionnaires des usines les bénéfices et les dividendes plantureux dont ils avaient pris la douce habitude, ces progrès à rebours auraient encore été supportables. Mais la crise est survenue et ils l'ont singulièrement aggravée. L'aug-

mentation des droits sur les farines, par exemple,
n'inflige pas seulement un supplément de charges aux
consommateurs, elle pèse sur la production sucrière,
la nourricière de l'île. Les farines viennent en presque
totalité des Etats-Unis, où elles servent à payer le sucre
brut de la colonie, qui y trouve actuellement son
unique débouché. Or, n'est-il pas clair qu'en grevant
la denrée avec laquelle les Américains payent le sucre,
c'est comme si on augmentait ses frais d'apport sur le
marché de New-York? Les droits sur le bétail atteignent
d'une manière plus sensible encore la production
sucrière, qui emploie exclusivement des bœufs de
travail. Quant aux droits sur les sirops et mélasses, ils
menacent tout simplement de tuer raide la branche
d'industrie qui a été le salut de la colonie dans la grande
débâcle des sucres, je veux parler de la fabrication des
tafias. De 8 millions de litres en 1880, cette industrie
a porté sa production à 17 millions en 1884, et, comme
les habitants ne produisent pas assez de sirops pour
l'alimenter, elle en a demandé des quantités croissantes
aux îles anglaises du voisinage. Qu'ont fait alors les
producteurs de sirops? Ils ont usé de leur influence
auprès du conseil général, qui manipule à son gré les
tarifs, pour faire augmenter les droits sur cette matière
première du tafia; en ce moment même, ils s'agitent
pour les faire porter à un taux prohibitif et, selon
toute apparence, ils arriveront à leurs fins, car le protectionnisme a débordé de la métropole dans les colonies. Le résultat, vous le devinez. C'est que l'industrie
des tafias sera obligée de diminuer sa production et

qu'elle finira probablement par émigrer dans les îles anglaises. Pour avoir voulu vendre leur denrée trop cher, les producteurs de sirops et mélasses ne la vendront plus du tout. Ils auront tué la poule aux œufs d'or.

Quand on examine l'usage que les conseils généraux des colonies font de la liberté illimitée d'intervention dans le domaine de l'activité privée et de taxation qui leur a été accordée, on se demande si cette liberté dont ils sont fiers n'a pas été un présent funeste pour les colonies. Le propriétaire d'esclaves était fier, lui aussi, de la liberté qu'il possédait d'user à sa guise de son troupeau; mais cette liberté en vertu de laquelle il obligeait ses esclaves à travailler jusqu'à dix-huit heures par jour, au moment de la récolte, était-elle avantageuse au troupeau? Je sais bien qu'ici c'est le troupeau, investi du suffrage universel, qui choisit lui-même ses maîtres. Du moins il en a le droit imprescriptible! Mais c'est un droit que la noire majorité du troupeau ne comprend pas et dont elle n'use pas. « Bon nègre », c'est chose triste à dire, n'apprécie son droit électoral qu'autant qu'il est trempé dans un verre de tafia. Sur 41 000 électeurs que possède la Martinique, 6 000 tout au plus participent à l'élection des députés, et quelques centaines seulement à celle des membres du Conseil général. La lutte n'est engagée qu'entre des états-majors, qui ne recrutent leur armée qu'à la condition de récompenser les recruteurs, autrement dit les électeurs influents. Ceux-ci demandent des places, ceux-là des droits protecteurs. Comment pourrait-on les leur refuser? Ne possède-t-on pas les moyens de les satisfaire? Ne suffit-il pas d'user du droit illimité que l'on a d'augmenter ses attributions, de taxer et de protéger? On augmente donc ses attributions, on taxe et on protège, et s'il arrive que la colonie, frappée soudainement dans son unique industrie, succombe sous le faix, on demande secours à la métropole, qui est la providence naturelle des colonies. Voilà le mécanisme du système. Je suis en train de l'observer de près, et, si ingénieux qu'il soit, je me demande si c'est le meilleur des systèmes possibles, au point de vue des intérêts de la métropole et même des colonies.

X

LA MARTINIQUE

Les richesses naturelles. — Les améliorations possibles. — Le trigonocéphale. — Les fonctionnaires. — Le budget colonial. — L'hospitalité créole. — Les journaux et les livres. — Les moyens de communication. — La laïcisation. — Les noms de baptême. — Bon nègre. — Négresses et mulâtresses.

Saint-Thomas, le 25 mars 1886.

Le gouvernement de la métropole est la providence des colonies. C'est vers elle que l'on se tourne dévotement dans les moments difficiles, et même dans les autres, pour lui demander des secours et des faveurs. On pousse naturellement la situation un peu au noir pour mieux apitoyer la Chambre et les ministres, et on finit toujours par attraper quelque bout de détaxe ou de protection contre ces abominables sucres étrangers. Seulement, en regard de ses avantages, qui sont douteux, car il n'est pas au pouvoir de la providence gouvernementale d'empêcher la baisse des sucres, ce système a ses inconvénients qui sont certains, c'est de faire croire que les colonies sont absolument ruinées, et d'en détourner les capitaux et l'esprit d'entreprise. Vous voyez, me dit-on,

comme notre île est riche, comme elle abonde en
ressources naturelles de tout genre. N'est-il pas
déplorable et inconcevable que personne ne vienne
nous aider à les exploiter? Assurément, c'est déplorable, mais ce n'est pas inconcevable. Nous
ne connaissons les colonies que par les gémisse-
ments des colons. Comment voulez-vous que nos
capitalistes, qui ne sont pas des aumôniers, appor-
tent leur argent dans un pays où tout le monde est
réduit à la besace (1) et que les gens industrieux y

(1) Dans le *Planter's Journal*, un « vieux fabricant de sucre »
publie quelques réflexions que nos colons pourraient méditer avec
fruit.

« Le planteur sensé, dit-il, doit se convaincre à présent qu'il
doit s'appuyer sur lui-même pour améliorer sa position et non sur
le gouvernement. Il est fâcheux qu'il n'en ait pas toujours été
persuadé, au lieu de crier au gouvernement impérial et au public
anglais qu'il était ruiné par la politique du *free trade*, ce qui n'a
eu d'autres résultats que d'empêcher le capital de venir se placer
aux Indes occidentales comme il le fait partout, et d'y établir une
machinerie perfectionnée qui nous permettrait de défier la concurrence et même les primes. Nous avons été sérieusement atteints
par la concurrence du sucre produit par le travail esclave à dater
de 1847, le tarif anglais ayant alors égalisé les droits sur les deux
sucres ; mais nous avions réussi lentement à nous remettre de ce
choc, lorsque dans ces dernières années la betterave nous a porté
un autre coup, — un coup qui nous rappela que nous pouvons
employer pour la fabrication du sucre de canne les mêmes méthodes
scientifiques qui ont couronné les efforts des chimistes allemands
et permis à la betterave de l'emporter sur la canne. Quoique nous
ayons perdu notre crédit, quoique nous ne puissions pas, à ce
qu'il semble, obtenir aujourd'hui le capital nécessaire pour transformer notre système de fabrication, nous ne devons pas aban-
donner l'espoir d'être en état de continuer la lutte si nous savons
mettre de notre côté toutes les circonstances qui donnent le succès. »

viennent fonder des entreprises? Cessez de vous plaindre, vantez votre richesse au lieu d'afficher votre misère, et vous ne tarderez pas à voir affluer les offres de concours et de secours. On prête aux riches.

J'ignore si les colons de la Martinique suivront ce conseil d'ami ; mais, s'ils avaient besoin d'un témoignage bénévole, je n'hésiterais pas à leur apporter le mien. Je ne crois pas qu'on puisse trouver un coin de terre où la nature ait accumulé autant de « pouvoirs productifs » et où la culture de la canne elle-même ait un plus brillant avenir. Ce n'est qu'une affaire de science et de capital. La canne ne contient pas moins de 15 p. 100 de sucre, et, malgré les progrès réalisés par la création des usines on en extrait à peine 8 1/2 ; d'un autre côté, l'agriculture, maintenant séparée de l'industrie dans la production sucrière, est restée en retard, et elle promet de récompenser largement le capital et la science qui amélioreront ses méthodes et surtout qui lui permettront de se passer du secours ruineux du crédit (1). Car

(1) Le progrès procède, comme on sait, en toutes choses, par voie de division et de spécialisation. On a vu que la création des usines a séparé la fabrication du sucre de la culture de la canne. Il reste maintenant à séparer, dans la culture, le capital et la science du travail. A cet égard, on peut dire que toutes les conceptions des socialistes et des économistes socialisants vont précisément au rebours du progrès. Quoique le capital et le travail manifestent chaque jour davantage leur incompatibilité d'humeur et que leurs querelles deviennent de plus en plus fréquentes et aiguës ; quoique, d'une autre part, dans la pratique ordinaire de la vie, le seul remède efficace que l'on ait trouvé pour obliger à vivre en paix les

c'est bien dans les colonies qu'on peut dire que le crédit soutient l'agriculture comme la corde soutient le pendu. Mais on peut faire autre chose que du sucre à la Martinique. On peut développer sur les flancs des mornes que la canne a envahis dans les années de prospérité, mais où elle ne donne que de maigres produits, la culture du café et du cacao, et reprendre celle du tabac. On peut faire avec le fruit du cocotier une excellente huile comestible, créer à peu de frais des fabriques de meubles de bambou, et que sais-je encore? Les emplois lucratifs ne manqueraient pas au capital, ils ne manqueraient pas davantage au travail. Sans doute, on ne peut songer à employer des ouvriers européens à la culture de la canne. Mais,

gens d'humeur incompatible, ce soit de les séparer, socialistes et socialisants s'évertuent à chercher les moyens de rapprocher encore ces deux frères ennemis, en associant directement l'ouvrier à l'entrepreneur. Dans les entreprises agricoles des colonies et même dans toutes les entreprises, le progrès consiste à suivre une marche directement opposée à celle-là, c'est-à-dire à supprimer toute relation entre l'entrepreneur et l'ouvrier. Le développement et l'adaptation du vieux système du colonat partiaire aux nécessités de la culture agrandie et perfectionnée renferme, à notre avis, la solution du problème. Supposons, pour nous en tenir à l'agriculture coloniale, que, au lieu de se charger lui-même de l'exécution des travaux de la culture, l'habitant confie ces opérations à un « colon » en lui abandonnant une partie de la récolte ; supposons encore que le colon, au lieu d'être un individu isolé et dépourvu d'avances, soit une Société pourvue d'un capital suffisant pour subvenir jusqu'au bout aux frais des opérations de la culture et attendre la réalisation de sa part de la récolte, la situation de l'habitant, propriétaire du fond et du matériel agricole, ne se trouvera-t-elle pas singulièrement améliorée? Il n'aura plus besoin

avant que les esclaves noirs eussent été importés à la
Martinique pour y produire du sucre protégé, les
colons français y cultivaient eux-mêmes le café.
Pourquoi l'émigration aux colonies, si hardie au dix-
septième siècle, où elle se répandait du Canada aux
grandes et petites Antilles, ne serait-elle pas reprise
au dix-neuvième siècle? Les émigrants réussissaient
alors parfaitement à s'acclimater. Pourquoi n'y réus-
siraient-ils pas encore aujourd'hui? Comme si un
instinct naturel leur enseignait le remède préventif
de la dégénérescence, sous les climats tropicaux, les
colons blancs et, en particulier, les colons français
se greffent volontiers sur la race noire. C'est même
la seule opération pour laquelle ils ne demandent

d'emprunter à de gros intérêts pour importer des émigrants et
payer les salaires de ses travailleurs ; il sera débarrassé, en outre,
du souci de les diriger et de les surveiller ; il pourra s'occuper uniquement des moyens d'augmenter le rendement de ses cultures.
De son côté, une Société de colonat partiaire, ayant à pourvoir
seulement à l'exécution des travaux agricoles, à l'enrôlement, à la
direction et à la surveillance de ses travailleurs, pourrait rendre à
la fois le travail plus efficace et plus lucratif en fournissant à ses
coopérateurs une part plus considérable dans les résultats de la
production. Enfin, en empruntant au système coopératif la limitation des bénéfices et l'attribution du surplus au personnel de
direction et d'exécution, elle écarterait toute cause de conflits et
toute accusation d'exploitation du travail par le capital. Chose digne
de remarque ! ce système, malgré son air de nouveauté, est pratiqué
depuis longtemps, dans une de ses parties essentielles, par les
Chinois. A la Martinique même, les quelques centaines de Chinois
importés après l'abolition de l'esclavage faisaient partie de Sociétés
dirigées et administrées par des *mestri*, avec lesquels les habitants
traitaient directement pour l'exécution des travaux de culture.

pas l'intervention du gouvernement. D'ailleurs, à mesure qu'on s'élève le long des mornes, la température s'abaisse ; à l'altitude de 300 à 400 mètres elle
ne dépasse pas celle du Midi de la France. Cependant, — je ne veux rien cacher, — on rencontre,
dans cette île fortunée, un hôte dangereux, le terrible
trigonocéphale fer-de-lance, le plus venimeux des
reptiles. Les voyageurs racontent à son sujet des
histoires à faire dresser les cheveux sur la tête. Ils
ont trouvé des trigonocéphales jusque dans leur
chambre à coucher et leur ont livré des combats ho-
mériques. Mais peut-être y a-t-il quelque exagération dans leurs récits. Des citadins de Fort-de-France
et de Saint-Pierre m'ont assuré n'avoir jamais vu de
trigonocéphales autrement que je n'en ai vu moi-
même — dans des bocaux. Puis il y a des « pan-
seurs », noirs et même blancs, qui possèdent toute
une série de secrets infaillibles pour la guérison des
piqûres les plus venimeuses ; enfin, il y a la mongouse. La mongouse est une belette de Java,
pleine de vigueur et de férocité, qui ne fait qu'une
bouchée des serpents, sans s'inquiéter de leur venin,
et détruit par surcroît les rats, grands amateurs de
sucre et la plaie des plantations de cannes. Les planteurs de la Jamaïque ont importé des mongouses de
Java et elles les ont débarrassés de leurs serpents et
de leurs rats. Je conviens qu'à la Martinique les
choses n'iraient pas si vite. Les habitants commen-
ceraient par s'adresser au Conseil général pour le
prier d'aviser aux moyens de porter remède aux

ravages des trigonocéphales. Le Conseil général, considérant que le trigonocéphale fait partie intégrante du règne animal originaire de l'île et existant à l'époque de la conquête, déclarerait que la destruction du trigonocéphale est une affaire de souveraineté, et renverrait la pétition au ministre des colonies. Le ministre en saisirait la Chambre, qui nommerait une commission, — la commission des trigonocéphales, — chargée d'examiner les moyens les plus propres à extirper ces dangereux ennemis de l'agriculture coloniale. La commission nommerait une sous-commission technique. La sous-commission technique recommanderait l'introduction des mongouses de Java. La commission croirait manquer à son devoir si elle ne se transportait pas elle-même à Java pour y faire une enquête sur les mongouses, et constater leur aptitude à dévorer les trigonocéphales. A son arrivée à Java, la commission trouverait des mongouses, mais point de trigonocéphales de l'espèce dite « fer-de-lance ». Il faudrait en faire venir de la Martinique. Ce serait un retard inévitable. Mais enfin l'expérience se ferait. La commission constaterait la capacité incontestable de la mongouse à exterminer le trigonocéphale, en dresserait procès-verbal et télégraphierait au ministre. A son retour à Paris, elle nommerait un rapporteur qui rédigerait son rapport. Alors l'Académie de médecine interviendrait, pour soumettre à l'analyse le venin du trigonocéphale et s'enquérir des causes qui rendent la mongouse réfractaire à la piqûre de ce reptile. Ce serait un nouveau retard, mais bien justifié par les exigences légitimes de la science. Sur ces entrefaites surviendrait une crise ministérielle suivie de la dissolution des Chambres. Il ne serait plus question des trigonocéphales.

Je ne voudrais pas faire une méchante épigramme en passant des trigonocéphales aux fonctionnaires; mais franchement il y en a trop! La Martinique est un nid de fonctionnaires. A eux seuls ils peuplent toute une ville : Fort-de-France. Il y en a de trois espèces : des fonctionnaires de l'État, des fonctionnaires de la colonie et des fonctionnaires des communes. Bien rétribués, n'ayant pas grand'chose à faire, ils sont de bonne humeur, aimables et polis, ils m'ont accueilli avec toute sorte de prévenances et ont répondu avec patience à toutes mes questions; mais encore une fois il y en a trop! La seule division de l'intérieur occupe (?) 55 employés. Notons que la Martinique n'a que 167,000 habitants, moins que le moins peuplé de nos départements. Mais l'administration tient à leur faire bonne mesure. Le budget des dépenses coloniales s'élève à 4,649,342 francs; le budget des communes, qui sont au nombre de 25, à 1,802,614 francs (Fort-de-France figure dans ce chiffre pour 305,098 francs et Saint-Pierre pour 585,523 francs); enfin, le budget de l'État comprenant les dépenses de l'armée, de la marine, de la justice et des cultes, dites de souveraineté, atteint 2,375,865 francs. Total 8,827,821 francs, ou 53 francs environ par tête. C'est beaucoup pour « bon nègre » qui gagne, à raison de 75 centimes pendant 300 jours non chomés, 225 francs;

c'est près du quart de son revenu. Qui sait s'il ne
préférerait pas être mieux nourri et moins administré? A la vérité, il convient de déduire de ce chiffre
de 53 francs les dépenses de la souveraineté que ses
bons frères blancs, les contribuables de la métropole,
payent à sa place, soit environ 14 francs par tête. Le
budget colonial est principalement alimenté par le
monopole des spiritueux ; le budget des communes
l'est en presque totalité par l'octroi de mer, que la
colonie lui abandonne, en retenant un cinquième pour
les frais de perception. Je ne voudrais rien dire de
désagréable aux colons. Cependant il est permis de se
demander pourquoi ils ne supportent pas eux-mêmes
les frais de leur sécurité et de leur culte. Que la métropole s'abstienne de les taxer à son profit, rien de
plus équitable ; mais qu'elle se taxe à leur profit,
n'est-ce pas un peu trop chevaleresque? A ce compte,
plus sa souveraineté s'étendrait, plus ses charges s'a-
lourdiraient, et, le jour où elle aurait réussi à s'an-
nexer l'empire colonial de l'Angleterre, elle serait
réduite à la banqueroute. A quoi on peut ajouter que,
le jour où les colons seront obligés de subvenir à
toutes leurs dépenses, ils y regarderont peut-être de
plus près, et se demanderont s'il n'y aurait pas quelque moyen de diminuer le poids de leur lourd appareil gouvernemental et administratif; si l'on ne pourrait
point par exemple, comme vient de le faire le gouvernement danois pour ses deux colonies de Saint-
Thomas et de Sainte-Croix, réunir sous la même
administration et le même gouverneur, résidant six

mois dans l'une et six mois dans l'autre, la Martinique et la Guadeloupe. Ces deux îles ne sont séparées que par trois heures de navigation. On pourrait les réunir par un fil télégraphique ou même téléphonique spécial, et économiser ainsi une bonne moitié des dépenses de souveraineté et autres.

Mais je ne veux pas insister. Ce serait montrer une ingratitude par trop noire, car la Martinique n'est pas seulement le paradis des fonctionnaires, c'est aussi le paradis des voyageurs. Les habitants ont beau être divisés par la politique et la couleur, ils sont d'accord pour faire accueil aux étrangers, et avec quelle cordialité, avec quel empressement à satisfaire jusqu'aux moindres caprices de leurs hôtes ! A la Petite-Rochelle, où je recevais l'hospitalité d'un propriétaire éleveur de bétail, partant protectionniste, — qui n'ignorait pas cependant quel libre-échangiste trigonocéphale il abritait sous son toit, — j'avais manifesté l'envie de manger une salade de chou-palmiste. Il n'y avait pas de chou-palmiste dans l'habitation ; mais mon hôte possédait une belle avenue de cocotiers dont le cœur est plus estimé encore des gourmets que celui du chou-palmiste. Il n'hésita pas à en faire abattre un qui avait bien douze ou quinze ans, un vrai meurtre ! et me fît servir ma salade. Voilà l'hospitalité créole ! Les habitations sont légèrement construites, bien aérées et pourvues d'une large véranda où l'on prend le frais sur des *rocking chairs* (fauteuils à bascule), et où le cocktail américain alterne avec le « punch colonial ». On se lève de bonne heure et on fait la sieste. Les habitants

riches reçoivent des livres, des journaux et des revues
de la métropole; les blancs y joignent l'un ou l'autre
des trois journaux réactionnaires de la colonie : la
Défense coloniale, les *Antilles* et le *Propagateur*. Il
peut sembler singulier que les hommes de couleur,
qui gouvernent actuellement la Martinique, n'aient
pas de journal. Ils en avaient un, les *Colonies*, qui a
cessé de paraître l'année dernière, par suite des dis-
sensions intestines du parti. Comme dans la métropole,
en effet, la démocratie gouvernante s'est divisée : il y
a des opportunistes et des radicaux ; mais, en dépit
de ses divisions, elle se sent assez forte pour pouvoir
se passer d'organes. C'est que les journaux, tels qu'on
les fait ici, coûtent cher et rapportent peu. Ils sont
uniquement des instruments de parti et ne peuvent
avoir, à ce titre, qu'une circulation fort limitée, qu'ils
ne cherchent point d'ailleurs à étendre par l'abaisse-
ment de leur prix. On ne les vend et même on ne les
voit nulle part, et cela se conçoit. Ils coûtent 50 francs
par an et ne paraissent que deux fois par semaine. En
supposant que leur publication fût quotidienne, ils
coûteraient 180 francs par an. Qu'en résulte-t-il ? C'est
que la lecture des journaux est un luxe que bien peu
de personnes peuvent se permettre. Or, quoiqu'on
prétende que « le journal a tué le livre », c'est en lisant
les journaux que le grand nombre prend l'habitude
de la lecture. On ne lit guère les journaux à la Martinique, on lit encore moins les livres. Il n'y a pas un
seul libraire, un seul ! dans toute l'île. Fort-de-France
possède une bibliothèque publique, cadeau de M. Victor

Schœlcher, et dont le conservateur, notre ancien confrère M. Cochinat, fait les honneurs avec une affabilité
extrême, mais sans avoir réussi jusqu'à présent à y
attirer les lecteurs. Ce qu'il faudrait à la Martinique,
c'est un « petit journal » quotidien à cinq centimes,
bourré de feuilletons et de faits divers palpitants. Bon
nègre, qui est curieux d'histoires émouvantes, écono-
miserait au besoin sur sa farine de manioc pour l'acheter ; cela l'empêcherait d'oublier, comme il le fait,
hélas ! aujourd'hui, les leçons de l'école primaire, et
peut-être les 400,000 ou 500,000 francs par an que coûte
l'instruction gratuite, laïque et obligatoire ne seraient-
ils pas entièrement perdus.

Ce n'est pas seulement en matière de journaux que
les colonies françaises sont en retard sur leurs voisines,
les colonies anglaises. Une seule petite ligne télégraphique de Saint-Pierre à Fort-de-France, un téléphone
à l'usage exclusif de l'administration entre Fort-de-
France et le camp de Balata, pas un kilomètre de chemin de fer ou de tramway, des routes impraticables
pendant la saison des pluies : voilà l'état des communications. On a demandé 300,000 francs pour les études
d'un réseau complet de chemins de fer, mais on attend
la garantie de l'État. Je suis persuadé pour ma part
qu'une Compagnie qui obtiendrait l'autorisation —
l'obtiendrait-elle ? — d'établir un réseau télégraphique à la Martinique ferait une excellente affaire, car
sous les tropiques, plus qu'ailleurs, on aime à économiser ses mouvements. Quant au chemin de fer, il
réduirait d'une façon notable les frais de transport

du sucre brut entre les habitations et les ports d'embarquement ; de plus, il remplacerait avec avantage la petite navigation côtière, trop souvent interrompue par le gros temps. Malheureusement, l'Etat ne se presse pas d'accorder sa garantie, et qui s'aviserait de construire un chemin de fer sans la garantie de l'Etat? Ne sommes-nous pas sur une terre française?

En fait de progrès, on a laïcisé les noms de rues à Fort-de-France et à Saint-Pierre, mais non sans une certaine mollesse. A Fort-de-France, les rues Saint-François, Saint-Louis, Sainte-Catherine continuent impunément à croiser les rues Victor-Hugo, Isambert, Schœlcher. En revanche, la plupart des noms dits de baptême des hommes de couleur et surtout des nègres sont absolument laïques, et, de plus, romains ou grecs. On ne rencontre que des César, des Pompée, des Cassius, des Romulus, des Sertorius, des Pompilius, des Démosthènes, des Epaminondas. Il m'est même arrivé de causer avec Théramène.

Ces noms antiques et héroïques ne sont pas précisément en harmonie avec la physionomie, les occupations et les habitudes de ceux qui les portent. César a le nez écrasé, et il porte la malle d'un voyageur ; Pompée coupe du bois ; Lucullus mange sa morue et sa farine de manioc dans une moitié de calebasse, en se servant de ses doigts en guise de fourchette. Mais pour n'avoir rien de leurs patrons, ce ne sont pas moins de bonnes et honnêtes natures. Ils ne fournissent que la plus faible partie du contingent de la criminalité. Depuis la crise, on signale une certaine augmentation dans les délits ruraux, mais les vols domestiques sont restés rares quoique les gages soient modiques et qu'on ne mette rien sous clef. On paye une femme de chambre 20 francs par mois, une cuisinière 25 francs, une couturière 1 franc par jour avec la nourriture, 1 fr. 25 sans la nourriture. La cuisinière va au marché et n'a aucune idée du parti que ses sœurs de France tirent de l'anse du panier. Parfois, elle ne résiste pas à la tentation de prendre sur l'argent du marché 5 centimes pour un verre de tafia, mais elle confesse honnêtement son péché, au retour. On accuse avec raison le nègre d'être insouciant et imprévoyant; c'est un grand enfant, mais c'est, généralement, un bon enfant. On prétend aussi qu'il n'est pas civilisable, parce qu'il n'a pas de besoins, — ce qui est naturellement une raison pour le payer le moins possible, — mais est-ce bien avéré? Sa case m'a rappelé, hélas! la *cabin* du pauvre paysan irlandais, et son costume journalier est plein de lacunes, mais est-ce faute de besoins? Le nègre a les besoins qu'on peut avoir quand on possède un revenu de 75 centimes par jour — 75 centimes dont il faut déduire 15 ou 20 centimes d'impôts. S'il mérite un reproche, c'est de se priver de son nécessaire pour se procurer le superflu. Il aime à être bien vêtu le dimanche, et les femmes économisent sur leur nourriture pour s'acheter un collier ou de gros anneaux d'or creux dont elles décorent leurs oreilles. Naguère le fisc se montrait indulgent pour ces goûts innocents: la bijouterie ne payait que 10 0/0 d'octroi de mer ; la nécessité de protéger la bijouterie nationale y a fait ajouter un droit de douane de 20 0/0 depuis l'année dernière ; une nécessité analogue a fait surtaxer les cotonnades et les mouchoirs imprimés, qui sont les grands articles de consommation du beau sexe plus ou moins foncé en couleur. On a augmenté aussi les droits sur les bas et les souliers, mais je doute que les recettes du fisc soient sensiblement améliorées de ce chef. Les femmes ne portent de souliers que le dimanche et, de préférence, à la main. — « Ça fait mal à moi », répondait en ma présence à sa maîtresse une bonne coquettement vêtue, mais pieds nus. Le mouchoir rayé de jaune, de rouge et de noir, noué en forme de casque, avec deux petites cornes sur le frontal, la robe ample, de couleurs éclatantes, relevée aux manches et laissant voir jusqu'à la naissance du genou une jambe bien faite, la négresse ou la mulâtresse de la Martinique attire l'œil, et parfois le retient, malgré l'irrégularité de ses traits et la bizarrerie de sa toilette. C'est Vénus combinée avec Polichinelle. Par exemple, si l'œil s'accoutume volontiers à la voir, l'oreille s'habitue malaisément à l'entendre. Elle parle le créole — un patois mi-nègre mi-français, tout en voyelles et, pourrait-on dire, désossé. La mollesse de ses mœurs répond-elle, comme on l'assure, à celle de son langage ? C'est bien possible, mais comment les mœurs seraient-elles d'une rigidité marmoréenne sous un climat tropical et dans une île où, sur une population de 167,000 individus, on compte 50,000 célibataires nubiles du sexe féminin et seulement 12,000 femmes mariées ?

Malgré tout, la Martinique est une île charmante et une colonie pleine d'avenir. Ce sera un véritable Eden le jour où elle sera débarrassée de ses politiciens et de ses trigonocéphales.

XI

DE LA MARTINIQUE A SAINT-THOMAS

Saint-Pierre. — Le réduit. — Les quarantaines. — La Guadeloupe.
— Les Antilles danoises. — Causes de la prospérité et de la
décadence de Saint-Thomas. — Les difficultés financières. — Les
progrès du commerce allemand. — Un commissionnaire modèle
— Le socialisme consulaire.

Saint-Thomas, le 3 avril 1886.

Les bureaux du gouvernement civil et militaire de
la Martinique sont concentrés à Fort-de-France, tandis que le commerce a élu domicile à Saint-Pierre.
Cependant Fort-de-France possède un des ports les
plus sûrs et les plus profonds des Antilles. Les grands
transatlantiques y débarquent leurs marchandises à
quai, c'est tout dire. Saint-Pierre, au contraire, ne
possède qu'une rade ouverte, et les gros navires sont
obligés de jeter l'ancre à une distance respectable du
rivage. En outre, la ville est acculée à un morne es-
carpé sur lequel ses rues s'étagent en escalier; encore
la place y fait-elle défaut. La population s'entasse sur
une rive étroite où le commerce lui-même est à la
gêne. Pourquoi a-t-il choisi ce mauvais port et cet
emplacement incommode de préférence à la baie

profonde et à la magnifique plage de Fort-de-France, où il aurait, par surcroît, l'avantage d'être placé sous la protection immédiate de l'administration civile et militaire? — « Voilà précisément ce que nous redoutons », me disait un négociant. Je ne relève pas ce propos séditieux et je vais visiter le jardin botanique, qui renferme les plus merveilleux spécimens de la flore des Antilles, mais qui passe pour être le rendez-vous favori des trigonocéphales. Je reçois une aimable hospitalité au « réduit », non loin du joli village du Morne-Rouge, où une vierge miraculeuse fait merveille, et j'y compulse à loisir les relevés du commerce de la Martinique. Sous l'influence du régime de quasi-liberté inauguré en 1861, le mouvement commercial de la Martinique s'est développé d'une manière progressive. En 1883, il dépassait 65 millions, chiffre supérieur d'un bon tiers à celui de l'époque regrettée de l'esclavage et du système colonial. La crise sucrière l'a fait tomber actuellement d'une dizaine de millions, et il est permis de craindre que le rétablissement des droits différentiels ne contribue pas à le relever.

Je me proposais d'aller de la Martinique à la Guyane; mais c'est toute une affaire d'aller à la Guyane! On n'y va qu'une fois par mois, par une ligne annexe de la Compagnie générale transatlantique, et, depuis bientôt six mois que la fièvre jaune y sévit, le paquebot de la Compagnie n'y prend plus ni marchandises ni passagers pour éviter les quarantaines. Il se borne à faire le service de la poste. On ne peut donc revenir de la Guyane qu'en s'embarquant sur un navire à voiles et en se résignant à passer dix-sept jours dans un lazaret à la Martinique ou à la Guadeloupe. J'avais considéré jusqu'alors la douane comme le plus insupportable des fléaux, je lui faisais injure ; la quarantaine est pire. La douane se contente de taxer les marchandises, elle laisse passer librement les voyageurs ; la quarantaine jette brusquement son veto sur les voyageurs et les marchandises. C'est une muraille de Chine qui sépare du jour au lendemain un pays de la communauté des nations. Il suffit, pour l'établir, de la décision d'un Conseil sanitaire, composé en majorité de bureaucrates, que l'interruption des relations commerciales laisse absolument indifférents, et qui prennent, d'ailleurs, au sérieux leur rôle de gardiens de la santé publique. Ai-je besoin d'ajouter que c'est une illusion pure ? Dans les Antilles, par exemple, les colonies anglaises qui n'abusent point des quarantaines ne sont pas plus souvent visitées par la fièvre jaune que leurs voisines françaises ou espagnoles. Faut-il ajouter encore que les Conseils sanitaires ont des tolérances aussi peu explicables que leurs rigueurs? Nous revenions de Colon, où la fièvre jaune sévissait comme d'habitude ; l'hôpital contenait huit ou neuf malades, le jour de notre visite ; l'un d'entre eux était mort dans la nuit, et l'équipage d'un navire norvégien à l'ancre dans la baie était décimé par le fléau. Cependant, à notre retour, nous avons été admis partout en libre pratique, et aucun Conseil sanitaire ne s'est encore avisé d'assujettir aux quarantaines les provenances de l'isthme. Pourquoi donc la fièvre jaune qui est contagieuse à la Guyane ne l'est-elle pas à Colon? C'est un mystère qui ne sera probablement jamais éclairci.

Ne pouvant aller à la Guyane, je me décide à visiter Haïti et je m'embarque sur le *Venezuela*, qui fait le service de Cayenne à Saint-Thomas. Quoique le dernier cas de fièvre jaune remonte à quelques semaines, le *Venezuela* n'a communiqué avec Cayenne que pour prendre la correspondance ; il a été admis en libre pratique à la Guyane anglaise et même on n'a point fait difficulté de l'admettre à la Martinique. Il doit s'arrêter à la Pointe-à-Pitre et à la Basse-Terre, où je me proposais de descendre, mais je comptais sans le Conseil sanitaire. Partis à quatre heures de l'après-midi de Fort-de-France, nous arrivons le lendemain, à trois heures et demie du matin, dans la baie de la Pointe-à-Pitre, qui vaudrait bien celle de Fort-de-France si le chenal navigable en était moins étroit et tortueux. Nous attendons, pour débarquer, le canot à pavillon jaune de la Santé, avec le médecin et le garde sanitaire. Après s'être fait attendre une bonne heure, le médecin, en casquette galonnée, monte à bord, jette un coup d'œil sur la patente et déclare le navire en suspicion. Vainement le capitaine et le médecin du bord lui font quelques objections timides. On ne raisonne pas avec la Santé. En vertu d'une ordonnance sanitaire dont je prends copie (1), les passagers en transit (ne venant point de Cayenne), à destination de la Guadeloupe, sont seuls autorisés à

(1) En vertu de l'arrêté de M. le gouverneur, en date du 16 novembre 1885, le paquebot venant de Cayenne, malgré qu'il n'ait eu

débarquer. Me voilà donc confiné à bord. Pourtant, je ne viens pas de la Guyane, et je voulais seulement passer deux ou trois heures à terre. Comment se fait-il que mes microbes de passage soient considérés comme plus contagieux que ceux des voyageurs qui vont séjourner à la Guadeloupe et peut-être y domicilier? Comment se fait-il encore que le médecin qui visite un navire suspect et son garde sanitaire n'y prennent point de microbes? Ces mystères sanitaires sont décidément impénétrables. A la Basse-Terre, mêmes cérémonies; comme il n'y a point de passagers à descendre, le canot de la poste seul s'approche du bord. On y jette un sac de dépêches. L'employé, chargé de le recevoir, s'arme d'un pinceau qu'il plonge dans une dame-jeanne. Une, deux, trois, le sac était infecté, v'lan, il ne l'est plus ! Et voilà comment les bons habitants de la Guadeloupe sont préservés des microbes postaux et autres. Il est vrai que leurs ports si bien gardés sont déserts : s'ils mettent le commerce en quarantaine, le commerce le leur rend bien.

Après deux jours de traversée, nous entrons dans

aucune communication avec la terre, sera tenu pour suspect.

Les communications seront interdites.

Les passagers pris en transit pourront, s'ils sont à destination de la Pointe-à-Pitre, débarquer immédiatement par leurs propres moyens, sans bagages.

Les plis et les colis postaux, les bagages et effets des passagers, les marchandises susceptibles seront transportés à l'île afin d'être soumis à la désinfection habituelle.

MM. les passagers seront prévenus qu'ils doivent ouvrir leurs malles pour la désinfection des effets et qu'ils n'en prendront livraison que vingt-quatre heures après la désinfection effectuée.

le port de Saint-Thomas, naguère le foyer le plus
important du commerce des Antilles, aujourd'hui en
pleine décadence. Nous avons en face de nous trois
mamelons juxtaposés sur lesquels s'étagent des maisons jaunes ou blanches, à toits rouges, qu'on croirait sorties d'une énorme boîte de jouets de Nurem-
berg. Les mamelons sont adossés à un gros morne
vert, qui ne possède malheureusement qu'une mince
couche de terre végétale, et à peine quelques filets
d'eau. Saint-Thomas ne produit rien. C'est un rocher
de 86 kilomètres de superficie, avec un port médiocre
où les navires ne peuvent même pas aborder à quai.
Comment donc cet îlot si peu favorisé par la nature
a-t-il pu attirer le commerce, de préférence à tant
d'autres îles plus riches et de ports mieux abrités
contre les ouragans et les raz de marée? L'explication
de ce phénomène n'est pas bien difficile à trouver.
C'est que, à une époque où le système colonial fermait
tous les ports des Antilles et de l'Amérique espagnole
au commerce étranger, le gouvernement danois,
propriétaire de Saint-Thomas et des deux îles voisines
de Saint-Jean et de Sainte-Croix, a eu l'heureuse
inspiration d'accorder la liberté du commerce à ce
rocher déshérité. Grâce à la quasi-franchise de son
port, Saint-Thomas est devenu le grand entrepôt
commercial des Antilles. Toutes les nations y por-
taient leurs marchandises, qui passaient de là, par
des voies plus ou moins légales, dans les contrées
avoisinantes, où elles étaient taxées à outrance, souvent prohibées. Par malheur pour Saint-Thomas, le

système colonial a disparu, non sans avoir provoqué, pour sa bonne part, l'insurrection des colonies contre leurs métropoles; en même temps, les communications sont devenues plus faciles et plus rapides, la vapeur a remplacé la voile, des relations directes se sont établies entre l'Europe et les colonies émancipées. Saint-Thomas a été peu à peu délaissé. Aujourd'hui, les stigmates de la décadence y sont visibles. Ces jolies habitations, de couleurs vives, qui, de loin, sont si plaisantes à l'œil, on ne les badigeonne plus qu'à de rares intervalles; ces gros magasins voûtés, défendus par de solides portes de fer, qui défiaient les tremblements de terre, sont à moitié vides quand ils ne sont pas fermés. De la galerie cintrée de l'Hôtel du commerce qui fait souvenir des vieux palais de Venise transformés en hôtels, on n'aperçoit plus que quelques goélettes américaines, et çà et là un transatlantique dans un désert d'eau bleue. On croirait voir une salle de bal, au moment où la fête tire à sa fin.

Avec la décadence du commerce sont venues les difficultés financières. Au beau temps de sa prospérité, Saint-Thomas, non seulement couvrait toutes ses dépenses, mais encore avait des excédents de recettes. Ces excédents, le gouvernement danois les encaissait avec une religieuse ponctualité. Aujourd'hui, il n'y a plus d'excédents, il y a des déficits. Ces déficits, le Conseil colonial supplie le gouvernement danois de les couvrir, ou, tout au moins, de consentir à un règlement des vieux comptes. Le gouvernement danois fait la sourde oreille, et il semble même peu disposé à conserver une colonie qui ne paye plus. Il y a quelques années, il a essayé de la vendre aux États-Unis pour une somme de 5 millions de dollars. C'est une justice à lui rendre qu'il n'a pas cru pouvoir disposer de la population sans la consulter, comme s'il s'agissait d'un troupeau de moutons. Les habitants ont été appelés à voter librement sur la question de l'annexion de leur île aux États-Unis, et ils se sont montrés presque unanimes à y consentir. Seulement l'affaire n'a pas eu de suite, le Sénat américain ayant trouvé que c'était payer trop cher un îlot rocheux peuplé de 14,000 habitants, — ce qui les faisait revenir à 357 dollars environ par tête. Les bons habitants de Saint-Thomas se sont consolés de cette déconvenue, et ils ne paraissent pas s'être montrés trop humiliés de ne pas avoir trouvé marchand à 357 dollars. On a prétendu dernièrement que le gouvernement allemand, en quête de colonies et de stations navales, avait voulu reprendre la négociation. L'apparition récente d'une flotte allemande à Saint-Thomas a donné quelque consistance à ce bruit. Avec la permission des autorités et de M. le gouverneur, les équipages sont descendus à terre en armes, au nombre de 700 hommes, et ils ont fait une promenade militaire le long de la côte. Notez que la garnison danoise ne compte que 80 hommes, y compris 10 musiciens. Toutefois, les marins allemands se sont rembarqués paisiblement. Mais cette apparition et cette promenade insolite ne pouvaient-elles pas donner lieu à toute sorte de conjectures ?

En ce moment, la situation est plus tendue que jamais entre la législature coloniale et le gouvernement de la métropole. Les dépenses du dernier exercice se sont élevées à 188,000 piastres, tandis que les recettes n'ont pas dépassé 163,000, et le déficit va s'aggravant d'année en année. Il faudrait, pour le combler, diminuer les dépenses, en réduisant le personnel civil et militaire importé du Danemark, ou augmenter les recettes, en ramenant le commerce et la navigation à Saint-Thomas. Les habitants sont persuadés que l'ouverture de l'isthme de Panama ne manquerait pas de leur rendre leur ancienne prospérité si le gouvernement danois consentait à consacrer une cinquantaine de millions à l'amélioration du port et des installations maritimes. Mais 50 millions, c'est un gros chiffre, et le gouvernement danois n'est pas riche. Peut-être serait-il sage de commencer par diminuer les dépenses, dût-on congédier les 70 soldats et les 10 musiciens de la garnison, et se contenter du corps respectable des policemen. Peut-être aussi la suppression de la douane, de la Santé, des permis de séjour et des autres menus obstacles qui entravent les mouvements du commerce ferait-elle merveille. Malheureusement, ce n'est pas de ce côté que le vent souffle. La législature coloniale vient, au contraire, d'élever de 1 1/4 à 2 0/0 les droits d'entrée, tout en réduisant, à la vérité, les droits de navigation. Mais est-ce bien dans un moment où le commerce s'en va qu'il est opportun d'augmenter ses charges? Que dirait-on d'un directeur de théâtre qui augmenterait

le prix des places, dans un moment où le public serait
en train de déserter son théâtre?

Les nations qui occupent les premiers rangs dans
le commerce de Saint-Thomas sont l'Angleterre, l'Allemagne et les États-Unis. La France ne vient plus
qu'en quatrième ligne, et, d'après tous les témoignages
que j'ai pu recueillir, il en est ainsi dans la plupart
des Antilles et des États de l'Amérique du Sud. Le
commerce allemand a réalisé des progrès qui eussent
été encore plus marqués et plus décisifs si la politique
protectionniste de M. de Bismarck n'avait eu pour
résultat d'augmenter les prix de revient de tous les
articles d'exportation. Les produits allemands sont
généralement (pas toujours) inférieurs aux nôtres, et
ils coûtent 25 ou 30 0/0 de moins. Or, la masse de la
population n'est pas riche dans les Antilles, et elle
vise avant tout au bon marché. Je suis, du reste, disposé à croire, d'après ce que j'ai pu voir dans le cours
de mon voyage, que les progrès du commerce extérieur de l'Allemagne sont dus à ses négociants bien
plutôt encore qu'à ses industriels. On rencontre partout des maisons de commerce et de banque allemandes, et dans beaucoup d'endroits, à Panama, par
exemple, elles tiennent le haut du pavé. Les commis
sont allemands, même dans les maisons anglaises,
américaines, espagnoles ou françaises. Que voulez-
vous? Ils sont laborieux, exacts, ils savent plusieurs
langues et la loi militaire allemande, moins rigou-
reuse et pédante que la nôtre, leur accorde toutes les
facilités nécessaires pour aller achever leur apprentis-

sage commercial à l'étranger. Ils finissent par s'établir pour leur compte, et c'est ainsi que le commerce du monde passe peu à peu entre des mains allemandes. Les commis voyageurs jouent aussi un rôle actif et important dans cette invasion pacifique des marchés américains. J'ai rencontré à Saint-Thomas un jeune « voyageur » pour la verrerie de Bohême qui venait de « faire » le Mexique, Cuba, Porto-Rico, et qui se disposait à prendre le paquebot du Brésil, d'où il devait passer à Buenos-Ayres, puis au Chili, au Pérou et revenir par l'isthme de Panama. En dépit de la crise agricole et commerciale qui sévit dans les Antilles, il se montrait extrêmement satisfait des résultats de son voyage, et la preuve, c'est qu'il le continuait. N'est-ce pas un exemple bon à imiter? Il ne faudrait pas croire cependant que tous les négociants français se contentent d'attendre chez eux les renseignements du *Moniteur du commerce* et les extraits des rapports consulaires des *Annales du commerce extérieur*, pour ouvrir des relations avec les pays transatlantiques. Non. Les plus intelligents et les plus avisés y vont eux-mêmes. Je viens précisément de voyager avec l'un d'entre eux, un commissionnaire parisien qui en est à son cinquantième voyage aux Antilles. Depuis vingt-cinq ans, il y vient régulièrement deux fois par an, et ce n'est pas trop. Il ne suffit pas, en effet, de vendre sa marchandise, il faut en obtenir le payement, chose moins facile, surtout dans les moments de dépression ou de crise. On ne peut faire d'affaires qu'à la condition d'accorder du crédit. On vend à quatre mois, six mois et davantage, en sorte que tout négociant importateur est doublé d'un banquier. On est donc obligé de surveiller de près sa clientèle, et il n'est pas sûr de se fier à d'autres qu'à soi-même. Est-il bien nécessaire d'ajouter que ce vieux praticien de l'exportation n'a qu'une confiance limitée dans les publications officielles, et même, le dirai-je? qu'il se donne rarement la peine de les lire?

L'idée aujourd'hui en vogue de transformer les consulats en agences commerciales le fait sourire. « Comment voulez-vous, me dit-il, que nos consuls soient de bons agents commerciaux? Ils ne tiennent pas en place. Comme ils ne peuvent avancer dans la carrière qu'à la condition de passer d'un poste à un autre, à peine arrivés ils n'aspirent qu'à s'en aller. Les moins favorisés restent trois ou quatre ans dans la même localité; ceux qui ont de bonnes relations en sont quittes pour six mois. Ils sont continuellement en train de faire le tour du monde, aux frais des contribuables. Ce sont des consuls errants, et il ne leur suffit pas de cinq sous par jour ! Comment nous renseigneraient-ils sur le commerce d'un pays où ils ne font qu'une courte apparition, et dont la plupart d'entre eux ignorent complètement la langue? D'ailleurs, quand même on les ferait avancer sur place, — ce qui serait un progrès incontestable, — quand même ils connaîtraient parfaitement les usages commerciaux du pays, la situation de la place, la solvabilité des négociants, pourrions-nous les obliger à se charger gratis de ce gros supplément

de besogne? Et si nous leur donnions des appointements ou des commissions, ne seraient-ils pas naturellement portés à faire les affaires de ceux qui les paye-
raient le plus cher, et à laisser de côté les autres?
Enfin, en cas de négligence ou même d'infidélité de
ces agents officiels du commerce, le gouvernement
serait-il responsable? Pourrions-nous lui réclamer
des dommages-intérêts? N'oubliez pas, non plus,
qu'un bon nombre de nos agents consulaires sont
des étrangers, commerçants eux-mêmes. Seraient-ils
bien disposés à sacrifier le commerce de leur pays et
le leur, au profit du commerce français? Non! Que
les consuls fassent leur métier et qu'on nous laisse
faire le nôtre. Tout ce que nous demandons au gouvernement, c'est de ne pas fermer les débouchés du
commerce sous le prétexte de protéger l'industrie. »

Cette opinion subversive du socialisme consulaire
n'était pas faite pour me déplaire, et on m'excusera
de la noter en passant. L'insuffisance des communications dans les Antilles me fait du reste des loisirs,
que j'utilise de mon mieux. Il me faut passer huit
longs jours à Saint-Thomas, et les distractions n'y
abondent pas. On y trouve cependant deux cercles
hospitaliers, qui attestent la prospérité passée, et qui
possèdent des bibliothèques bien garnies de livres et
de journaux. Le soir, l'excellente musique de la
frégate *la Flore*, de passage à Saint-Thomas, se fait
entendre au jardin public. Enfin, un coup de canon
signale l'entrée au port du *Bernard-Hall* de la West
India and Pacific Steamship C°. Je vais me munir

11.

de mon permis de séjour (coût : 1 dollar) à défaut duquel tout navire qui commettrait l'imprudence de me prendre à son bord serait passible d'une amende de 500 dollars; je fais viser mon passeport pour Haïti (coût : 2 dollars), car il faut un passeport pour Haïti, aussi bien que pour les colonies espagnoles, et je m'embarque pour Port-au-Prince.

XII

HAITI

Port-au-Prince, le 15 avril 1886.

Le *Bernard Hall* fait en cinquante-deux heures
trajet de Saint-Thomas à Port-au-Prince. Après avoir
laissé à notre gauche l'île de Porto-Rico, nous apercevons la presqu'île de Samana qui forme l'extrémité
orientale de la partie espagnole de Saint-Domingue.
Quoique la géographie soit maintenant familière à la généralité des Français, je me permettrai de rappeler à nos
lecteurs que l'île de Saint-Domingue est, après Cuba,
la plus importante des Antilles ; qu'elle n'a pas moins
de 76,000 kilomètres de superficie, deux fois et demie
l'étendue de la Belgique ; qu'elle est partagée entre deux
États, la république Dominicaine, qui en occupe les deux
tiers avec 200,000 ou 300,000 habitants d'origine ou
tout au moins de langue espagnole ; que l'autre tiers, le

plus richement doté par la nature, forme l'État d'Haïti, peuplé de 700,000 ou 800,000 habitants, pour les neuf dixièmes de pure souche africaine et le restant des combinaisons les plus variées du sang blanc et du sang noir, tous parlant le français ou le créole; que cet État d'Haïti a adopté notre Code et possède une constitution modelée sur la nôtre, que les lois y sont promulguées avec la devise : *Liberté, Égalité, Fraternité;* que la monnaie métallique, — quand elle n'a pas été chassée par le papier-monnaie, ce qui lui arrive par malheur de temps en temps, — porte comme la nôtre au côté face un robuste profil féminin, au côté pile un palmier coiffé d'un bonnet phrygien; qu'on y produit principalement du café, avec un peu de coton, de sucre et de cacao ; qu'on y exploite les bois de campêche et d'acajou, mais qu'on pourrait y produire et y exploiter bien d'autres richesses végétales, animales et minérales si l'on n'avait joint à l'imitation de nos codes, de nos lois et de nos devises, celle de nos révolutions; enfin, chose particulièrement intéressante et qu'on ne trouve point dans les manuels de géographie, que la population haïtienne est demeurée, en dépit des souvenirs de l'esclavage, profondément attachée à la France. A Haïti, comme au Canada, la France est restée, malgré tout, la mère-patrie aimée, — d'autant plus aimée peut-être qu'on a cessé d'être soumis à sa férule administrative. On se réjouit de ses succès, on s'afflige de ses revers ; et, en 1870 par exemple, ce patriotisme rétrospectif s'était exaspéré au point de rendre le séjour d'Haïti insupportable pour les Allemands. Bref, Haïti, c'est le Canada des Antilles, un Canada noir!

Cela dit, en manière de préface, je reprends mon itinéraire. Nous longeons l'île de la Tortue, l'ancien et célèbre repaire des flibustiers, aujourd'hui à peu près déserte, et nous passons devant le môle Saint-Nicolas, à l'extrémité nord d'un golfe dont la capitale d'Haïti, Port-au-Prince, occupe le point central. Ce môle Saint-Nicolas abrite une baie profonde et un des plus beaux ports des Antilles. Il est situé sur la ligne de passage de l'isthme de Panama et pourrait bien devenir dans un avenir prochain une station maritime et commerciale de premier ordre. Aujourd'hui, on n'y aperçoit qu'un village de pêcheurs groupé autour d'une église. Douze heures plus tard nous entrons dans la baie de Port-au-Prince. Le bateau stoppe à un bon kilomètre du rivage. Port-au-Prince, siège du gouvernement d'Haïti, est une ville de 25 à 30,000 âmes bâtie en damier au pied d'une chaîne de mornes. De loin, cet entassement de maisons et d'édifices de couleurs vives, séparés par des lignes vertes, car les rues principales sont plantées d'arbres, est d'un joli aspect; mais à peine est-on débarqué que l'illusion cesse. Le « bord de mer » où les principaux établissements commerciaux et maritimes ont leur siège est couvert de ruines que les révolutions y ont laissées. L'intérieur de la ville n'est pas en meilleur état. Pas un édifice public n'est resté debout. Le Sénat, la Chambre des Représentants, les ministères sont réduits à se loger dans des constructions provisoires en bois, en attendant la guérison de l'anémie chronique dont souffrent les finances d'Haïti. Mais du moins le gouvernement haïtien a-t-il eu la sagesse d'attendre que ses finances soient refaites pour refaire ses édifices. Des maisons en pierres et en briques, élégamment construites sur arcades, alternent avec des cases en planches, dont le premier étage en saillie, — quand elles ont un premier étage, — est supporté par de simples poteaux en bois. Ce mode de construction, adapté au climat, permettrait de circuler à l'abri des terribles rayons de soleil et des non moins terribles ondées des pluies tropicales, si les trottoirs étaient au même niveau ; mais chaque maison a son trottoir et son niveau particulier, en sorte qu'une promenade pédestre sous ces abris protecteurs exige une série continue de sauts acrobatiques d'arcade en arcade et de poteau en poteau. Encore court-on le risque de tomber dans le ruisseau, qui est à ciel ouvert. Le Conseil municipal fait cependant de louables efforts pour améliorer la voirie ; malheureusement, l'argent manque, maudit argent ! Il y a bien un impôt de 2 p. 100 sur les locations, mais les contribuables ne mettent aucun empressement à le payer, en donnant pour excuse précisément le déplorable état de la voirie. Le *Bulletin du Conseil communal de Port-au-Prince* leur adresse à cet égard des remontrances paternelles, en leur faisant remarquer avec raison que l'on ne peut réparer la voirie qu'à la condition de percevoir l'impôt. « C'est donc à tort, dit ce sage *Bulletin*, que le propriétaire d'une maison, sise dans tel quartier ou dans tel autre, cherche à différer de payer l'impôt locatif, sous le prétexte que la rue ou le quartier ne reçoit que rarement la visite de l'entrepreneur des travaux on ne la reçoit pas du tout, ou bien que les rues de son quartier sont plus ou moins défoncées, ou, enfin, que dans son îlot il n'existe pas de ruisseaux pour l'écoulement des eaux pluviales. » Certes, cette argumentation est irréprochable, et pourtant il est douteux qu'elle touche les contribuables : c'est que l'expérience leur a appris que, si l'on ne peut réparer la voirie sans percevoir l'impôt, on perçoit trop souvent l'impôt sans réparer la voirie. Fort heureusement Port-au-Prince possède des voitures de place, — de légères et solides américaines — au prix modique de 20 cents (1 fr.) la course et, qui le croirait ? un réseau de tramways dont l'artère principale va du « bord de mer » au Champ de Mars, dans la partie supérieure et à la limite de la ville, du côté du morne.

En prenant la voiture à claire-voie du tramway, on traverse la place de la Paix, où l'on remarque, en face de la demeure du ministre des finances, une machine en fonte quelque peu rouillée, qui sert à brûler le papier-monnaie. Des chevaux de selle sont attachés à la devanture des magasins, et l'on rencontre plus de cavaliers que de gens en voiture. Cela tient à l'état des routes. Sauf deux tronçons aboutissant à des localités voisines de Port-au-Prince, à Turgeau, à la Coupe et à Bizotton où se trouvent les villas des notabilités haïtiennes et étrangères, il n'y a pas de voies carrossables à Haïti ; on ne peut voyager qu'à cheval ; les femmes dé la campagne vont au marché, les unes huchées sur de petits ânes chargés par surcroît d'herbes de Guinée, d'autres à pied et portant sur la tête de grosses charges de légumes et de fruits. Elles ont une solide ossature, mais il leur manque la grâce et la coquetterie de leurs sœurs, les créoles de la Martinique. Vêtues et coiffées de blanc, avec un petit châle noir, elles ont l'air d'être en deuil. Leur « tignon » est fait d'un mouchoir simplement noué sur la nuque. Dans les régions sociales supérieures, les femmes suivent religieusement les modes françaises ; les plus riches ont même leur couturière ou leur couturier à Paris. Il y a plusieurs marchés. Le plus grand, qui se tient sur une vaste place nue et boueuse en face de la cathédrale, est peut-être le mieux approvisionné des Antilles. Haïti produit, en effet, grâce à la diversité de ses climats, étagés le long de ses hauts mornes, les légumes et les fruits de la zone tempérée avec ceux de la zone torride. Ses artichauts sont renommés, et l'on y récolte des raisins dignes de la terre promise. Des groupes de politiciens et de solliciteurs agités, un poste de soldats vêtus de cotonnade bleue avec un képi bordé de rouge, des sandales aux pieds ou simplement pieds nus, une douzaine de fusils au cran, signalent les ministères, et, en particulier, le ministère de la guerre et de la marine. Mais le seul édifice sur lequel les regards s'arrêtent avec plaisir, c'est le collège Saint-Martial, au fond d'un jardin où fleurissent d'énormes touffes violettes de bougainvilliers dans les intervalles d'une rangée d'élégants palmiers. Le tramway fait un coude devant le collège Saint-Martial et nous amène au Champ de Mars, vaste prairie bordée d'un côté par des villas, et où j'aperçois l'enseigne de l'hôtel de Bellevue, le seul hôtel confortable de Port-au-Prince; de l'autre par le palais de la Présidence, construit économiquement en matériaux légers de couleur café au lait, flanqué de six pavillons carrés et entouré d'un jardin qui gagnerait à être entretenu, mais en somme d'un agréable aspect, malgré les six canons rébarbatifs qui défendent le péristyle. Au milieu du Champ de Mars, une ruine singulière, un palais en tôle avec des colonnes en fonte, rongé par la rouille et à moitié démoli, éveille la curiosité du voyageur. Ce palais en démolition n'est autre chose qu'un vieux « job », autrement dit une affaire à l'américaine. Un politicien ingénieux, Septimus Rameau, neveu du président Domingue, émit un jour l'idée d'élever un Panthéon aux grands hommes d'Haïti. Cette idée patriotique ne manqua pas d'être accueillie avec enthousiasme. Septimus Rameau se chargea de la réaliser, moyennant la somme modique de 250,000 piastres. On avait déjà dépensé, d'une manière ou d'une autre, 100,000 piastres, lorsqu'une révolution survint. Domingue fut renversé, Septimus Rameau fusillé, et le Panthéon haïtien demeura inachevé. Le Président actuel, le général Salomon, homme économe et dont le trait caractéristique est le bon sens, s'est bien gardé de reprendre l'œuvre de Septimus Rameau, mais ne pourrait-il débarrasser le Champ de Mars de cette ferraille encombrante?

Cette première course à travers Port-au-Prince m'avait laissé une impression peu encourageante, que mes promenades des jours suivants n'ont point sensiblement modifiée. Port-au-Prince est décidément la plus délabrée des capitales. Mais comment en serait-il autrement? Pendant une quarantaine d'années, jusques et y compris 1883, cette malheureuse république d'Haïti et sa capitale ont été continuellement bouleversées et ravagées par les émeutes et les révolutions. L'ordre vient à peine d'y être rétabli, et ce ne sera pas trop des sept années de paix que promet aux Haïtiens la réélection prochaine et heureusement certaine du Président noir (le général Salomon est un nègre de pure race) pour effacer les traces des guerres civiles, liquider les frais et combler les déficits de ces opérations onéreuses qu'on nomme des révolutions. A Haïti, elles ont produit un état de choses particulièrement désastreux et en même temps fort original, dont je n'aurais jamais eu l'idée si je ne l'avais vu de mes yeux, et que je vais essayer de vous dépeindre. Seulement, il faut que vous me permettiez d'abord de remonter à quelques années en arrière.

Après la période sanglante de son affranchissement et de sa constitution comme Etat indépendant, Haïti a eu la bonne fortune de posséder pendant vingt-cinq ans, de 1818 à 1843, le même Président, M. Boyer, et de jouir d'une complète tranquillité. Quoique Boyer eût consenti à payer aux anciens colons de Saint-Domingue une forte indemnité, les finances d'Haïti étaient florissantes, et le Trésor possédait une réserve

de 5 millions de francs. C'était un appât bien tentant
pour les politiciens civils et militaires auxquels l'administration économe de Boyer ne fournissait qu'un
minimum de subsistance. Une conspiration s'ourdit,
Boyer fut renversé presque sans coup férir, et les
conspirateurs auxquels échut son héritage firent sans
contredit une excellente affaire. Mais comme il arrive
d'habitude pour toute sorte d'entreprises, les profits
extraordinaires de cette opération ne manquèrent pas
d'encourager l'industrie des conspirations. A dater de
ce moment, cette industrie ne chôma plus; à peine
un gouvernement était-il installé que les hommes du
métier commençaient à travailler à le renverser et ils
y réussissaient généralement au bout de deux ou trois
ans. Seul, Soulouque, qui connaissait à merveille les
secrets et les tours de main de la profession, réussit à
se maintenir pendant dix ans, mais avec quelles pré-
cautions ! Comme il savait par expérience qu'on n'est
jamais trahi que par les siens, il exerçait sur ses ministres une surveillance de tous les instants, et leur
défendait absolument de quitter Port-au-Prince, fût-
ce pour aller faire une simple promenade à la campagne. « Pendant tout le temps que j'ai été ministre des
finances de Soulouque, me disait le général Salomon,
je n'ai pas dépassé le Champ de Mars. Plus tard, lorsque j'ai revu l'empereur dans son exil à Kingston, je
lui ai demandé ce qui me serait arrivé si j'avais eu la
fantaisie d'aller prendre l'air à Turgeau, il m'a répondu
simplement : « Je vous aurais fait fusiller. » Ces pré-
cautions, dictées par une sage prévoyance, n'ont pas

suffi toutefois à préserver jusqu'au bout le pouvoir de Soulouque. Il a fini par être renversé, et après lui ses successeurs, Geffrard, Salnave, Domingue, Boisrond Canal, ont subi le même sort. Enfin, en 1883, le Président actuel a été à deux doigts de sa chute. Les conspirateurs, presque tous des jeunes gens qui avaient fait leurs études à Paris, appartenaient à l'élite de la société haïtienne, et leur chef, Boyer-Bazelais, était un politicien de première force. Ils disposaient de ressources importantes. Comme je crois vous l'avoir dit à propos des révolutions de la Colombie, cette sorte d'affaire s'organise habituellement en commandite. Des financiers et des négociants se chargent de fournir les premiers fonds, souvent même ils intéressent à l'affaire leurs correspondants d'Europe. Un négociant, que j'ai eu l'occasion de rencontrer à Colon, avait fait passer à lui seul au chef de l'entreprise une somme de 80,000 francs souscrite de l'autre côté de l'Océan. Lorsque l'affaire réussit, — et jusqu'en 1883 le gouvernement n'avait jamais résisté à une conspiration convenablement organisée, — les commanditaires réalisent des bénéfices plantureux; n'ont-ils pas à leur disposition le budget et les *jobs?* Mais, cette fois, l'affaire a mal tourné. Le général Salomon s'est refusé à suivre l'exemple de son prédécesseur, le paisible Boisrond Canal qui avait cédé la place sans résistance, pour éviter l'effusion du sang. Il a engagé énergiquement la lutte, et il a fini par l'emporter. Les insurgés, enfermés à Miragoane, ont péri jusqu'au dernier, après avoir soutenu un siège de onze mois. Un homme qui a été mêlé de très près à ces événements m'assurait que la lutte aurait été moins longue si le gouvernement avait consenti à désintéresser les commanditaires de l'insurrection. — Boyer-Bazelais n'avait pas tardé à s'apercevoir, me dit-il, que la partie était perdue ; mais il avait son point d'honneur ; il ne voulait pas que ses commanditaires pussent lui reprocher d'avoir trompé leur confiance. Malheureusement, il n'avait pas les moyens de les faire rentrer dans leur argent et le gouvernement s'est refusé à l'y aider. Le gouvernement a été très dur ! — L'insurrection a été réprimée et cet échec paraît avoir découragé complètement l'industrie des conspirateurs. Le pays jouit depuis trois ans d'une parfaite tranquillité ; mais cet état révolutionnaire qui s'est prolongé pendant près d'un demi-siècle n'en a pas moins produit des effets désastreux et il finirait, s'il venait à renaître, par rendre impossible la conservation de l'État indépendant d'Haïti. Il y a apparence même que cette république noire, affligée d'une anarchie chronique, aurait déjà disparu si elle n'avait été sauvegardée par la jalousie des prétendants à son héritage.

La désorganisation des finances a été la première conséquence de cet état d'anarchie. Sous le président Boyer, le budget avait pu supporter, sans fléchir, le poids de la lourde indemnité consentie aux colons ; plus tard, et malgré la réduction du chiffre de cette indemnité, les gouvernements révolutionnaires d'Haïti ne purent qu'à grand'peine et au moyen des expédients les plus variés en servir les arrérages. Les

fonctionnaires cessèrent d'être payés exactement;
il y eut des arriérés de plusieurs mois, parfois même
de plusieurs années. Mais les fonctionnaires qu'on
ne paye pas sont bien obligés de se payer eux-
mêmes, et ils sont naturellement portés dans ce cas
à s'allouer des suppléments. N'est-il pas juste et raisonnable, d'ailleurs, qu'il se dédommagent de la
peine, des embarras et des soucis, souvent même des
dangers auxquels les expose la nécessité d'extraire
eux-mêmes de la poche de leurs administrés les appointements que le gouvernement néglige de leur
payer et qui constituent leurs moyens d'existence? A
Haïti, l'instrument dont ils se servent pour opérer
cette extraction difficile mais nécessaire, c'est le *cocomacaque*. Le cocomaque est un bâton fait de la tige
d'un palmier nain de la famille des lataniers. Ce palmier ne met pas moins de dix ans à croître et à atteindre la grosseur d'une canne ordinaire, mais c'est une
canne idéale, flexible comme un jonc et dure comme
un nerf de bœuf. Les commandants militaires des arrondissements et leurs subordonnés excellent à la
manier; ce qui ne les empêche pas d'employer d'autres
procédés; témoin cette anecdote que me racontait
un grave personnage fort au courant des mœurs administratives d'Haïti. On avait volé un régime de bananes dans un jardin. Sur la plainte du propriétaire qui
avait reconnu le voleur, celui-ci est arrêté. Le commandant de la section le fait mettre aux ceps en présence du plaignant, puis, la nuit venue, il va le trouver et lui demande s'il y avait beaucoup de bananes

dans le jardin. « Oh ! oui, beaucoup, beaucoup, le jardin en était rempli. — Eh bien ! je vais te débarrasser de tes ceps, tu iras cueillir les bananes et tu me les apporteras. » Le voleur accepte, sans se faire prier, la proposition ; il dépouille le jardin. Le lendemain, le propriétaire revient en jetant les hauts cris : « On m'a pris toutes mes bananes ! » Le commandant de section, sans lui répondre, le conduit à la prison et lui montre le voleur dans les ceps : « Tu vois bien, lui dit-il, que tu avais accusé un innocent. Cet homme-ci n'a pas pu te voler la nuit dernière puisqu'il était aux fers, et tu dois avoir assez de bon sens pour comprendre que c'est l'auteur du second vol qui a commis le premier. » Après quoi, il fait relâcher le voleur. Mais le cocomacaque et les ceps ne sont pas à la disposition de tous les fonctionnaires. La plupart d'entre eux sont réduits à vendre leurs feuilles d'appointements, et ce commerce est devenu un des plus importants d'Haïti. Voici comment il se pratique. On dresse une liste individuelle ou collective des appointements arriérés et on la fait certifier par l'autorité compétente. Quand elle est revêtue des certificats et timbres nécessaires, on l'offre au marché des feuilles. Selon que ce marché est plus ou moins encombré, la feuille est achetée par un intermédiaire à 30, 40, 60 ou même 80 p. 100 de perte. L'intermédiaire la revend à une des maisons de banque qui ont pour spécialité de prêter au gouvernement, dans les moments où il a besoin d'argent à tout prix. Si le prêt est par exemple de 100,000 piastres, à 2 p. 100 par mois, — ce qui est un taux extrêmement raisonnable, — le banquier verse au Trésor 50,000 piastres en argent et 50,000 autres piastres en feuilles, que le gouvernement dans l'embarras est bien obligé d'accepter comme il accepterait des crocodiles empaillés. Cette opération a fait la fortune de plusieurs maisons respectables, mais elle n'a enrichi ni le gouvernement haïtien ni ses fonctionnaires. Faut-il ajouter que des fonctionnaires réduits à vendre leurs feuilles d'appointements à grosse perte ne sont pas précisément satisfaits et que les fauteurs d'insurrection trouvent parmi eux des recrues toutes prêtes?

Une autre conséquence des insurrections périodiques qui ont ravagé ce malheureux pays, c'est d'avoir ruiné ses villes les plus florissantes, par l'incendie et le pillage, et livré le Trésor aux exigences immodérées des résidents étrangers, qui font valoir leur « droit à l'indemnité ». Quoique le droit des gens n'accorde à cet égard aucun privilège aux étrangers, et qu'à Haïti les nationaux ne soient admis à réclamer aucune compensation pour des dommages subis du fait d'une insurrection, le droit à l'indemnité est consacré par l'usage au profit des étrangers, qui ne manquent pas d'en abuser. Comme les insurrections sont des phénomènes dont on peut calculer le retour avec une exactitude presque mathématique, les plus avisés déposent à l'avance dans les bureaux de leur consulat un bilan de circonstance qui sert ensuite de base à leurs réclamations. La voix publique en accuse d'autres, encore moins scrupuleux, d'encourager les incendiaires et de les assister au besoin. Les réclamations s'é-

lèvent à des hauteurs vertigineuses ; j'ai eu la curiosité d'examiner le détail de quelques-unes. Le fameux
Mémoire de Don Pacifico était modéré en comparaison et le prix auquel ce protégé de lord Palmerston
cotait sa bassinoire eût paru dérisoire aux réclamants
d'Haïti. A l'occasion de l'incendie et du pillage de
Port-au-Prince en 1883, par exemple, le Révérend
M. Mossell, missionnaire protestant, « homme d'une
éducation forte et étendue, d'une culture et d'une
piété chrétiennes rares », au dire de son consul, récla-
mait la somme modique de 60,000 piastres fortes
(300,000 fr.) pour avoir été gravement insulté avec sa
femme, « personne pieuse, remarquable par son influence et ses succès à la fois comme institutrice et
missionnaire ». La commission mixte des indemnités,
pourtant fort libérale, se contenta de lui en allouer
2,500. Les indemnités accordées aux étrangers victi-
mes de cet incendie se sont élevées à 594,518 piastres
(3 millions de francs environ), que le gouvernement
haïtien s'est engagé à payer par sixièmes. Un membre
de la colonie étrangère que j'interrogeais à ce sujet
me disait : « On a terriblement abusé des indemnités et l'incendie est devenu un moyen de liquider les
fonds de magasins avec 400 p. 100 de bénéfice. La
libéralité des commissions mixtes a singulièrement
encouragé l'industrie des indemnitaires. A-t-on eu la
bonne chance de subir une détention de quelques
jours, ou simplement d'être attaqué par le journal
l'*OEil*, soupçonné d'attaches gouvernementales ? Vite
on réclame 1,000 ou 10,000 piastres, selon la gravité

que l'on se plaît à attribuer au dommage ou à l'offense et l'on s'empresse de faire appuyer sa réclamation par ce tout-puissant personnage qu'on appelle un consul ou un ministre plénipotentiaire. »

C'est encore à l'état révolutionnaire d'Haïti qu'il faut attribuer l'importance démesurée qu'ont prise les consuls et les ministres étrangers. Les consulats et les légations y jouissent du droit d'asile que possédait l'Église au moyen âge, et, particularité curieuse, ce privilège est reconnu par la Constitution haïtienne. L'article 8 déclare « le droit d'asile dans les légations ou les consulats sacré et inviolable ». Et, en fait, il est toujours respecté. Même dans les moments où les passions sont le plus excitées, où l'on se livre bataille dans les rues, tout individu qui réussit à atteindre le seuil d'un consulat est sauf. Ceux qui l'auraient massacré sans pitié à deux pas de là, comme il est arrivé à Septimus Rameau, l'ingénieux inventeur du Panthéon « job » du Champ de Mars, s'arrêtent devant ce seuil sacré. C'est que chacun étant exposé, par l'accident devenu inévitable des révolutions, à recourir à l'asile consulaire, se croit intéressé à le respecter. Les consuls et les ministres, c'est une justice à leur rendre, ouvrent généreusement cet asile, et souvent même payent de leur personne pour aider les vaincus à s'y réfugier. Malheureusement, tout privilège porte en soi un germe de corruption. Habitués à couvrir de leur protection souveraine les membres du gouvernement quand la révolution triomphe ou à dérober les insurgés à la justice des conseils de guerre quand la révolution est vaincue, ils se croient volontiers investis en tous temps d'une autorité supérieure. Ajoutez à cela qu'ils représentent, pour la plupart, de grandes puissances, et que, en leur qualité de blancs, ils sont intimement convaincus de l'infériorité native du noir ou de l'homme de couleur. Ils se considèrent comme au-dessus des lois de cette misérable petite république anarchique — et noire par-dessus le marché, — auprès de laquelle ils personnifient la civilisation, et ils n'admettent pas qu'on résiste à leur volonté. C'est leur volonté qui est la loi. S'il arrive qu'un de leurs nationaux soit accusé d'un crime ou d'un délit quelconque, ils le tiennent d'avance pour innocent et se font un point d'honneur de le couvrir de leur protection. Cette conduite serait assurément des plus louables si les colonies étrangères d'Haïti étaient composées de l'élite morale des autres nations.

Malheureusement, — et c'est encore une des conséquences de ses révolutions périodiques et de la situation troublée qu'elles ont créée, — Haïti importe du dehors plus de coquins que d'honnêtes gens. Il y vient de la Jamaïque et des autres Antilles, des États-Unis et même d'Europe, une société mêlée d'aventuriers, de faiseurs d'affaires véreux, de banqueroutiers, de faussaires, que la spéculation sur les incendies et les indemnités, le commerce des « feuilles » et les « jobs » de tout genre, attirent naturellement comme les ulcères attirent les mouches. Sans doute Haïti possède un corps respectable de négociants étrangers, qui ont entre leurs mains la presque totalité de son commerce extérieur, car les Haïtiens ne font guère que le commerce de détail; mais on ne saurait dire qu'ils forment la majorité, et ils ont rarement besoin de recourir à la protection des consuls. Les autres, au contraire, assiègent les consulats, et suscitent presque toutes les « affaires » qui mettent aux prises le gouvernement haïtien avec les représentants des nations étrangères. La plus grosse de ces affaires a été celle du vol de la Banque d'Haïti et elle a causé une émotion qui n'est pas encore dissipée. La Banque d'Haïti est de création française, et elle remplit auprès du gouvernement les fonctions de caissier. On découvrit, il y a deux ans environ, que des mandats s'élevant à la somme considérable de 274,000 piastres, payés par elle, mais que ses employés avaient négligé d'annuler, se trouvaient de nouveau en circulation et étaient présentés pour la seconde fois à la caisse. Sur la plainte des administrateurs de la Banque, plusieurs individus appartenant à des nationalités diverses sont arrêtés, les uns accusés du vol des mandats, les autres de recel. Aussitôt les représentants de ces nationaux plus ou moins intéressants prennent feu, réclament leur mise en liberté immédiate, en déclarant qu'ils sont convaincus de leur innocence. Sur le refus poli mais formel du gouvernement et après des incidents qui tiennent à la fois du drame et de l'opérette, ils font venir des navires de guerre et menacent d'employer la force. Grâce à l'intervention bienveillante du consul d'Espagne, l'honorable et excellent M. Madrilley, demeuré calme en présence de l'affolement de ses col-

lègues, grâce au bon sens des commandants des navires, tout ce feu se dissipe en fumée et force reste à
la loi. J'ajoute que, dans tout le cours de ce conflit
inégal, la conduite et le langage des représentants de
la république noire auraient honoré le plus civilisé des
États blancs (1).

Les Haïtiens n'ont pas toujours été aussi heureux
dans leurs différends avec les représentants des nations
étrangères. Voici un fait qui démontre avec quelle
désinvolture les consuls des grandes puissances se dé-
barrassent de leurs réclamations. Il y a quelques années, une collision eut lieu entre le steamer anglais *le
Bolivar* et le *Saint-Michel*, de la marine haïtienne. Le
Saint-Michel sombra et une soixantaine de personnes
périrent. Le gouvernement haïtien retint le *Bolivar*
à Port-au-Prince et demanda au consul d'Angleterre,
M. Maunder, de procéder en commun à une enquête
pour établir les responsabilités de ce sinistre. D'abord
M. Maunder proteste contre le retard imposé au *Bolivar*,
bateau postal, et il rend le gouvernement matériellement responsable de ce retard ; ensuite il consent à la
nomination d'une commission d'enquête et il désigne
de son côté trois commissaires. La commission se réunit une première fois, mais à la seconde les commissaires anglais font défaut. Ils sont partis et le consul
n'en a pas d'autre sous la main. Que faire? Le consul
a une inspiration géniale. « Ayant, dit-il, l'honneur

(1) Voir le Recueil des documents diplomatiques de la république d'Haïti : Affaire des mandats de la Banque.

de représenter une nation qui a toujours porté très
haut le pavillon de la justice, j'ai l'honneur de vous pro-
poser d'envoyer le *Bolivar* lui-même à la Jamaïque,
dans le but de demander au commandant de la station navale de faire arriver ici, à bref délai, un bâtiment de guerre de S. M. B. qui nous mettra en mesure
de poursuivre sûrement l'enquête. » Le gouvernement haïtien accepte naïvement cette proposition.
Le *Bolivar* part pour la Jamaïque et... n'en revient
pas (1). Le tour n'était-il pas ingénieux, mais plus digne
de Scapin que d'un consul général de S. M. B. ?

Vous le voyez, le gouvernement du général Salomon a hérité d'une situation difficile et les représentants des « puissances amies » ne lui tendent pas toujours une main secourable.

(1) *Le Gouvernement de Boisrond-Canal,* par **L.** Ethéart, ancien
secrétaire d'État des finances, du commerce et des relations extérieures. P. 189.

XIII

Le général Salomon. — Causes des révolutions d'Haïti. — Un dîner
à *Solitude Villa*. — Les institutions politiques et administratives. — L'état matériel et moral du peuple noir. — Pourquoi
les blancs sont revenus à Haïti. — Les usines à café. — Le Vaudoux.

Port-au-Prince, le 19 avril 1886.

Le général Salomon, président de la république
d'Haïti, est de pure souche africaine, sans aucun
mélange de sang européen. Il a une taille et une car-
rure de colosse. Sa figure n'est pas celle d'un Adonis,
mais ses traits largement taillés, son front découvert
et bombé, dont une bordure de cheveux blancs avive
la teinte foncée (il a soixante-dix ans bien sonnés),
donnent l'impression d'une volonté énergique sous un
air de bonhomie. Sans posséder des connaissances
bien étendues, il a une qualité rare sous les tropiques
et même dans la zone tempérée : le bon sens. Il a
parfaitement compris que, dans un pays bouleversé
depuis quarante ans par les commandites révolutionnaires, la première chose à faire c'était de décourager
ce genre d'opérations commerciales. Avant lui, on ne

courait pas grand risque à entreprendre de renverser
le gouvernement ; si l'entreprise échouait, les commanditaires perdaient sans doute leur mise de fonds,
mais celle-ci était relativement peu considérable : on
m'a assuré que le capital engagé dans la dernière
insurrection ne dépassait pas 30,000 à 40,000 piastres ;
quant aux insurgés, les chefs réussissaient habituellement à se réfugier dans les consulats, qui jouissent
d'un droit d'asile garanti par la Constitution ; les soldats se dispersaient, et le gouvernement vainqueur
se bornait généralement à en fusiller quelques-uns
pour le bon exemple. Si l'insurrection, au contraire,
rencontrait quelque appui dans la population, le
gouvernement ne s'obstinait pas à lui résister, le Président et ses secrétaires d'État — ceux du moins qui
n'étaient pas dans l'affaire — allaient se placer sous
la protection des consuls, le personnel dirigeant de l'insurrection s'emparait des places, les commanditaires
avaient carte blanche pour faire des « jobs » et tiraient
un bon profit de leurs avances. C'était, je vous l'ai
dit, une opération particulièrement avantageuse et
qui avait fini par passer dans les mœurs. Il convient
de remarquer aussi que les entrepreneurs de révolutions appartenaient généralement aux classes supérieures, car le peuple haïtien est naturellement doux
et paisible. C'étaient, comme dans l'insurrection de
1883, des jeunes gens de couleur, qui avaient été,
pour la plupart, élevés à Paris aux frais du gouvernement, et qui n'avaient pas trouvé à leur retour des
situations à la hauteur de leur mérite. D'ailleurs,

l'éducation libérale qu'ils avaient reçue ne leur offrait d'autre débouché que le barreau et les fonctions publiques. Le barreau est ordinairement encombré ; en ce moment, on compte quarante-trois avocats à Port-au-Prince, et c'est tout au plus si cinq ou six d'entre eux peuvent vivre honnêtement de leur profession ; les fonctions publiques sont occupées et les solliciteurs ne manquent pas lorsqu'un vide vient à s'y produire. Le seul moyen d'arriver à une position en harmonie avec les aspirations et les goûts civilisés d'un jeune homme qui s'est promené sur nos boulevards et dont les nerfs olfactifs ont été caressés par l'odeur suave des cuisines de nos restaurants à la mode, c'est de s'emparer du pouvoir qui distribue les places et du budget qui les rétribue, sans oublier les profits accessoires des « jobs ». L'idéal politique d'un jeune Haïtien bien élevé, c'est de faire un « job » et de venir en dépenser le produit à Paris. Voilà l'élément fondamental des révolutions d'Haïti. Si l'on songe maintenant que cette pratique révolutionnaire date de près d'un demi-siècle, et que la durée moyenne d'un gouvernement avait fini par ne pas dépasser deux ou trois ans, on se fera une idée de la perturbation que le général Salomon a jetée dans les mœurs politiques d'Haïti, en réprimant avec une sévérité inusitée une insurrection qui avait pour elle la coutume. Ses adversaires ne le lui ont pas pardonné, et, quoiqu'il leur ait accordé une large amnistie, ils le représentent comme un tigre altéré de sang. Quelques-uns vont même jusqu'à affirmer qu'il est affilié à la secte des

Vaudoux, dont je vous parlerai tout à l'heure, et qu'il se nourrit de préférence de la chair des petits enfants. Eh bien ! j'ai pénétré dans l'antre de ce tigre. Il m'a fait l'honneur de m'inviter à dîner à Solitude-Villa, sa maison de campagne de Turgeau, et je dois à la vérité de dire que je n'ai trouvé aucun goût extraordinaire aux viandes qui figuraient sur le menu (1). Solitude-Villa est située à 2 kilomètres de Port-au-Prince, au pied d'un haut morne qui l'abrite contre les vents brûlants du Midi, et sur une route qui gagnerait à être sérieusement empierrée. C'est un grand chalet, que rien ne distingue des maisons de campagne avoisinantes, où se logent les consuls et les principaux négociants de la ville et d'où ils partent tous les matins, ordinairement à cheval, pour se rendre à leurs bureaux. Point de gardes à la porte de la demeure présidentielle, un simple portier, encore n'a-t-il pas de loge. Je traverse un modeste jardin, dépourvu d'ombrages, et je monte les deux ou trois marches de la vérandah. Un jeune aide de camp en uniforme vert, chapeau à plumes et pantalon

(1) On sera peut-être curieux de connaître le menu d'un dîner présidentiel à Haïti. Le voici :

Menu : Dîner du 18 avril. — *Hors-d'œuvre :* olives, saucissons, radis, concombres, beurre frais, sardines, câpres, cornichons, potage tapioca, melon, jambon d'York glacé. *Entrées :* poisson au gratin, pâté, poulet sauté au beurre, asperges, petits pois, dinde rôtie aux truffes, salade, rôti au cresson, pommes de terre en surprise. *Entremets :* croquettes de riz. *Dessert :* fromage et confitures, œufs à la neige, gâteaux, fruits. *Vins :* sherry, pontet-canet, château yquem, haut-brion, château-la-mission, veuve-Cliquot-Ponsardin, cognac et kummel.

rouge m'introduit dans le salon dont les portes s'ouvrent sur le palier. Le général me présente à sa femme, une intelligente et gracieuse Parisienne, qui a réussi à se rendre populaire auprès des bons Haïtiens. Les autres convives sont l'aimable et bienveillant consul d'Espagne et les cinq ministres ou secrétaires d'État, de nuances variées du noir au brun clair : le ministre de l'intérieur, de la police générale et de l'instruction publique, M. Manigat, et le ministre de la guerre et de la marine, M. Brenor Prophete, sont des noirs immaculés ; le ministre des affaires étrangères et de l'agriculture, M. Brutus Saint-Victor, est un griffe ; M. Callisthènes Fouchard, ministre des finances et du commerce, et M. Dominique, ministre de la justice et des cultes, sont des mulâtres, le dernier d'une nuance très claire. Le salon et la salle à manger sont meublés avec une simplicité élégante. Trois ou quatre domestiques, à peine galonnés. Le Président et ses ministres sont des esprits cultivés, fort au courant des choses d'Europe, — le Président a représenté pendant vingt ans la république d'Haïti à Paris et à Londres, après avoir été le ministre des finances de l'immortel Soulouque. La conversation ne chôme pas, et vraiment, si le teint de la plupart des convives et leur prononciation un peu molle n'étaient point imprégnés de couleur locale, je me croirais encore dans le voisinage du parc Monceau. Par exemple, au dessert, je me retrouve plutôt au Canada. C'est le moment psychologique des toasts, et il ne faut pas oublier que nous sommes ici en plein

régime parlementaire et à la veille de l'ouverture des
Chambres. Le Président ouvre la série des discours
en portant un toast à la France : « C'est un Français,
dit-il, qui m'a élevé et qui m'a fait ce que je suis.
Comment n'en serais-je pas reconnaissant à la France ?
Mes ennemis m'accusent de ne pas aimer les blancs ;
j'ai épousé une blanche, et (regardant sa femme avec
un bon sourire) je m'en félicite tous les jours. Ils
prétendent que je déteste les mulâtres, j'ai choisi
parmi eux deux de mes ministres. Ils disent que je
me suis enrichi aux dépens de mon pays : s'ils avaient
réussi à me renverser et à me fusiller il y a trois ans,
je n'aurais pas laissé 1,000 piastres de revenu à ma
veuve. Je ne me fais pas illusion sur ce qui nous manque,
mais du moins la paix intérieure est assurée et complète. Quand je suis arrivé aux affaires, on se heur-
tait à des cadavres sur les routes ; aujourd'hui un
étranger peut voyager seul jusque dans nos mornes
les plus éloignés sans courir aucun risque. Il nous
reste beaucoup à faire, je le sais bien, mais si, comme
je l'espère, nous en avons fini avec les guerres civiles,
nous regagnerons le temps perdu. Malgré toutes
nos difficultés intérieures, nous avons toujours été
fidèles à nos engagements ; nous avons achevé de
rembourser, cette année même, notre double dette
envers la France (indemnité envers les colons et
emprunt de 1825) ; nous avons reconnu l'emprunt
Domingue, qui n'était pourtant qu'un « job » scanda-
leux ; nous fournissons des indemnités exorbitantes à
des étrangers qui abusent de notre faiblesse... Nous

ne pouvons faire tout à la fois, et nous devons compter avec l'opinion publique. Quand on nous reproche de maintenir l'article 7 de la Constitution (interdisant aux étrangers de posséder des immeubles à Haïti), je réponds : Laissez faire le temps, laissez s'effacer les souvenirs de l'esclavage et de la domination étrangère ! Que voulez-vous? Je suis obligé d'être opportuniste. » C'est le sens, et, si ma mémoire est fidèle, presque exactement le texte de ce petit discours ; mais ce que je ne puis rendre, c'est l'expression de bonhomie qui animait la physionomie de l'orateur. Je m'attendais à une exhibition de la vantardise habituelle des hommes de couleur; j'entendais, à mon agréable surprise, un langage plein de bon sens, et les toasts des secrétaires d'Etat n'ont pas effacé cette impression. Et cependant Dieu sait si les bons vins de France avaient délié les langues ! La contagion oratoire avait gagné mon aimable voisine elle-même, et son accent parisien ne me gâtait point son éloquence mi-présidentielle. Mais tout a une fin, même les toasts haïtiens. Le café, l'excellent café d'Haïti et les cigares de la Havane attendent les convives sous la vérandah. L'air est frais, le ciel est resplendissant de clartés étoilées. Voilà une bonne soirée, et, ou je me trompe fort, voilà de braves gens !

S'il est vrai qu'un mal puisse être considéré comme à moitié guéri quand la cause en est connue, on pourrait reprendre quelque confiance dans les destinées de la « république noire ». Les républicains d'Haïti, plus avancés peut-être, sous ce rapport, que leurs

confrères d'Europe, comprennent à merveille aujour-
d'hui qu'il y a une incompatibilité naturelle entre les
révolutions et le progrès. Ils veulent à tout prix en
finir avec l'état d'anarchie révolutionnaire, qui a causé
plus de ravages, dans cette belle île de Saint-Domingue, l'une des plus fertiles du monde, que la petite vé-
role, la fièvre jaune, les ouragans et les tremblements
de terre ; mais il est plus difficile de sortir de la révolution que d'y entrer, et j'ai peur qu'ils n'aient pas
plus que nous-mêmes trouvé encore le chemin de la
porte. Sans doute, aussi longtemps que le général Salomon, le « vieux », comme on l'appelle familière-
ment, sera là, l'ordre intérieur sera maintenu. Selon
toutes probabilités, il va être réélu pour un terme de
sept ans ; mais quand la paix publique tient à la vie
d'un homme, n'est-elle pas bien précaire ? Qu'advien-
dra-t-il de la république noire quand le « vieux » aura
disparu de ce monde ? Trouvera-t-elle dans ses institutions, et dans l'état moral et économique des populations une force assez résistante pour l'empêcher
de retomber dans l'anarchie ? Ne deviendra-t-elle pas
alors la proie de sa voisine, la grande république du
Nord ou de quelque nation européenne, en quête
d'un domaine colonial, après avoir démontré, à la
grande jubilation des orgueilleux fils de Japhet, l'inca-
pacité politique de la descendance de Cham ? Voilà ce
que se demandent, non sans inquiétude, le petit nombre
— très petit — des esprits prévoyants auxquels j'ai affaire. Je me plais à reconnaître que les institutions politiques et administratives de la république d'Haïti appar-

tiennent au type le plus perfectionné. Elles sont cal-
quées sur les nôtres, c'est tout dire. Mais l'expérience
ne nous a-t-elle pas appris que les institutions ressemblent aux instruments de musique, qui produisent tantôt une délicieuse harmonie, tantôt une caco-
phonie effroyable? Cela dépend des musiciens. Or, les
musiciens d'Haïti n'en savent pas bien long, et ils ont
absolument besoin d'être conduits par le bâton d'un
vigoureux chef d'orchestre. En ce moment les choses
marchent à souhait : le gouvernement est une dicta-
ture militaire avec des formes constitutionnelles et
parlementaires. L'accord le plus parfait règne entre le
pouvoir exécutif et le législatif. Le « parti national »,
dont le Président est le chef, a non pas simplement
la majorité dans la Chambre des représentants et au
Sénat, mais l'unanimité. Il n'y à pas d'Opposition.
Quand un député n'est pas de l'avis du gouvernement,
il se borne à demander un congé ou bien il tarde à
venir prendre son siège, en prétextant d'une indispo-
sition, de la mort d'un oncle, ou d'un orage qui a dé-
foncé les routes ; encore n'est-il pas prudent d'abuser
de ce genre de prétexte. Car les électeurs, éclairés par
les chefs militaires des arrondissements, sont invariablement d'accord avec le gouvernement, et ils se font
un devoir de nommer les candidats qu'il désigne à
leur libre choix. J'ajoute que les places de députés
et de sénateurs ne sont pas à dédaigner dans un
pays où l'on n'est pas riche. Les députés reçoivent
6,000 francs, les sénateurs 9,000; cela suffit pour les
attacher à leurs devoirs. Il y a bien un « parti libéral »

qui se recrute principalement parmi les jeunes mulâtres, amateurs de « jobs », mais il a perdu ses chefs dans la dernière insurrection et il n'a pas encore eu le temps de se reformer. Il se contente de lancer de temps en temps des fausses nouvelles dans la circulation, afin de déconsidérer le gouvernement. Ces jours passés, par exemple, un journal annonçait qu'on vendait publiquement de la chair humaine sur le marché du Petit-Goave, ce qui prouvait à l'évidence que le parti national et son chef ramenaient Haïti à la barbarie. Le gouvernement s'est contenté de démentir la nouvelle par un « communiqué », en quoi il a agi avec sagesse. Bref, tout ce mécanisme dictatorio-constitutionnel et parlementaire fonctionne, en ce moment, avec une régularité exemplaire ; mais qu'arrivera-t-il le jour où la main robuste et adroite qui le fait mouvoir viendra à disparaître ? La vertu ou, si l'on veut même, la magie propre aux institutions républicaines suffira-t-elle pour assurer l'avenir de la république noire ? A-t-elle suffi toujours pour sauver les républiques blanches ? L'état moral et économique des populations n'est-il pas un facteur autrement important et essentiel de la durée d'un gouvernement, républicain ou autre ?

La masse du peuple noir est malheureusement fort en retard, sans qu'on puisse dire cependant qu'elle le soit plus que la population de couleur, restée sous la domination de la race blanche, aux Antilles anglaises, françaises et espagnoles. Sa condition matérielle même est meilleure. On ne s'est pas avisé à Haïti d'introduire, aux frais des ouvriers indigènes, des engagés asiatiques indous ou chinois, en sorte que les salaires y sont plus élevés que dans les autres Antilles, sans que la vie y soit sensiblement plus chère. L'ouvrier, qui est obligé de se contenter de 75 centimes par jour à la Martinique, de 1 fr. 25 à la Jamaïque, exige à Haïti trois quarts de gourde, ou une gourde, soit de 2 à 3 francs, en tenant compte de la dépréciation du papier. Aussi la population haïtienne se grossit-elle d'une émigration constante des îles voisines. Les Jamaïcains surtout y viennent en nombre, ils s'établissent de préférence dans les villes ; la plupart des cochers de Port-au-Prince sont des Jamaïcains. Mais au point de vue de la moralité, ces émigrants ne valent pas les indigènes ; dans les moments de révolution, ils sont les premiers au pillage, et ils fournissent, en tout temps, un ample contingent à la criminalité. D'après tous les témoignages que j'ai pu recueillir, et ces témoignages provenant de voyageurs blancs ne sont pas suspects, la population des campagnes est douce, paisible et hospitalière. Comme me le disait le général Salomon, on peut voyager en toute sécurité dans les mornes, et, — ce qu'il ne me disait point, — les seules mauvaises rencontres qu'on y fasse parfois sont celles des autorités. A défaut d'auberges, l'étranger demande l'hospitalité dans la première case venue. En fait de lit, il n'y trouve qu'une natte ; mais il est rare que la maîtresse du logis n'ait pas en réserve un oreiller et des draps blancs pour la garnir. S'il est malade, on lui prodigue les soins et les remèdes, car ce peuple

naïf a la religion de la médecine. A Port-au-Prince,
les enseignes voyantes des pharmacies, situées généralement au coin des rues, me servent de points de
repère, et il n'y a point de magasins mieux achalan-
dés. Les paysannes qui descendent le matin des
hauts mornes, les unes à pied en portant sur la tête
leur lourd fardeau de légumes et de fruits, les autres
assises sur leurs ânons au milieu des gerbes d'herbe
de Guinée, affluent, au sortir du marché, dans les
pharmacies et y laissent une bonne partie de leur recette. Elles désignent du doigt leurs bocaux préférés
et sont gourmandes de médecines, comme les Pari-
siennes de gâteaux et de petits fours. Les crimes contre
les personnes sont extrêmement rares dans les campagnes; le seul délit qui soit commun, c'est le ma-
raudage. Grâce à la fécondité du sol et à la clémence
du climat, la vie est facile. En l'absence du dur aiguil-
lon de la nécessité, le paysan s'abandonne volontiers
à la paresse. On lui reproche, non sans raison, de ne
donner aucun soin à ses cultures. On a prétendu
même qu'il n'avait pas renouvelé ses plants de caféiers
depuis la proclamation de l'indépendance d'Haïti. C'est
une exagération, car le caféier ne produit que pendant vingt-cinq ou trente ans au plus; mais la vérité
est que le paysan haïtien a le respect des mauvaises
herbes et que le sarclage est une opération peu connue
à Haïti. C'est une autre exagération de dire qu'il
attend que les grains de café soient tombés pour faire
sa récolte. Lorsque la cerise contenant les deux grains
de café géminés n'est pas cueillie à la main, les grains

noircissent et doivent être rejetés; mais trop souvent
le café séché et préparé sur une aire ouverte est mé-
langé de poussière et de gravois. L'incurie, le manque de soins, d'ordre et de prévoyance, voilà les dé-
fauts capitaux du nègre. Quoi qu'en dise son bon frère
blanc, il est capable de se plier à une discipline, sans
l'auxiliaire du bâton, et quand le bon frère blanc ne
lui rogne pas trop son salaire, il travaille au besoin
comme... un nègre, mais il est incapable de se discipliner *proprio motu*. Il ne peut même pas s'assujettir à des heures régulières de repas. Il mange quand
il a faim et, chose plus grave, il s'avise rarement de
songer à la faim du lendemain. L'épargne lui est in-
connue. Pourquoi ferait-il l'effort pénible qu'exige
l'épargne? La nature ne tient-elle pas à son intention
un bureau de bienfaisance pourvu de ressources iné-
puisables?

Je ne saurais mieux comparer cette population in-
dolente et imprévoyante qu'à la clientèle de l'Assistance publique, dans les villes où de généreux dona-
taires se sont plu à fournir aux déshérités de la
fortune des moyens de vivre gratis depuis leur naissance jusqu'à leur mort. L'état d'infériorité des races
qui se sont formées dans les régions dites privilégiées
de la nature provient pour une bonne part de ce privilège. Elles ont manqué du stimulant nécessaire pour
franchir la première et laborieuse étape qui sépare
l'état sauvage de la civilisation.

C'était certainement une utopie de vouloir constituer, au milieu des anciennes colonies européennes

et des jeunes États blancs du nouveau monde, un État noir durable et par conséquent civilisable, avec les seules ressources intellectuelles et morales que cette race attardée pouvait tirer d'elle-même. On s'explique cependant que, au sortir de la lutte, les fondateurs de l'indépendance d'Haïti aient nourri l'illusion flatteuse du *fara da se*, et qu'ils aient cru même que la précaution la plus efficace qu'ils pussent prendre pour assurer l'avenir de l'État noir, c'était d'en exclure les blancs. Mais ils comptaient sans la nécessité. Les blancs sont revenus à Haïti parce qu'on ne pouvait pas s'y passer d'eux. Quoi que Rousseau ait pu dire sur les avantages et les agréments de l'état sauvage, les enfants de la nature s'accoutument vite aux produits de la civilisation. Les hommes de couleur, en particulier, ont un goût décidé pour les beaux vêtements et les bijoux. Mais ces articles si désirables ne poussent pas tout seuls comme les mangues ou les fruits de l'arbre à pain. On ne peut se les procurer qu'à la condition de les produire directement, ou par voie d'échange. Or, les bons Haïtiens, peu au courant des progrès de la science, ignoraient cette vérité fondamentale des théories protectionnistes, qu'il vaut mieux produire soi-même les choses dont on a besoin que de les acheter, et qu'il est préférable de se laisser mourir de faim ou d'aller nu que de demander à l'étranger sa subsistance et ses vêtements. Comme ils avaient pu constater qu'ils pouvaient, en produisant du café et en l'expédiant en Europe, obtenir en échange dix fois

plus d'étoffes, de bijoux, d'armes et d'outils, que s'ils
avaient entrepris de fabriquer eux-mêmes ces produits dont il leur était maintenant impossible de se
passer, ils continuèrent, après leur affranchissement,
à cultiver le café, et ils s'efforcèrent de renouer leurs
relations commerciales avec l'Europe, et en particulier avec la France. Mais il faut du capital et une
dose suffisante d'esprit d'entreprise pour faire le commerce, et les bons Haïtiens ne possédaient ni l'un ni
l'autre. Ils ont été obligés, quoi qu'ils en eussent, de
recourir aux blancs, et c'est ainsi que le commerce
extérieur d'Haïti se trouve exclusivement entre les
mains des étrangers. Comme je vous l'ai fait remarquer dans ma dernière lettre, les colonies étrangères d'Haïti sont composées d'éléments d'une valeur
fort inégale ; mais au-dessus de la tourbe des aventuriers en quête d'indemnités et de « jobs », il y a
une élite intelligente et suffisamment honnête qui
s'est attachée à ce merveilleux pays et qui trouve son
profit à y importer les marchandises et les progrès
du dehors. C'est un entrepreneur américain qui a
construit et qui exploite à la vérité assez mal le
tramway de Port-au-Prince ; ce sont des capitalistes
européens qui ont commencé à créer, depuis deux
ou trois ans, des usines pour la préparation du café,
en réalisant un progrès analogue à celui que je
vous ai signalé à la Martinique dans la production
sucrière.

Ici les choses sont moins avancées. Il n'y a encore
que trois usines à café. La plus considérable est

située au Petit-Goave. Elle appartient à une maison allemande (en dépit de l'article de la Constitution qui interdit aux étrangers l'accès de la propriété immobilière) et on m'assure qu'elle a coûté plus d'un million à établir. J'en ai visité une autre, qui est une propriété française, à Petionville, aux environs de Port-au-Prince. Quoiqu'elle n'ait pas, à beaucoup près, l'importance de celle du Petit-Goave, elle est parfaitement outillée. Je vous fais grâce des détails de la décortication, du séchage à la vapeur, du nettoyage, du triage, etc. Qu'il me suffise de vous dire que le café d'usine vaut 30 ou 40 p. 100 de plus que celui qui est préparé d'après la vieille routine, et que, à l'Exposition universelle d'Anvers, le jury a hésité à lui accorder la médaille d'honneur, sur l'observation d'un de ses membres, qu'il n'était pas vraisemblable qu'un café aussi propre pût venir d'Haïti. Je n'ai pas besoin d'insister non plus sur les avantages économiques de ce progrès. Je me borne à noter, à ce propos, une particularité curieuse. En vue de favoriser le commerce haïtien, on a interdit aux cultivateurs de vendre leur récolte directement aux maisons d'exportation étrangères. Ces malheureux sont obligés de passer par les mains d'intermédiaires, connus sous la dénomination de « spéculateurs », qui ne manquent pas d'abuser de leur monopole pour les exploiter à outrance. La création des usines a sérieusement entamé ce monopole. On n'a pas pu défendre aux cultivateurs de porter à l'usine le café en cerises, et à l'usinier de le leur acheter en les fai-

sant bénéficier de l'économie provenant de la suppression des parasites. Les spéculateurs ne sont pas
contents, mais les cultivateurs sont tout à fait réconci-
liés avec un progrès qui leur rapporte. Le gouvernement a compris, de son côté, que l'amélioration de
la qualité du principal article d'exportation d'Haïti
ne pouvait manquer de contribuer au développement
du commerce extérieur, partant, des recettes de la
douane, son unique source de revenus, et il a favorisé la multiplication des usines, quoiqu'il ne puisse
pas se dissimuler que les usines, c'est l'esprit d'entreprise et le capital européens implantés de plus en plus
à Haïti.

Aux besoins du corps se sont joints ceux de l'esprit pour ramener les blancs dans cet État noir, d'où
on avait voulu les exclure. Les Haïtiens intelligents
n'ignoraient point qu'ils essayeraient vainement de
conserver leur indépendance, s'ils demeuraient par
trop au-dessous du niveau de civilisation des États
blancs. Ils comprenaient aussi que la civilisation se
compose avant tout d'un capital de notions religieuses et morales, aussi bien que de connaissances
scientifiques, littéraires, artistiques et industrielles,
et ils ne pouvaient se dissimuler que ce capital im-
matériel leur manquait encore plus que l'autre. En
fait de religion, ils ne possédaient que le culte du
Vaudoux, que leurs pères barbares avaient importé
d'Afrique ; en fait d'instruction, le contingent de
connaissances des plus cultivés d'entre eux ne dépassait guère celui qu'on acquiert à l'école primaire.

J'ai beaucoup entendu parler de la religion des Vaudoux pendant mon séjour à Port-au-Prince, et j'ai
trouvé dans les vitrines du petit musée haïtien du
collège Saint-Martial quelques spécimens du matériel du culte : une calebasse remplie de cailloux et
garnie de vertèbres de serpents, un violon informe,
des pierres fétiches ; mais il faut aller dans l'intérieur pour trouver un temple vaudoux. M. Spencer
Saint-John, ancien consul d'Angleterre à Port-au-
Prince, qui vient de publier un livre à sensation sur
la république noire, en a visité un, et il en a trouvé
les murs tapissés de gravures de l'*Illustrated London
News* et d'images de la Vierge et des saints. Cela
manquait de couleur locale. M. Spencer Saint-John
affirme que l'anthropophagie est plus que jamais ré-
pandue parmi les Vaudoux ; mais, à part un fait
authentique qui remonte à une vingtaine d'années,
et qui a provoqué une répression exemplaire, il ne
cite à l'appui que de simples racontars. J'ai interrogé
à ce sujet des prêtres catholiques, habitant depuis
longtemps Haïti et naturellement peu disposés à l'in-
dulgence à l'égard des Vaudoux ; ils m'ont assuré
qu'aucun fait n'était venu à leur connaissance qui
pût justifier les horribles accusations du trop im-
pressionnable consul d'Angleterre. Il y a peut-être
des anthropophages à Haïti comme il y a des *scopsi*
(eunuques), non moins abominables que les anthropophages, en Russie. Mais que diraient les Russes si
un consul anglais s'avisait de les accuser d'être habituellement affiliés à la secte des *scopsi* ? Le Vaudoux

ou Vaudoun est, à ce qu'il semble, — car la question est fort obscure et aucune commission parlementaire n'a été chargée jusqu'à présent de faire une enquête pour la tirer au clair, — le Vaudoux, dis-je, est un esprit ou un génie supérieur qui connaît le passé, le présent et l'avenir, et qui communique sa science et son pouvoir, pour le bien comme pour le mal, au *papaloi* et à la *mamanloi*, autrement dit, au prêtre et à la prêtresse du culte. Le *papaloi* est un sorcier avec qui il est prudent d'être au mieux, car il est fort capable de vous jeter un sort; c'est aussi un médecin qui connaît les propriétés utiles ou nuisibles de toutes sortes de plantes. Il vous dira quels sont les aliments contraires à votre race (1), mais si vous êtes

---

(1) Il y a, dit l'auteur d'une monographie récente, un côté du Vaudoux qui persistera peut-être longtemps. On veut parler d'une habitude curieuse transmise par l'héritage, et qui consiste, dans certaines familles, à s'abstenir de certains aliments, dont l'effet est de provoquer chez elles des maladies cutanées. Celles-ci ne mangent pas la tortue, celles-là le cabrit, la tomate ou l'aubergine. On ne peut pas le nier, des faits nombreux et bien observés confirment la réalité de ce curieux phénomène. On citera à cet égard un exemple, pour l'avoir observé personnellement. Une petite fille de la campagne, par habitude atavique, ne mangeait pas le mélongène ; elle eut l'imprudence d'en goûter en l'absence de sa mère. Vingt-quatre heures après, son nez était couvert d'éruptions ayant la forme des graines de cette solanée ; le lendemain l'organe était monstrueux et accusait tous les symptômes de la lèpre. On fit revenir sa mère. Aussitôt qu'elle vit son enfant, elle s'écria : « Elle a mangé du mélongène, interdit à *notre race !* » Elle prit des feuilles de pois souche, les froissa dans ses mains, en exprima le jus qu'elle répandit à plusieurs reprises sur l'organe affecté, et y fixa un cataplasme avec le résidu. Le lendemain, toutes les traces du mal avaient complètement disparu. Mais la mère recommanda instam-

mal dans ses papiers, prenez garde à ses poisons !
Prenez garde surtout à une certaine plante mysté-
rieuse qui vous plongera dans une léthargie si profonde et si prolongée que vous pourriez être enterré
vif et ne vous réveiller qu'au bout de plusieurs semaines dans votre cercueil. La *mamanloi* est une pytho-
nisse qui rend des oracles, montée sur une caisse
renfermant la couleuvre sacrée. Elle préside avec le
papaloi aux cérémonies du culte. C'est elle qui or-
donne le sacrifice du coq et de la chèvre, trop souvent aussi, au dire de l'auteur à sensation de *la République noire*, l'immolation de la chèvre sans cornes,
une victime humaine ! Je n'ai pas besoin d'ajouter
que ces cérémonies sont absolument secrètes, et
qu'on ne les connaît que par la rumeur publique. Ce
qui est avéré toutefois, c'est que la chèvre et le bouc
jouent avec la couleuvre un rôle important dans le
culte du Vaudoux. Un témoin oculaire, digne de foi,
me raconte que, le jour où une insurrection populaire a renversé le Président Boisrond-Canal, des insurgés se dirigeaient vers le palais pour fusiller cet
excellent homme. Heureusement, M. Boisrond-Canal
possédait un bouc familier, d'une taille et d'une pres-
tance remarquables. Le bouc se promenait tranquil-
lement dans le jardin du palais sans se soucier des
coups de fusil. A sa vue, les insurgés saisis de terreur

mont de ne plus laisser manger à son enfant ni l'aubergine qui
l'avait empoisonnée, ni le pois souche qui en était le contre-poison.
Ce phénomène mérite à tous égards l'attention des médecins (*Le
Vaudoun*, par D. Trouillot, Port-au-Prince, 1885).

s'enfuient à toutes jambes, en criant : *Bouc là là, bouc là là.* Le bouc est là ! L'animal barbu et sacré n'avait eu qu'à se montrer pour sauver son maître.

En fait, le culte du Vaudoux est caractérisé principalement par des danses et des accès d'hystérie, peut-être aussi de spiritisme religieux. J'avais été témoin de ces accidents hystériques, dans une église nègre de Savannah, où ils étaient provoqués par le sermon d'un prédicateur méthodiste, et je me rends compte maintenant de leur origine (1). Je n'ai pas eu la bonne chance d'assister aux danses des Vaudoux, quoiqu'elles aient cessé d'être interdites, le général Salomon ayant jugé, avec son bon sens accoutumé, que le meilleur moyen de raviver un culte c'est de le persécuter. Mais j'ai causé avec un excellent prêtre qui avait assisté à ces exercices de chorégraphie religieuse et qui s'en montrait fort scandalisé. Il ne paraît pas cependant, d'après son propre témoignage, qu'à part la simplicité du costume, les choses y soient poussées plus loin que dans nos bals de barrière.

Quoi qu'il en soit, le culte africain du Vaudoux n'était pas précisément propre à inculquer aux Haïtiens les notions religieuses et morales qui convenaient à un peuple disposé à entrer dans les voies de la civilisation. Le gouvernement de la république noire l'a compris. Bien que le Vaudoux ait l'avantage d'être essentiellement un culte national, desservi par des *papalois* et des *mamanlois* non moins nationaux, le

(1) *Lettres sur les États-Unis et le Canada.* 1876.

gouvernement haïtien n'a pas craint de lui opposer la
concurrence d'un culte étranger, et de faire appel à
des prêtres et à des instituteurs non pas seulement
blancs, mais français, c'est-à-dire appartenant à la
nation qui avait tenu, pendant plus d'un siècle, les
Haïtiens sous le joug détesté de l'esclavage. Le clergé
d'Haïti est exclusivement recruté en France; l'instruction publique est en grande partie entre les mains des
Ordres religieux français. Cette reconquête religieuse
et morale de son ancienne et magnifique colonie ne
devrait-elle pas intéresser la France, qui paraît cependant l'ignorer ?...

XIV

Le clergé français d'Haïti. — Les congrégations religieuses. — Les
étrangers. — La situation financière. — L'ouverture des Chambres.

Port-au-Prince, le 25 avril 1886.

A l'époque de la proclamation de l'indépendance
d'Haïti, le 1ᵉʳ janvier 1804, le dictateur Dessalines
réunit entre ses mains les pouvoirs civils et religieux.
Un petit nombre de prêtres médiocrement recom-
mandables consentirent à recevoir l'investiture de ce
pape laïque et noir, et le clergé ne se recruta plus
qu'à grand'peine. Les Haïtiens n'ayant aucun goût
pour le célibat ecclésiastique, il fallait faire venir des
prêtres du dehors. C'était la Corse qui fournissait la
plupart de ces recrues, dont la qualité laissait fort à
désirer (1). Mais, en 1860, le président Geffrard ayant

(1) « N'éprouve-t-on pas un sentiment pénible et douloureux,
disait M. Valmé Sicaire en 1863, en contemplant l'état de notre
Eglise depuis sa naissance jusqu'à ce jour, en voyant la dignité du
saint ministère souvent menacée et compromise par des inconnus
sans qualité, par quelques moines, la plupart échappés de leurs
couvents, et venant offrir jusque chez nous le dangereux spectacle

conclu un Concordat avec le Pape, les choses changèrent de face. Le culte catholique se réorganisa ; Haïti devint une province ecclésiastique, avec un archevêché à Port-au-Prince, cinq diocèses et soixante et onze paroisses ; le séminaire colonial de Paris et, plus tard, celui du Calvaire de Pont-Château se chargèrent de fournir le personnel du culte haïtien. Actuellement, ce personnel se compose de quatre-vingt-dix-sept prêtres presque tous bretons. C'est un nombre fort insuffisant, — un prêtre pour 10,000 habitants environ. Certaines paroisses ont une étendue considérable. « Ma paroisse, me disait un curé de campagne, a plus de 10 lieues de longueur. Souvent, on m'appelle au milieu de la nuit pour aller à 5 ou 6 lieues dans les mornes porter le viatique à un malade. » Le métier est rude et pauvrement rétribué. Le budget des cultes pour 1885 n'est que de 67,648 gourdes (1). Le traitement de l'archevêque est de 3,750 gourdes, celui des évêques de 2,250, des simples prêtres de 225, ou 18,75 par mois; encore ne sont-ils pas exactement payés. Il arrive fréquemment qu'un malheureux curé soit obligé de vendre sa feuille

de leurs dérèglements ?... Je ne ferai pas de l'horreur à plaisir, en essayant de retracer ici tout ce que nos annales religieuses renferment de désordres et d'excès : il suffit de dire que, nulle part ailleurs peut-être dans la chrétienté, le clergé n'a profané autant qu'en Haïti le sacerdoce dont il est revêtu. » (*Le concordat d'Haïti, ses résultats*, par Mᵉʳ Guilloux, archevêque de Port-au-Prince.)

(1) La gourde en métal, du poids de notre pièce de 5 francs, équivaut à 4 fr. 25 quand il n'y a pas de papier-monnaie ; mais il y en a souvent. Alors, elle subit les fluctuations du papier.

d'appointement à 50 p. 100 de rabais. Le casuel est mince, car la population est pauvre et peu donnante. L'entretien des presbytères est à la charge des communes, mais elles ne sont pas toujours en état d'y pourvoir. Aux fatigues et aux privations se joint l'influence énervante du climat. On n'y résiste pas longtemps. En 1882, quatorze prêtres ont succombé à la tâche, près de 14 p. 100, d'où l'on pourrait conclure que le travail apostolique est deux fois plus meurtrier à Haïti que le travail du creusement du canal de Panama. Les fièvres pernicieuses et l'anémie sont les maladies ordinaires. Au moins, le clergé est-il récompensé de ses fatigues et de ses peines par les résultats de sa propagande religieuse et morale? La population est douce et malléable. Elle a le respect du prêtre et elle se montre assidue aux cérémonies du culte. Je suis allé à la grand'messe du dimanche des Rameaux et à la bénédiction des palmes, — de vraies palmes cueillies sur des palmiers authentiques, — dans la cathédrale de Port-au-Prince. L'assistance, composée en majorité de têtes noires coiffées de tignons blancs, était fort recueillie. L'évêque d'Hippa, Mgr de Kersuzan, distribuait les palmes bénites à un certain nombre de fidèles, correctement vêtus de noir, qui faisaient processionnellement le tour de l'église. On recommandait au prône la quête pour le denier de Saint-Pierre, et on faisait les annonces de mariages ; mais ces annonces révélaient de fâcheuses lacunes dans l'état·civil des futurs conjoints. La monogamie légalisée n'est décidément pas du goût

des bons Haïtiens, et l'Église n'a pas réussi encore à
la faire entrer dans les mœurs. Les mères se contentent volontiers, suivant leur expression, de « placer »
leurs filles, et placer n'est pas précisément synonyme
de « marier ». L'observation des pratiques religieuses
semble plus facile à obtenir que celle des pratiques
morales ; mais encore ne faut-il pas regarder de trop
près à la qualité de ces manifestations d'une foi naïve.
Les images peintes ou dorées en attirent la meilleure
part. J'entrais un jour dans la jolie église Saint-Joseph,
en style roman et toute badigeonnée de couleurs
vives. Ce n'était pas l'heure des offices. Il n'y avait
que deux ou trois femmes en prières. L'une d'elles,
jeune, svelte, d'une tournure harmonieuse, en grands
vêtements blancs, sur lesquels se détachaient sa
figure et ses extrémités noires, rappelant les vierges
byzantines, se lève et s'en va à pas lents faire ses
dévotions aux images saintes ; elle dépose une bougie
allumée devant chacune et fait une génuflexion à la
manière des paysannes russes en frappant la terre du
front. Souvent aussi il arrive que la couche récente
du catholicisme n'a pas entièrement recouvert les
vieilles superstitions du Vaudoux. Des dévotes confes-
sent à l'article de la mort qu'elles n'ont jamais cessé
de pratiquer le Vaudoux, en avouant que cela leur a
paru plus sûr. Le catholicisme n'a rien à craindre, en
revanche, de la concurrence du protestantisme. Les sec-
tes protestantes qui ont essayé d'introduire à Haïti leur
culte dépourvu de pompe et d'images n'ont pas fait
leurs frais ; elles comptent à peine trois mille fidèles.

Le Concordat a introduit encore à Haïti plusieurs congrégations religieuses vouées à l'enseignement et aux œuvres de charité : les Pères de la congrégation du Saint-Esprit qui dirigent le collège Saint-Martial ou petit séminaire, les frères de l'instruction chrétienne de Ploërmel, les sœurs de Saint-Joseph de Cluny et les filles de la Sagesse. Le joli collège Saint-Martial n'a d'un séminaire que le nom ; c'est un simple lycée, avec soixante-cinq internes et environ deux cents externes. Il est admirablement tenu, et les bienveillants éducateurs qui le dirigent ne se préoccupent pas moins des soins du corps que de la culture de l'esprit. Les dortoirs sont spacieux, bien aérés et d'une minutieuse propreté ; il y a un vaste bassin de natation, qui fait la joie et la santé des élèves. La bibliothèque renferme une collection précieuse des ouvrages relatifs à l'histoire d'Haïti.

A côté du collège, on vient de construire un observatoire, dont le premier étage est occupé par un musée. Le programme des études est calqué sur celui de nos lycées, le latin et le grec y tiennent la première place ; je préférerais l'anglais et l'espagnol ; mais que voulez-vous ? le préjugé des langues mortes est plus contagieux encore que le choléra ou la fièvre jaune. Je l'ai trouvé en Russie et aux montagnes Rocheuses ; je le retrouve aux Antilles ; il finira par gagner la Chine et le Japon. Les jeunes Haïtiens ont l'intelligence vive et de rares aptitudes musicales, mais ils ne sont pas faciles à discipliner, et leur imagination d'une fécondité tropicale leur fournit en

abondance toute sorte d'excuses pour faire l'école
buissonnière. Tantôt, c'est un deuil de famille. C'est
incroyable ce qu'il leur meurt de parents! Tantôt, et
cette fois l'excuse est plus valable, c'est le manque de
souliers. Le gouvernement prend à sa charge le traitement du personnel dirigeant et enseignant, et il
entretient dans l'établissement trente boursiers à
raison de 20 gourdes par mois. Cela lui coûte moins
cher que son lycée, qui est pourvu aussi d'un internat,
et de quel internat! Un vrai chenil. Mais je ne veux
pas humilier mes bons amis d'Haïti en racontant ma
visite à leur lycée national. Je passe à l'école des
frères de l'instruction chrétienne de Ploërmel. Cette
école, installée beaucoup trop à l'étroit dans une
vieille salle de théâtre, est tenue par huit religieux,
assistés de trois professeurs laïques. Cinq cent cinquante élèves y reçoivent l'instruction élémentaire
jusqu'aux degrés supérieurs; il en viendrait le double
si le bâtiment pouvait les contenir. Tout ce petit
monde, que je visitais à l'improviste, m'a frappé par
sa bonne tenue. Il a le respect de la soutane. Les salles
de classe sont balayées. Il y a des encriers. Ce n'est
pas comme au lycée national, où l'on va puiser l'en-
cre, quand il y en a, dans des trous creusés au dos
des pupitres. Je termine ma tournée scolaire par une
visite au pensionnat des sœurs Saint-Joseph de Cluny,
au chemin de Lalue, dans un faubourg. Cette institution, dont la maison mère est à Paris et qui se recrute
presque exclusivement en France, ne compte pas
moins de 4,000 « sœurs bleues », répandues dans le

monde entier : en Amérique, en Afrique, en Asie et
jusqu'en Océanie. Elles sont gouvernées à Haïti par
un petit homme d'État en jupons, la sœur Louise,
dont la physionomie vive et décidée me rappelait
celle de M. Thiers et qui jouit à Port-au-Prince de la
considération universelle. Malheureusement, la sœur
Louise est affligée de la cataracte et elle est obligée
de revenir en Europe pour se faire opérer. Le pensionnat est établi sur une côte caillouteuse, où la sœur
Louise a réussi à faire pousser, au moyen d'une irrigation savante, toute sorte de fleurs, de légumes et
d'arbres à fruits. Elle a bâti une élégante chapelle
dédiée à sainte Rose de Lima ; peut-être eût-il été
plus sage de commencer par agrandir le pensionnat,
dont les installations sont insuffisantes, mais la chapelle, avec ses jolis vitraux coloriés, c'est l'orgueil de
ces bonnes filles, un orgueil bien innocent ! Au haut
de la côte, d'où la vue embrasse le vaste panorama
de Port-au-Prince, dix tombes surmontées de simples
croix forment le contingent du tribut qu'elles ont
payé à la mort depuis 1864, époque de leur établissement à Haïti. Elles ont en ce moment quatre-vingt-
cinq pensionnaires, sans compter les externes. Tant
à Port-au-Prince qu'à Jacmel et dans d'autres localités elles distribuent l'instruction à près de deux mille
élèves, internes ou externes. Ces jeunes filles se dis-
tinguent, me dit-on, par des habitudes d'ordre et
une régularité de mœurs, trop rares encore parmi les
Haïtiennes. C'est une pépinière d'excellentes mères
de famille. Les filles de la Sagesse ont aussi des écoles

et un hôpital que je regrette de ne pas avoir vus. J'ai
visité, en revanche, l'hôpital de la Société fraternelle
de secours mutuels et de bienfaisance, instituée, l'année dernière, par l'élite de la colonie française. La
Société a fait bâtir au fond d'un jardin un grand chalet
où elle donne des fêtes de bienfaisance dont le produit est consacré à l'entretien de l'hôpital. Je remarque dans la salle les portraits de MM. Thiers,
Grévy, Victor Hugo et Gambetta, ces deux derniers
particulièrement populaires à Haïti. Derrière le chalet,
deux bâtiments construits légèrement, dans le style
de l'hôpital modèle de Panama, sont destinés aux malades, que l'excellent docteur Aubry, le médecin notable de Port-au-Prince, et quelques-uns de ses collègues, se font un devoir de soigner gratis. C'est une
institution qui fait honneur à la colonie française et
au président de la Société fraternelle, M. Charles
d'Aubigny, qui a avancé les fonds nécessaires.

Vous le voyez, au-dessus de la tourbe des aventuriers, des faiseurs de *jobs* et des spéculateurs en
indemnités qu'attirent les maladies révolutionnaires
d'Haïti, il y a une élite d'hommes utiles qui appor-
tent à la république noire les éléments de civilisation
qu'elle ne trouve pas chez elle et sans lesquels elle
serait fatalement condamnée à périr. Les uns em-
ploient leur esprit d'entreprise et leurs capitaux à
développer la richesse matérielle du pays, en y instal-
lant des usines outillées à l'européenne ; les autres y
créent des richesses morales, plus précieuses encore,
en substituant un culte civilisé à des superstitions

sauvages et en répandant avec l'instruction les habitudes d'ordre, de discipline et de respect de soi-
même, au sein d'une multitude ignorante qu'une
révolution violente et soudaine a bien pu affranchir,
mais sans avoir la vertu de lui donner des lumières
et les mœurs nécessaires à la pratique de la liberté.
Que ce concours des capitaux, de l'esprit d'entreprise
et même du dévouement pieux des représentants
d'une race qui a tenu leurs pères sous le joug de
l'esclavage ne soit pas accepté sans méfiance, et
peut-être aussi sans quelque jalousie, humiliée par
les Haïtiens, cela se conçoit. Les mulâtres, en parti-
ticulier, ne reconnaissent pas volontiers la supériorité
des blancs. Noirs et mulâtres redoutent également le
retour de la domination d'une nation européenne
qui exploiterait Haïti comme l'Espagne exploite leur
proche voisine, Cuba. Ces sentiments de méfiance
s'expliquent, et les allures arrogantes, jointes à l'avi-
dité peu scrupuleuse de certains membres des colonies étrangères, ne sont pas faites pour les dissiper.

Mais, si on peut les excuser, peut-on soutenir qu'ils
soient justifiés? Je ne crois point, pour ma part,
qu'une race puisse être humiliée de la supériorité
d'une autre, car cette supériorité provient le plus
souvent d'une différence d'âge et de milieu de crois-
sance. Les Grecs et les Romains étaient visiblement
supérieurs aux barbares des bords de la Seine, du
Rhin et du Danube. Aujourd'hui, les descendants de
ces barbares ne sont-ils pas au moins les égaux de
ceux des Grecs et des Romains? Un écolier peut-il être

humilié de la supériorité des connaissances de son instituteur? Qui sait s'il ne réussira pas un jour à l'égaler et même à le dépasser? La race blanche dégénère dans les régions tropicales. Son héritage n'y sera-t-il pas tôt ou tard recueilli par les races de couleur? Enfin, quoique ceci puisse ressembler à un paradoxe, on peut affirmer que la république noire aura d'autant plus de chances de conserver son autonomie et son indépendance qu'elle sera davantage panachée de blanc. Les étrangers qui importent à Haïti les capitaux, les connaissances et les forces morales à défaut desquels un État blanc ou noir est condamné à traîner une existence misérable et précaire, appartiennent à des nationalités diverses. A côté des Français, il y a des Allemands, des Anglais, des Espagnols, des Américains. Ce sont des éléments différents, sinon hostiles, qui se font contrepoids. J'ajoute, de plus, qu'il est bien rare qu'une colonie étrangère établie dans un pays indépendant souhaite de voir ce pays passer sous une dépendance quelconque, fût-ce même celle de sa mère patrie. Pour bons patriotes qu'ils soient, les Français d'Haïti n'envient pas le sort des colons de la Martinique ou de la Guyane, et la preuve, c'est qu'ils sont venus s'établir de préférence à Haïti. Si la république noire vient un jour à périr, ce n'est point parce qu'elle aura trop de blancs chez elle, c'est parce qu'elle n'en aura pas assez.

Le général Salomon et ses ministres me paraissent, je suis charmé de le dire, exempts de tout sentiment d'exclusivisme à l'égard des blancs. Ils ont favorisé l'établissement des usines à café et ils m'ont affirmé que leur plus vif désir était de voir les capitaux et l'esprit d'entreprise, de n'importe quelle couleur, affluer à Haïti. D'un autre côté, ils accordent à nos prêtres et à nos religieux une protection que ceux-ci ne trouvent pas toujours chez leurs protecteurs naturels. Si la révolution ne se met pas en travers, si la république noire jouit encore de quelques années de paix intérieure, les éléments de progrès matériel et moral qu'elle possède actuellement et qui sont en bonne voie de développement agiront pour la consolider, et la mettre à l'abri des convoitises étrangères, si convoitises il y a.

En ce moment, le péril le plus sérieux auquel elle soit exposée, c'est le péril financier. Les bonnes habitudes d'ordre et d'économie du général Salomon y ont déjà remédié en partie. Les appointements, qui étaient, il n'y a pas bien longtemps, en retard de dix-huit mois, ne le sont plus que d'un simple trimestre. Mais les arriérés accumulés par l'état révolutionnaire ne sont pas encore comblés. Le service de l'emprunt Domingue et le payement des indemnités fantastiques allouées à la suite de l'insurrection de 1883 absorbent le plus clair des ressources du Trésor. Le budget est en déficit. Le gouvernement, réduit aux abois, a eu recours au papier-monnaie, et il en a émis pour 3 millions de gourdes. Mais, aussitôt, le public a pris peur. Il s'est souvenu que, sous le Président Salnave, l'excès des émissions avait fait tomber le papier au

point qu'on n'échangeait pas sans répugnance 1 gourde
en argent contre 3,000 gourdes en papier. Le cours
du change sur l'Europe a haussé d'une manière dé-
sastreuse. Le gouvernement, faisant droit aux réclamations du commerce, a retiré de la circulation
1 million de gourdes, et il s'est engagé à retirer les
deux autres. Seulement c'est un engagement qui est
plus facile à prendre qu'à tenir. Il faudrait, pour y
faire honneur, augmenter les recettes ou diminuer les
dépenses. Les recettes consistent presque uniquement
dans les droits de douanes à l'entrée et à la sortie, et
ces droits ont dépassé déjà la limite fiscale, c'est-à-
dire le taux auquel un droit a atteint son maximum
de productivité. Dans l'exercice 1884-1885, le produit
des douanes a été de 6,054,000 gourdes sur un commerce extérieur évalué à 13,882,000 gourdes. C'est
une moyenne de près de 50 p. 100. Selon toute apparence, une nouvelle augmentation du taux des droits
aurait pour effet de diminuer les recettes au lieu de
les augmenter. Il serait plus avantageux pour le Trésor
d'abaisser le tarif et surtout de le simplifier. Un
Robert Peel noir aurait ici une belle occasion de relever les finances tout en développant le commerce et
en soulageant les consommateurs. Mais les Robert
Peel sont devenus introuvables en Europe; comment
en découvrirait-on à Haïti? Reste la diminution des
dépenses. Autre utopie! Cependant, il suffit de jeter
un simple coup d'œil sur le budget de la république
noire pour se convaincre qu'elle pourrait réduire ses
dépenses d'un bon tiers sans détériorer ses services

publics, au contraire! Sur une dépense totale de
4,024,000 gourdes, l'instruction publique absorbe
688,000 gourdes, la guerre et la marine 1,096,000
gourdes. En renonçant à se faire lui-même pédagogue
et en se bornant à subventionner les écoles libres,
jusqu'à ce qu'elles pussent se suffire avec leurs propres ressources, le gouvernement haïtien économise-
rait une bonne moitié de son budget de l'instruction
publique, et il est à peine nécessaire d'ajouter que
les jeunes Haïtiens acquerraient de leur côté une
plus-value intellectuelle et morale d'au moins 50 p. 100
en passant des lycées et des écoles de l'État dans les
institutions privées. Le budget de la guerre et de la
marine pourrait être réduit dans la même proportion,
avec bénéfice pour la sécurité publique et la stabilité gouvernementale. L'effectif de l'armée est de
16,000 hommes, recrutés par la conscription ou par
la « presse ». On a prétendu que le nombre des généraux est égal à celui des soldats. C'est une grosse
exagération. Il n'y a d'inscrits au budget que 20 généraux de division. Mais les états-majors n'en sont pas
moins plantureux, et c'est dans leur sein que se recrute le personnel actif des insurrections. Les soldats, enrôlés de force, ne sont point particulièrement attachés au gouvernement; ils se servent in-
différemment de leurs armes pour le défendre et pour
le combattre. Avec 2,000 ou 3,000 volontaires, payés
régulièrement, le gouvernement haïtien pourvoirait
sans peine à la sécurité publique en défiant toutes
les tentatives d'insurrection; il rétablirait l'ordre

dans ses finances, et la république noire finirait peut-être par acquérir une stabilité que ne possèdent pas toujours les républiques blanches.

Je sais bien que l'État d'Haïti a l'avantage de posséder un Parlement au grand complet, Sénat et Chambre des Représentants, et qu'il n'est pas dans la nature des Parlements de pousser à la simplification des rouages gouvernementaux et à la diminution des dépenses publiques. Mais le Parlement haïtien appartient sous ce rapport à la variété la plus inoffensive de l'espèce. Si les députés réclament volontiers l'ouverture de toutes sortes de crédits, destinés à faire le bonheur de leurs électeurs, ils n'insistent pas, quand le secrétaire d'État des finances leur démontre que le Trésor est à sec, et, comme le gouvernement est le premier et le plus influent de leurs électeurs, ils sont incapables de résister à sa volonté, quand il en a une. Si donc le général Salomon le voulait bien, il pourrait, avec le concours même de son Parlement, donner au monde le spectacle extraordinaire d'un gouvernement qui ne dépense point au delà de son revenu et d'une république à bon marché.

La veille de mon départ de Port-au-Prince, j'ai eu la bonne fortune d'assister à l'ouverture des Chambres, et j'ai été frappé de la bonne tenue du monde officiel et parlementaire de la république noire. Dès les premières heures de la matinée, les soldats de la garnison, dans leurs uniformes neufs, en gros drap bleu, avec parements rouges, la tête coiffée d'un képi,

les pieds chaussés, se rassemblent au son du fifre et
du tambour. Des généraux et leurs aides de camp,
ornés de hauts plumets, circulent au galop le long
des rangs. A dix heures, le général Salomon en
grand uniforme, suivi d'un brillant état-major, fait
son entrée dans la salle des séances de la Chambre des Députés, décorée de drapeaux entremêlés
de palmes fraîchement cueillies. Les sénateurs et les
députés en habit noir et en cravate blanche occupent le milieu de la salle; sur les côtés, des places ont été réservées à la magistrature et au corps
diplomatique. Le Président monte sur l'estrade, suivi
de ses aides de camp en uniforme rouge et pantalon
blanc, et il est reçu par les membres du bureau.
Échange de discours. Le Président de l'Assemblée
félicite le général d'avoir procuré au pays la paix et
la sécurité. « Vous êtes protégé, dit-il, par le bon
génie d'Haïti et soutenu avec un enthousiasme mérité
par le dévouement du peuple, par la confiance que
votre sagesse et votre habileté politique imposent à
l'intérieur comme à l'extérieur. Les mandataires de la
nation aiment à vous rendre ce témoignage de leur
foi dans votre administration et s'autorisent à affirmer solennellement que, après la reconnaissance
de la génération actuelle, celle de l'histoire vous
attend dans l'avenir. » Puis vient un vœu patriotique
et, s'il faut le dire, hélas! protectionniste, le vœu
« que le maintien de la paix et l'amélioration des
finances permettent au gouvernement de couronner
sa gloire en protégeant efficacement le travail et en

facilitant l'introduction de certaines industries dont le besoin se fait sentir ». Le général fait à cette allocution pompeuse et flatteuse une réponse pleine de sagesse et d'un style sobre. « Il nous faut, dit-il, régénérer le pays par le travail... Possesseurs d'un sol riche et fertile, de richesses naturelles encore inexploitées, devons-nous nous croiser les bras, donner au monde le triste spectacle d'un peuple trop enclin à la torpeur et à l'apathie, dédaignant le bien-être que la Providence a placé sous sa main ? » Il insiste sur la nécessité de « s'imposer de sévères économies et d'atteindre l'équilibre budgétaire qu'il n'a cessé de poursuivre ». Enfin, il signale les avantages que « la position géographique d'Haïti lui réserve dans l'avenir, quand aura retenti le dernier coup de pioche de l'infatigable perceur d'isthmes... Il nous faut lutter, conclut-il, aller de l'avant, obtenir une place d'honneur dans le golfe, et parmi les républiques qui nous avoisinent. Plus d'isolement, plus d'immobilité ! » Ce petit discours, marqué au coin du bon sens, est accueilli par des applaudissements enthousiastes. A l'issue de la séance, le Président, les secrétaires d'État, les membres du bureau, du corps diplomatique, du haut clergé, etc., montent au premier étage, où l'on fait sauter les bouchons d'un panier de bouteilles de champagne. Des toasts tropicaux sont échangés. L'allégresse est générale. Le Président rentre au palais au bruit des acclamations. Les soldats rompent les rangs. La cérémonie est finie. La session parlementaire est ouverte.

XV

HAITI. — LE RETOUR. — CONCLUSION.

Les mœurs parlementaires. — Le protectionnisme haïtien. — La
prison et les tribunaux de Port-au-Prince. — L'éloquence du
barreau. — Les relations de la France avec Haïti. — Santo-Domingo. — Mayaguez et Ponce. — Le fonctionnarisme dans les
Antilles. — Les monnaies. — La poste et les services de navigation. — Les quarantaines. — La *Ville-de-Brest*. — Ce qu'on
pense à l'étranger du percement de l'isthme de Panama.

Mai 1886.

J'avais été frappé de la bonne tenue et de la toilette
soignée des députés et sénateurs haïtiens dans la
séance d'ouverture de la session parlementaire. En
feuilletant les comptes rendus de la dernière session
dans le *Moniteur* (1), je ne le suis pas moins de l'extrême politesse qui caractérise les débats, et des égards
de toute sorte que se témoignent les membres de
l'Assemblée. Non seulement on ne se dit pas d'injures,
les interruptions sont rares, le « boucan » est inconnu,
mais on est charmé de saisir l'occasion de rendre

(1) Le *Moniteur*, journal officiel de la république d'Haïti, parais-
sant le jeudi et le samedi. Directeur, D. Delorme.

hommage au talent et aux services d'un collègue.
Voici, par exemple, en quels termes flatteurs le député
Domingo félicite le député Blot de s'être fait le promoteur de l'abolition de la contrainte par corps. « Il a
fallu, dit-il, la persévérance du député Blot pour faire
disparaître cette loi de nos annales. Je dirai même
que l'honorable député Blot est un Vilberforce. » L'Assemblée se montre particulièrement reconnaissante
des services de son président, et elle le lui témoigne
avec une effusion touchante. « Je vous propose, dit le
député Thomas, de donner un vote de satisfaction à
notre collègue O. Piquant, qui a dirigé nos travaux
pendant quatre mois, — un vote par lequel toute
l'Assemblée lui dira solennellement : Estimable collègue Piquant, voilà le tribut d'encouragement et
d'appréciation que vos collègues payent à votre ci-
visme. » Cette proposition est adoptée par acclamation,
et le président se plaît à son tour à féliciter le Corps
législatif d'avoir fait tout ce qui était humainement
possible pour rester à la hauteur de son mandat.
« Nous avons servi notre pays. (Très bien ! très bien !)
Servir son pays, Messieurs, en défendant la dignité
nationale, servir son pays en défendant la fortune publique alors qu'elle est gravement menacée, c'est le
servir au suprême degré, c'est, en outre, accomplir
avec dignité sa mission et c'est confirmer le jugement
sévère de la postérité qui attend. » (Applaudissements
prolongés.) — Ils sont très préoccupés de ce que la
postérité pensera d'eux et de la place qu'ils tiendront
dans l'histoire à laquelle leurs actes et leurs paroles

ne peuvent échapper. « Les paroles de M. le secrétaire
d'État, s'écrie l'un de leurs orateurs notables, dans la
discussion des réclamations étrangères, ainsi que celles
que je prononce en ce moment appartiennent à l'histoire. L'histoire les enregistrera. » Leur éloquence
abonde en images pittoresques, mais qui laissent peut-
être à désirer du côté de la nouveauté. Le « vaisseau
de l'État », par exemple, n'a pas cessé de faire partie
de leur matériel oratoire. « Persévérez, dit le président
de l'Assemblée au général Salomon, à l'ouverture de
la dernière session, persévérez malgré les difficultés et
les déceptions éprouvées, en dépit des calomnies et des
dénigrements injustes, à diriger habilement le vaisseau
de l'État. »

En revanche, comme ils sont bons et doux! Comme
ils prennent part aux chagrins de leurs collègues et
s'efforcent de les adoucir ! « Notre estimable et sym-
pathique collègue Germain, annonce le président, vient
d'être frappé dans ses affections par la mort de sa fille
chérie. Comme ce collègue vit dans l'estime de chacun
de nous et dans l'estime de toute la Chambre, je vais
nommer une députation chargée de lui porter, au nom
de l'Assemblée, quelques paroles de condoléance. »
Je n'ai pas besoin d'ajouter que la proposition a été
adoptée à l'unanimité. L'intelligence et les connaissances de ces bons députés qui n'ont de noir que la
peau sont-elles à la hauteur de leurs sentiments ? Je
n'oserais l'affirmer. Je ne puis dissimuler que l'économie politique n'est pas précisément leur science favorite, et qu'ils ont de fortes tendances protectionnistes.

L'année dernière, ils ont voulu prohiber un grand nombre d'articles fabriqués, les vêtements confectionnés, les souliers, etc., afin d'encourager l'industrie haïtienne. Le débat a été vif, et, chose inusitée, il a donné lieu à un échange de gros mots. Le député Apollon, qui s'efforçait de projeter dans la discussion quelques lumières économiques, a été malmené et presque insulté par son contradicteur protectionniste. Voici un échantillon de ce débat orageux, tel que le rapporte le *Moniteur* :

M. J.-P.-L. APOLLON : Messieurs, il s'agit ici de la protection à accorder à l'industrie nationale ; nous sommes tous d'accord sur ce point, mais, avant tout, l'essentiel est de savoir si, en prohibant les quelques articles consignés dans le projet de loi en discussion, le gouvernement nous permettra de nous habiller, sinon à meilleur compte, mais au même prix. Nous ne sommes pas assez préparés pour cela : l'industrie est encore naissante dans notre pays.

Vous dites : Nous devons donner du travail à nos concitoyens, nous devons les encourager ! C'est très bien ; mais ne faut-il pas songer à créer l'industrie, avant de prohiber certains articles indispensables à la consommation ? Moi qui vous parle, en ce moment, j'ai commandé dernièrement une paire de souliers à un cordonnier ; après m'avoir fait attendre plus d'une quinzaine de jours, il m'annonça finalement que la paire de souliers était faite et qu'il l'avait vendue à une autre personne.

M. J. OSSON : Je viens d'entendre l'argumentation du député Apollon. Je ne trouve pas qu'il ait raison de s'exprimer comme il l'a fait.

Le député Apollon nous dit qu'il n'y a pas de bons tailleurs dans le pays.

M. J.-P.-L. APOLLON : Je n'ai jamais dit cela.

M. Osson : C'est une erreur ; nous avons d'excellents tailleurs.

Le député Apollon a dit encore que les costumes étrangers ne se vendent pas aussi cher que ceux confectionnés dans le pays ; ce n'est pas vrai !...

M. Apollon : Encore une autre erreur ; je n'ai jamais dit cela.

M. J. Osson : Le député Apollon, de plus, a ajouté que les costumes confectionnés ici ne sont pas bien faits. C'est faux. Mes costumes sont confectionnés ici, et cependant il ne m'est jamais arrivé d'avoir à adresser des reproches à mon tailleur ; mes costumes sont toujours bien faits.

M. J.-P.-L. Apollon au député Osson : Pourquoi me faites-vous dire ce que je n'ai pas dit ?

M. J. Osson : Avant de songer, nous dit le député Apollon, à prohiber ces articles, commencez par créer l'industrie. Je lui répondrai qu'il faut toujours commencer par le commencement. C'est en prohibant l'entrée de ces articles que les Haïtiens commenceront à s'installer en grand.

M. J.-P.-L. Apollon : Je demande la parole.

M. le Président : La parole est accordée à l'honorable député Apollon.

M. J.-P.-L. Apollon : C'est pour relever une erreur que le député Osson a commise dans le chaud de la discussion.

Je n'ai pas dit, Messieurs, au détriment de mon pays, que le costume confectionné ici ne valait rien. C'est dans le pays que je m'habille, et mes costumes me conviennent toujours. J'ai dit qu'il s'agit de savoir, quand la loi sera en exécution, si les articles prohibés ne coûteront pas plus cher, quoique fabriqués dans le pays.

Voilà ce que j'ai dit.

Si, je le répète, l'industrie n'est pas organisée, avant de songer à prohiber les articles dont il est question, vous, députés du peuple, vous serez exposés à ne pas pouvoir vous rendre à la Chambre faute d'une paire de souliers.

Cet argument donna probablement à réfléchir aux protectionnistes de la Chambre, car le projet de loi fut retiré par son auteur, mais le protectionnisme n'a pas dit son dernier mot à Haïti. Les Haïtiens prohiberont, quelque jour, nos habits et nos souliers. Nous prohiberons leur café. Ils iront pieds nus et nous boirons de la chicorée. C'est le progrès du jour.

Avant d'assister à l'ouverture des Chambres, j'ai visité la prison et les tribunaux. La prison est un grand bâtiment mal tenu ; les prisonniers indigènes, jetés pêle-mêle dans une salle commune ou vaguant dans une cour malpropre, se plaignent de n'être point nourris, qnoique leur alimentation figure au budget. Cependant, à tout prendre, je préfèrerais, pour mon usage personnel, cette prison dépenaillée à la maison pénitentiaire à cages grillées et perfectionnées, que j'ai vue à Winnipeg. Les philantropes n'ont point, grâce au ciel, pénétré jusqu'ici, et les barbares haïtiens n'ont point songé à infliger à leurs prisonniers la torture civilisée de l'isolement et du silence absolus. J'ajoute que les prisonniers à la pistole ne sont pas trop à plaindre. Ils habitent un corps de bâtiment séparé, ils communiquent entre eux toute la journée et leurs cellules spacieuses sont meublées d'un lit confortable, de *rocking-chairs* et de hamacs, sans oublier la baignoire.

Les salles des tribunaux sont simplement blanchies à la chaux et n'ont d'autre ornement qu'une grande image du Christ en croix. Les juges et les avocats sont revêtus de la robe. La tenue de tout ce personnel judiciaire est irréprochable. On se plaint, probablement avec raison, de l'insuffisance du jury, mais est-il nécessaire de traverser l'Océan pour trouver des jurys insuffisants? Les jurés naïfs se laissent facilement impressionner par les grands effets oratoires; aussi l'éloquence du barreau s'élève-t-elle parfois à un diapason auquel nos oreilles ne sont plus accoutumées. Voici l'échantillon d'un plaidoyer qui a produit une sensation extraordinaire. Il s'agissait d'un crime commis en mer. Une jeune fille avait sauté par-dessus bord et s'était noyée pour se soustraire aux derniers outrages. Le commissaire du gouvernement fait frémir d'indignation son auditoire en lui racontant par le menu l'histoire de Lucrèce, et il porte l'émotion à son comble, en esquissant les derniers moments de l'intéressante émule maritime de l'illustre matrone romaine :

... « Alors, dans cette solitude immense, loin du secours des hommes, ses cris déchirants se perdant dans les nues, cette fille, — plus grande que Lucrèce, jetant un regard stoïque sur l'Océan monotone, évoquant toutes les forces de sa frêle nature, — cracha à la face de ses impitoyables assassins ces paroles sublimes : « Prenez ma vie, mais mon honneur, non pas! »

« Alors, sur l'abîme profond, se dressant de toute la hauteur de sa vertu indignée, — dans un suprême et dernier effort, elle se précipita dans les flots, et la mer, la vaste mer, fut d'un seul et même coup le linceul de sa vie et de son inflexible vertu!

(Ici le commissaire se découvre.)

« O mânes sacrées! — Mémoire impérissable que buri-

nera l'Histoire ! Ton nom cher et immortel restera gravé
dans nos cœurs, comme un monument élevé par la génération actuelle à la vertu, au courage de la femme haïtienne !

« Du haut du parquet, ô fille à la taille antique, le ministère public, dans un sentiment de juste admiration, pour
te payer le tribut d'hommages conquis par ton héroïsme ;
le ministère public, l'homme de la loi, le représentant inflexible et austère du pouvoir exécutif, se découvre respec-
tueusement, s'incline en prononçant ton nom, et salue ta
mémoire immortelle ! »

(Sensation profonde dans l'auditoire ; murmure unanime
d'approbation.)

Ce style grandiloque n'est plus de mode de notre
côté de l'Océan, mais n'oublions pas qu'il l'a été, et
soyons indulgents ! La littérature haïtienne mériterait
un chapitre à part. Haïti possède des historiens, des
romanciers, des poètes, qui peuvent, sans désavan-
tage, être comparés aux écrivains français du Canada,
et je suis persuadé que, à mesure que les communications entre la France et son ancienne colonie de-
viendront plus fréquentes, on pourra constater,
comme au Canada, un progrès marqué dans la langue et dans les formes un peu trop exubérantes du
style haïtien.

Ce développement si désirable des relations de la
France avec un pays qui est demeuré, malgré tout,
absolument français, est le point sur lequel je voudrais insister en terminant. On a entrepris dans ces
dernières années de conquérir des colonies, en vue
apparemment d'étendre les débouchés commerciaux
et l'influence politique de la France, et on a dépensé,

dans ce but, beaucoup de sang et d'argent. Voici un pays qui abonde en ressources naturelles de tous genres, une île merveilleuse où nous pourrions, sans employer la force et sans bourse délier, regagner une situation prépondérante, et nous ne paraissons pas nous en soucier. C'est tout au plus si nous savons que l'on parle français à Haïti, que le culte et l'éducation y sont entre des mains françaises, et qu'on y est fier d'avoir appartenu à la France. A la vérité, pas plus que les Canadiens, les Haïtiens ne se soucient d'abdiquer une indépendance qui leur a coûté cher, et peut-être a-t-on le tort de ne pas les rassurer entièrement de ce côté. Mais le jour où, sans s'embarrasser d'un protectorat officiel, la France voudra prêter à la république noire l'assistance efficace de ses capitaux et de son industrie, où ses capitalistes et ses ingénieurs iront établir à Haïti un réseau de télégraphes et de chemins de fer, installer des usines à café, exploiter les forêts de bois précieux, sans parler des richesses minérales, elle y retrouvera au delà de ce qu'elle a perdu à Saint-Domingue. Cependant, elle fera bien de se hâter; si les prêtres et les religieux français sont en train de refaire la conquête morale d'Haïti, les Allemands commencent à en faire la conquête économique et financière. Les maisons allemandes tiennent déjà le haut du pavé à Port-au-Prince. La banque d'Haïti, fondée par des Français, est dirigée aujourd'hui par des Allemands. La plus importante des usines à café appartient à des négociants de Hambourg, et c'est à Hambourg que les gens pratiques et prévoyants envoient depuis quelques années leurs enfants pour y apprendre le commerce. Nous avons sans doute une avance considérable sur les Allemands, nous possédons toutes les sympathies de la population, nous tenons entre nos mains le culte et l'éducation et, en grande partie encore, le commerce extérieur, mais souvenons-nous de la fable du *Lièvre et de la Tortue*, et ne nous attardons pas en chemin.

Le 20 avril, je prends mon billet de retour et je m'embarque sur le *Salvador*, bateau annexe de la Compagnie transatlantique qui fait le service des îles, avec de nombreuses escales et transborde, à Saint-Thomas, son contingent de passagers sur le grand paquebot de la Vera-Cruz à Saint-Nazaire. Le *Salvador* va de Port-au-Prince à Jacmel, en contournant la pointe occidentale d'Haïti; de là à Santo-Domingo, capitale de la république dominicaine, à Mayaguez et à Ponce, dans l'île espagnole de Porto-Rico, et il arrive à Saint-Thomas au bout de six jours. Le trajet direct à l'aller sur le bateau anglais ne m'avait pris que cinquante-deux heures, et mon billet m'avait coûté 25 0/0 de moins; mais, dans ces parages où la concurrence est insuffisante, les omnibus se payent plus cher que les express. Nous nous arrêtons toute une journée à Santo-Domingo, la première ville que les Européens aient bâtie en Amérique. On s'explique, à l'aspect des ruines énormes des remparts et du palais des gouverneurs espagnols, que la race indigène, épuisée par des travaux dépassant les forces humaines, ait succombé presque tout entière. Ces forteresses barbares n'ont pas empêché l'Espagne de perdre Saint-Domingue. Dans la cathédrale, vaste édifice délabré et nu, on nous montre une crypte, où l'on prétend avoir retrouvé les restes de Christophe Colomb. Mais Séville a réclamé. Séville affirme qu'elle possède seule les véritables restes de l'illustre Gênois, — à moins qu'il ne soit Corse. Qui décidera entre ces prétentions rivales? Encore si l'on avait nommé une commission!...

Santo-Domingo possède des tramways et des téléphones, et le gouvernement s'occupe sérieusement de l'amélioration du port. Quand la barre qui obstrue l'entrée de la rivière Ozama, sur laquelle est bâtie la capitale de la république dominicaine, aura été supprimée, les plus grands navires pourront aborder à quai. En attendant, les paquebots jettent l'ancre à un bon demi-mille; on va à terre en canot, et, à travers les eaux d'une merveilleuse transparence, on aperçoit les noires silhouettes des requins qui pullulent dans la baie. Parmi les passagers que nous avons pris à Santo-Domingo se trouve un malheureux hydropique qui vient à Paris, sur l'avis de son médecin, pour consulter les princes de la science. C'est le dernier espoir de ce pauvre homme. Mais il avait compté sans les règlements et les médecins de la Compagnie. Les règlements n'admettent à bord que les passagers capables de supporter les fatigues du voyage au jugement des médecins. Le médecin du *Salvador* estime que le malade pourra aller jusqu'à Saint-Thomas, mais sans lui dissimuler que son collègue de la *Ville-de-Brest* pourrait bien se montrer moins accommodant. Le malade consent à en courir le risque. A son arrivée à Saint-Thomas, il passe du *Salvador* à bord de la *Ville-de-Brest*. Le médecin l'examine, le déclare incapable de supporter la traversée jusqu'à Saint-Nazaire, et émet, en conséquence, l'avis qu'il y a lieu de lui refuser le passage. En vain le malade insiste. Malgré ses supplications, on le débarque comme un colis de rebut. C'était navrant, mais c'était le règlement ! Je me plais à espérer que le règlement de la Royal Mail aura été plus hospitalier et que le malheureux hydropique aura pu venir consulter les princes de la science, par la voie de Southampton.

De Santo-Domingo nous allons en une vingtaine d'heures à Mayaguez, dans l'île de Porto-Rico, et en dix heures de Mayaguez à Ponce, deux jolies villes qui se confondent déjà dans ma mémoire, tant elles se ressemblent. Nous y embarquons force balles de café, et nous voici de nouveau à Saint-Thomas, où nous quittons le *Salvador* pour passer sur la *Ville-de-Brest*, qui vient de la Vera-Cruz et qui nous amène en quatorze jours — du 27 avril au 11 mai — à Saint-Nazaire.

En résumant les impressions que m'a laissées cette visite rapide à l'isthme de Panama et à quelques-unes des îles de la mer des Antilles, je suis obligé de convenir, en toute humilité, que l'homme blanc, l'homme civilisé et civilisateur par excellence, n'y a pas joué, au moins jusqu'à ces derniers temps, un rôle des plus

flatteurs. Il a commencé par détruire presque complètement les indigènes qu'il a remplacés par des esclaves
achetés à bon marché en Afrique. Pendant deux
siècles, ç'a été même son commerce de prédilection.
Grâce au Code noir et au bâton, les planteurs des
colonies ont pu extraire d'immenses richesses d'un
sol vierge, où la nature avait accumulé les pouvoirs
productifs. Mais ce sol fécond, ils l'ont ravagé; ces
pouvoirs productifs, ils les ont détruits sans se préoccuper jamais de les renouveler. Partout où l'esclavage
a passé, la terre a été épuisée, et ce n'est qu'à grand
renfort d'engrais naturels et artificiels qu'on parvient
aujourd'hui à la reconstituer.

Si l'esclavage avait duré un siècle de plus, les
Antilles seraient devenues des landes infertiles ou des
marécages infects. Et ces richesses que leurs esclaves
dérobaient au sol en le ruinant, les conquérants
civilisateurs du nouveau monde se les disputaient avec
une rage forcenée ! Aucune partie du monde n'a été
le théâtre de luttes plus acharnées et plus cruelles.
Les Anglais, les Français, les Hollandais, les Espagnols,
sans parler des flibustiers et des boucaniers, ont tour
à tour conquis, ravagé et pillé ces splendides contrées
en y promenant l'incendie et le massacre. Enfin, la
paix s'est faite et l'esclavage a été aboli. Les Antilles
jouissent aujourd'hui d'une tranquillité profonde. Mais
il est impossible de n'être pas frappé du contraste
qu'y présentent les richesses de la nature et les
misères de l'homme. Qu'a fait l'homme blanc pour
élever jusqu'à lui son bon frère noir? Il lui a opposé

la barrière infranchissable du préjugé de couleur. Il
lui a dit : « Quel que soit le niveau intellectuel et
moral auquel tu puisses monter, quand même tu
deviendrais un savant ou un saint, tu ne prendras
jamais place à ma table, tu ne t'assiéras jamais à mon
foyer. » N'eût-il qu'une goutte imperceptible de sang
noir dans les veines, l'homme de couleur est une créature vile, dont le contact est une souillure. Cette créature vile, l'homme blanc a naturellement le droit de
l'exploiter sans trève ni merci. Au beau temps de
l'esclavage, il en usait eomme d'une bête de somme.
L'esclavage aboli, il a trouvé un procédé ingénieux
pour contraindre l'affranchi à travailler à aussi bas prix
que l'esclave : il a assujetti à des impôts exorbitants
la subsistance de la masse du peuple noir, et il en a
employé le produit à subventionner la concurrence
des Indous ou des Chinois, engagés, pour ne pas dire
esclaves à temps. Les métropoles ont laissé faire : les
philanthropes avaient, s'il faut tout dire, abusé du
nègre, et la réaction était venue : on en avait assez !
D'ailleurs, avec la marée montante du fonctionnarisme, les colonies ont acquis un regain d'utilité : elles
sont devenues un débouché pour l'excédent de là
production des fonctionnaires des métropoles. A ce
point de vue, on ne saurait contester les services
qu'elles rendent à la France, à l'Espagne, à l'Angleterre
et même au Danemark. La France, c'est une justice à
lui rendre, n'a pas voulu infliger à ses colonies le fardeau de l'entretien de ce personnel encombrant. Elle
s'en est chargée elle-même, en donnant ainsi aux

autres métropoles un exemple de générosité et de délicatesse qu'elles ne se sont pas pressées d'imiter. Si elle a pourvu les 300,000 à 400,000 habitants de la Martinique et de la Guadeloupe d'un personnel de fonctionnaires qui pourrait suffire et au delà à combler les besoins administratifs d'une population de 3 à 4 millions d'individus, elle en supporte elle-même les frais. Elle fournit sur son propre budget pour 2,325,000 francs de dépenses de souveraineté à la Martinique, autant à la Guadeloupe ; en totalité, près de 5 millions. On ne peut donc lui reprocher d'exploiter ses colonies. On pourrait même soutenir que ces pensionnats administratifs, entretenus par la métropole, sont, au contraire, profitables pour les colonies. On ne doit pas se dissimuler, cependant, que l'excès des meilleures choses a ses inconvénients.

Les Antilles souffrent d'une véritable indigestion administrative, réglementaire et fiscale. Chacun de ces superbes morceaux de terre qui mirent les panaches verts de leurs palmiers dans l'eau bleue et transparente de l'Océan est couvert de douaniers et d'agents sanitaires. On ne peut y aborder sans payer tribut au fisc, à la protection et à la médecine ; et quelles pertes de temps ! et quelles paperasses ! A la multiplicité et à la complication des impôts qu'il faut payer et des formalités qu'il faut subir s'ajoute la diversité des monnaies. J'en ai bien compté dix sortes, monnaies colombienne, vénézuélienne, danoise, espagnole, haïtienne, française, anglaise, américaine, mexicaine, et la plupart de ces monnaies n'ont qu'un cours local.

Le résultat, c'est que le commerce intercolonial est nul, et qu'il est presque aussi rare d'apercevoir une voile dans l'archipel des Antilles que dans les vastes solitudes de l'Océan. Impossible de passer d'une île française dans une île espagnole ou anglaise ou même française, à moins de suivre l'itinéraire des rares lignes de paquebots et de leurs annexes. Les lettres mettent des semaines à franchir une centaine de kilomètres, quand elles ne se perdent pas en route. Il est inutile d'ajouter que les postes ne se chargent pas de les faire suivre. Pendant deux longs mois je n'ai pas reçu une seule lettre d'Europe. Les tarifs télégraphiques sont pleins de fantaisie. Une dépêche de Colon à Paris coûte 7 francs par mot, une dépêche de la Martinique, plus rapprochée cependant de six jours de mer, 18 francs, tandis que de New-York ce n'est plus, grâce à la concurrence, que 60 centimes. Et ce n'est pas sans peine que le commerce de ces régions favorisées du ciel, mais fonctionnarisées par les hommes, alimente deux ou trois lignes de bateaux à vapeur, et quelles lignes! Tandis que les paquebots des lignes de New-York font aujourd'hui de 15 à 18 nœuds à l'heure, les paquebots des Antilles n'en font guère que 11 ou 12. La *Ville-de-Brest* atteignait difficilement 11 nœuds. Je ne voudrais rien dire de désagréable à son excellent et aimable capitaine, mais quel horrible sabot que cette *Ville-de-Brest!* La carène, qui n'avait pas été curée au bassin depuis un temps immémorial, se frayait péniblement un chemin dans les eaux de l'Océan pourtant calmes comme celles d'un lac, et le

piston branlant de sa machine se brisait la veille de
notre arrivée à Saint-Nazaire. Si l'accident était sur-
venu quelques jours plus tôt, nous étions réduits à la
destinée lamentable des passagers du radeau de la
Méduse. Nous avions à la vérité une cargaison de
3,700 balles de café de Porto-Rico. Nous nous serions
nourris de café, et peut-être ce régime aurait-il re-
posé nos estomacs fatigués de l'effroyable cuisine du
bord. Je dois dire, toutefois, que les Compagnies ont
une excuse en employant leurs navires de rebut à la
traversée des Antilles : c'est que les passagers, je
parle des passagers de la ligne française, ne gagne-
raient rien à avoir à leur service des navires rapides.
A partir du mois de mai, tout paquebot arrivant des
Antilles à Saint-Nazaire en moins de quatorze jours
est mis en quarantaine. Mieux vaut encore, à tout
prendre, respirer l'air pur de l'Océan que d'absorber
les légions de microbes croupissants des lazarets. Il
ne m'appartient pas de décider si la fièvre jaune est
contagieuse ou non ; mais ce qui me paraît certain,
c'est que les quarantaines ne servent qu'à empêcher,
à grands frais, l'emploi du seul remède préventif de
la contagion, je veux parler des aménagements hygiéniques et de la propreté des navires. Dans les paquebots les plus élégants et les plus luxueux, où l'or et la
soie décorent le salon des premières, les logements
des classes inférieures, sans parler de ceux de l'équipage, sont des foyers de mauvais air, et quels détails
infects ! Je connais un de ces paquebots et non des
moins somptueux, où il n'y avait qu'un *water-closet*,

encore le mot de *water* est-il de trop ! pour 300 émigrants empilés dans l'entrepont. On parle beaucoup de l'amélioration des logements insalubres ; qu'on se préoccupe donc un peu aussi de l'amélioration des navires insalubres. Ils le sont tous ! Le jour où les médecins qui n'ont à bord que d'aimables sinécures, puisque les règlements les autorisent à refuser les malades sérieux, seront chargés d'un service d'hygiène, où ils auront le droit de condamner les logements malsains, où ils surveilleront le balayage et même la cuisine, les navires cesseront d'être des véhicules de contagion, le commerce cessera d'être entravé et des centaines de voyageurs innocents ne seront plus condamnés au supplice odieux et coûteux des lazarets et des quarantaines.

Mais, pour en revenir aux Antilles et aux admirables régions du Centre-Amérique, le malheur de cette riche portion de notre globe c'est d'être une impasse. Les détritus de la fiscalité, du monopole et des autres infections économiques qui produisent le découragement, la fainéantise et la misère s'y accumulent avec les miasmes morbides qui produisent les fièvres paludéennes et le *vomito negro*. Des hommes compétents assurent que le percement de l'isthme de Panama chassera les miasmes en créant un courant interocéanien ; il n'exercera certainement pas une influence moins bienfaisante sur l'assainissement économique des Antilles, en transformant ce cul-de-sac de l'Océan en une des grandes avenues du commerce du monde.

Un dernier mot pour finir. Dans tout le cours de

mon voyage, de Southampon à Panama, dans les îles françaises, anglaises, espagnoles, danoises, à Haïti, je n'ai entendu que des vœux et des paroles de sympathie et d'encouragement pour la grande entreprise française de M. de Lesseps, la plus grande et une des plus utiles du siècle. Dans l'isthme, mes compagnons, les délégués des chambres de commerce et moi, nous avons vu, de nos yeux vu, le matériel d'une puissance colossale que le capital français y a accumulé et qu'une armée de travailleurs, pleine d'ardeur et de confiance, met en œuvre, sans se laisser décourager par les vides que la mort creuse chaque jour dans ses rangs. Il nous a fallu revenir en France pour entendre nier la réalité de ce que nous avons vu et assister aux manœuvres savantes des financiers patriotes qui travaillent à faire passer au rabais cette noble entreprise dans les mains des spéculateurs yankees. On s'en va affirmant que la Compagnie est dans l'impuissance d'achever son œuvre, et c'est pourquoi on veut charitablement l'empêcher de se procurer les capitaux nécessaires pour la continuer. Mais le bon sens public déjouera cette stratégie à l'américaine. Ce que l'esprit d'entreprise, la science et le capital français ont commencé, ils l'achèveront aux applaudissements des deux mondes, et, n'en déplaise aux esprits myopes qui ne voient plus rien au delà de la guérite du douanier, au profit et à l'honneur de la France.

APPENDICE

I

RAPPORTS DES DÉLÉGUÉS DES CHAMBRES DE COMMERCE

A leur retour, les délégués français qui accompagnaient M. de Lesseps ont rendu compte de leur mission à leurs chambres de commerce respectives. Nous avons sous les yeux les rapports de M. Jules Ch. Roux à la chambre de commerce de Marseille et de M. E. Ferry, conseiller général de la Seine-Inférieure, à la Chambre de commerce de Rouen.

Nous empruntons à ces rapports la partie que les délégués ont rédigée en commun et qui contient le résumé de leur examen de l'état des travaux du canal.

Le canal de Panama, en y comprenant le chenal à draguer dans le Pacifique, jusqu'à l'île de Naos, aura un parcours total de 74 kilomètres, une largeur de 22 mètres au plafond, de 50 mètres au plan d'eau, et une profondeur de 8^m,50 à 9 mètres.

Afin de rendre notre exposé plus clair, nous diviserons le canal en trois parties bien distinctes :

1° Du kilomètre 0 au kilomètre 44 (de Colon à Gamboa), portion où la difficulté réside dans le voisinage du Rio-Chagres ;

2° Du kilomètre 44 au kilomètre 55,800 (de Gamboa à l'extrémité de la Culebra). Massif central comprenant Obispo et Emperador, où se trouvent les plus hauts sommets et les parties rocheuses les plus importantes ;

3° Du kilomètre 55,800 au kilomètre 74 (de Paraiso au Pacifique). Terrains presque entièrement dragables, sauf quelques seuils n'offrant plus de difficultés sérieuses.

Nous consacrerons un article spécial aux *aménagements des eaux douces* (dérivations du Rio-Chagres, du Rio-Grande) et nous joindrons à notre rapport quelques détails sur :

1° Les ateliers de la Compagnie et outillage ; les installations ;

2° Les entrepreneurs actuellement chargés de l'exécution des travaux ;

3° L'administration, les ouvriers, les campements ;

4° L'état sanitaire, les hôpitaux de Colon et de Panama, le sanitariun de Taboga ;

5° Le Panama-Rail-Road et son trafic ; les propriétés de la Compagnie.

§ 1. — DE COLON A GAMBOA.

La rade de Colon, justement appelée baie de Limon, à cause de ses fonds vaseux, a une superficie de 35 kilomètres carrés et une profondeur maxima de 8 à 9 mètres. Elle est complètement ouverte aux vents du Nord (Norte), qui ne soufflent en tempête que dans le mois de décembre, mais qui se font fréquemment sentir (nous en avons eu la preuve) et à l'abri desquels il était indispensable de placer l'entrée du canal.

La Compagnie a heureusement résolu ce problème par la construction d'un terre-plein qui a été con-

quis sur un marais jadis insalubre, et a absorbé
236,000 mètres cubes de déblais. Ce terre-plein est
protégé contre la mer par des enrochements qui se
terminent par un musoir circulaire. Ces enrochements en blocs naturels proviennent principalement
des carrières de Kenny's-Bluff, situées en face de
Colon. Ce travail important joint à l'avantage de protéger contre les vents et les flots l'entrée du canal,
celui d'offrir, dans des conditions de salubrité qui
contrastent avec celles du vieux Colon, des bâtiments
sains où sont installés les bureaux et les employés de
l'administration. Deux vastes rues de 15 mètres de
largeur, bordées de cocotiers et pourvues de cani-
veaux pour l'écoulement des eaux pluviales et ména-
gères, traversent de part en part cette nouvelle ville à
laquelle on a donné le nom de *Christophe-Colomb*, dont
la statue s'élève à l'extrémité.

A l'intérieur du port, il a été déjà exécuté deux
grands wharfs en charpente, que peuvent accoster
les navires de fort tonnage (9 mètres de tirant d'eau).
Ces wharfs sont limités du côté du large par un musoir de 150 mètres de longueur, qui sera ultérieure-
ment prolongé.

Le nouveau port de Colon, qui aura 2,500 mètres
de longueur sur 500 de largeur depuis Fox-River,
permettra aux navires, et surtout aux voiliers, de
jouir d'une sécurité à laquelle ils ne sont pas habitués dans ces parages. On y disposera des bassins et
des môles comme ceux de Port-Saïd ou de Marseille,
où l'on pourra facilement établir des dépôts de charbon et des hangars pour le chargement et le déchar-
gement des marchandises.

Nous avons parcouru le port en bateau à vapeur et

sommes entrés dans le canal, approfondi à 6 mètres, et dans lequel nous avons navigué sans entraves jusqu'au kilomètre 4,600. La largeur des 400 premiers mètres est prévue à 400 mètres pour faciliter le mouvement des entrées et des sorties.

Jusqu'au kilomètre 4,600, la nature des terrains a permis de faire tout le travail au moyen des dragues marines et des dragues à long couloir. La première déverse les déblais dans des bateaux-clapets, dits *hoppers-barges*, qui vont les conduire en pleine mer en dehors de l'action des courants ; la seconde, au moyen des *longs couloirs*, rejette les déblais des deux côtés de la partie creusée, et forme en même temps les cavaliers.

Au kilomètre 4,600, nous quittons le bateau pour visiter le chantier du Mindi, où se trouvent deux petites buttes, l'une de 200, l'autre de 300 mètres de longueur, qui doivent être dérasées à sec. La Compagnie a dû résilier le contrat qu'elle avait passé avec l'entrepreneur chargé de ce travail, et elle exécute en régie l'enlèvement de la deuxième butte. Le cube enlevé journellement est de 350 mètres cubes ; il en a été extrait 17,000 mètres cubes sur un total de 21,000 mètres cubes.

Les collines du Mindi sont donc actuellement le seul obstacle qui empêche d'aller par eau de Colon à Gatun. Il importe d'assurer le plus rapidement possible une communication directe et sans arrêt entre ces deux points, et on peut espérer qu'à bref délai ladite communication sera ouverte.

Après notre visite aux chantiers du Mindi, nous remontons dans nos chaloupes à vapeur, et filons à toute vitesse sur le canal, jusqu'au kilomètre 9, non loin duquel se trouve Gatun.

Ce village est situé sur la rive gauche du Rio-Chagres, et la cité Lesseps a été construite sur la rive droite.

L'ancien village est un amas de huttes en bois recouvertes de roseaux, où vivent pêle-mêle 5 à 600 Indiens. La cité Lesseps se compose de plusieurs chalets, coquettement bâtis, et disposés sur des éminences, ce qui doit contribuer à leur salubrité. C'est près de Gatun (kilomètre 9) que le Chagres rencontre le canal pour la première fois. Ainsi que nous l'avons dit en débutant, nous traiterons à part la dérivation du Chagres.

Au kilomètre 15 (Caïmito) nous visiterons la drague « Dingler » *à simple couloir* dont le rendement théorique est de 6,000 mètres cubes en 24 heures.

Au kilomètre 16, nous nous arrêtons à la drague « City of New-York » *à double couloir*, ce qui lui permet de verser les déblais sur les deux rives.

En résumé, jusqu'au kilomètre 16, nous avons rencontré 9 dragues en pleine activité (7 dragues américaines à long couloir, 1 drague de 180 chevaux et 1 drague marine); nous avons vu également 4 dragues de 60 chevaux, les premières envoyées dans l'isthme, 4 débarquements flottants, les bateaux porteurs et clapets à mains nécessaires pour le service de ces appareils, à l'aide desquels ont été exécutés les premiers dragages dans le canal et les dérivations du Trinidad et du Gatuncillo (voir Aménagements des eaux douces).

Chacune des grandes dragues américaines peut produire, ainsi que nous l'avons dit, 6,000 mètres cubes de terrassement dans une journée de 24 heures.

Elles en ont souvent produit 4 et 5,000, et il faut

admettre qu'en tenant compte des arrêts, suspensions de travail (pour réparations ou autres motifs), elles produisent une moyenne de 3,000 mètres cubes par 24 heures et qu'elles travaillent 25 jours par mois.

Le mètre cube dragué est payé à l'entrepreneur P. 0,32. Il faut tenir compte de ce que ce prix est surélevé par les frais généraux de contrôle, la préparation des terrains (déboisement, dessouchement), constructions de cavaliers pour retenir les déblais, surestaries à payer lorsque la drague est obligée de stopper pour un cas de force majeure. Bien que ce coefficient soit variable, on peut admettre que le prix est augmenté environ d'un tiers par ces différents éléments.

Il nous paraît inutile de faire ressortir toute l'économie qui résulte de ce mode du travail ; car, pour obtenir les mêmes résultats sur un chantier à sec et en supposant que les wagons soient chargés par des travailleurs et non par des excavateurs, il faudrait compter environ 1,000 journées de travail, chaque homme faisant 3 mètres cubes par journée de 10 heures, pour lesquelles il perçoit un salaire de 1 P. 50 ou 2 P., et cette comparaison ne peut être que théorique, car il serait impossible de loger 1,000 hommes sur un espace aussi restreint que celui occupé par une drague.

Du kilomètre 16 au kilomètre 22, on rencontre des terrains dragables, sauf au kilomètre 20, où se trouve une butte de 150,000 mètres cubes, qui est déjà entamée et qui sera terminée par un excavateur. A partir du kilomètre 20, l'élévation des berges ne permettra plus de travailler avec les dragues à long couloir, et les déblais devront être déversés sur les berges, au moyen de pompes centrifuges.

Buhio-Soldado est un beau campement situé entre la ligne du chemin de fer et le Chagres que nous traversons. Au kilomètre 23,400 se trouve une butte qu'il faudra enlever à sec jusqu'au fond de la cuvette. Deux cents mines éclatent au moment où nous pénétrons sur le chantier, d'où l'on a extrait 1,200,000 mètres cubes et d'où il reste à extraire 700,000 mètres cubes, travail qui devra être terminé à la fin de 1887.

Deux souterrains, munis de rails, traversent la butte de part en part. Des puits de forage ont été pratiqués de distance en distance, et permettent aux déblais de descendre directement sur des wagons qui les déversent dans un vaste terrain marécageux peu éloigné. La hauteur de la montagne était de 65 mètres, il y aura donc 74 mètres du sommet de la tranchée au plafond du canal.

A gauche de Buhio-Soldado, se trouvent de belles carrières de grès gris.

Du kilomètre 24 au kilomètre 33, le terrain est préparé pour recevoir les dragues. Au kilomètre 33 se trouve Tavernilla. qui est situé dans une plaine, à 12 mètres au-dessus du plan d'eau moyen du canal, et en occupe à peu près le centre. L'endroit semble bien disposé pour y recevoir un port de garage.

Dans la plaine de Tavernilla, le creusement s'opère au moyen d'excavateurs à sec, avec transporteurs du type employé au canal de Tancarville, qui forment directement, avec les déblais de la tranchée, les cavaliers du canal.

De la plaine de Tavernilla, qui a 5 à 6 kilomètres de long, nous arrivons au chantier de San-Pablo, qui mesure 2 kilomètres. Il occupe 300 ouvriers, et sa cote, qui débute à + 12, s'élève successivement jusqu'à + 45. Sur un million de mètres cubes à enlever, il en a été extrait plus de la moitié. On y travaille à la main et à l'excavateur Osgood. Cet appareil se compose d'une gigantesque cuiller-pelle armée à son bec de fortes lames en fer. Cette cuiller est maintenue par des chaînes à un fort bras de levier pivotant lui-même sur un tourillon. Le mécanicien abaisse la cuiller, lui donne une légère inclinaison en dehors au moment de l'arrivée au bas du talus, puis fait brusquement remonter la cuiller le long du talus. Elle s'emplit en y mordant. Arrivé au bout de sa course et contre le bras du levier, le godet est plein ; le levier, le godet, font un à droite, et viennent se placer automatiquement au-dessus des wagons de décharge. Une pression du mécanicien fait glisser le fond du godet, qui se vide dans le wagon. Le levier pivote, et le godet est replacé au pied du talus. Nous avons vu charger en deux minutes un wagon de 4 mètres cubes. En comptant le temps des déplacements, on peut charger 90 wagons de cette capacité en une journée de 10 heures.

Près de San-Pablo, le tracé du canal est coupé par la voie du chemin de fer, et un pont tournant sera établi sur ce point ; la hauteur des terrains au-dessus du niveau de l'eau ne permettant pas d'établir un pont fixe assez élevé pour laisser passer librement les navires en transit.

Nous poursuivons notre route par Maméï (kilomètre 39), Gorgona et Matachin (kilomètres 40, 42 et 43) où les tranchées sont faites à sec par excavateurs jusqu'à un niveau tel, que les dragues flottant dans le Chagres puissent continuer l'excavation, et nous arrivons à Gamboa (kilomètre 44) où éclate sous nos yeux une mine formidable de dynamite et de poudre qui produit 30,000 mètres cubes de déblais. Cette mine est la seconde de cette force tirée dans ce chantier. La roche entamée est du grès conglomérique.

C'est à Gamboa qu'est projeté le barrage du Chagres. Il doit s'appuyer d'un côté sur le Cerro-Santa-Cruz, de l'autre sur le Cerro-Gamboa, sur une longueur de 750 mètres en crête et 300 mètres en base. Sa hauteur est prévue à 63 mètres au-dessus du niveau de la mer. Les eaux des crues s'accumuleront dans cet immense réservoir, d'où elles ne s'écouleront que petit à petit par un orifice ouvert en tunnel dans la roche vive, de façon à n'avoir à débiter dans le canal de dérivation de la rive droite que 40 mètres cubes seulement au moment des plus fortes crues.

Le Chagres est, en effet, un fleuve fantasque, que nous avons vu couler avec tranquillité, mais qui s'élève subitement jusqu'à 8 mètres, du 20 novembre au 5 décembre. Dans le reste de l'année, le maximum de ses crues peut être considéré de $3^m,50$.

L'arrivée de M. Boyer dans l'isthme comme ingénieur en chef paraît avoir remis en question cet important travail. Avant d'y mettre la main, on va procéder à des études nouvelles dans le but de rechercher si, par des dérivations, on ne pourrait pas éviter le barrage, tour de force d'ingénieur, travail fait pour tenter un esprit entreprenant, mais qui ne nous paraît pas s'imposer. Aussi préférerions-nous qu'il fût possible d'adopter le système des dérivations, qui nous semble beaucoup plus complet et de nature à calmer toutes les appréhensions.

Il a été créé à Gamboa un observatoire à l'altitude

de 30 mètres au-dessus du niveau de la mer; les moyennes relevées sont les suivantes:

Saison des pluies.

Température...................... 30° 2 centigrades.
Hauteur barométrique............. 759, 26
Moyenne hygrométrique........... 96

Saison sèche.

Température...................... 31° 8 centigrades.
Hauteur barométrique............. 760, 55
Moyenne hygrométrique........... 88

Les points extrêmes de température varient de 10 degrés, entre 25° et 35°.

Ici se termine la première partie du canal maritime où la principale difficulté réside dans la rencontre incessante du Chagres, auquel il faut tracer un nouveau lit. Nous reviendrons sur ce point.

§ 2. — DE GAMBOA A L'EXTRÉMITÉ DE LA CULEBRA.

Depuis Matachin, c'est une suite ininterrompue de travaux et de campements. Nous entrons dans le massif rocheux par le cerro Corosita, qui a été déjà abaissé de 70 à 56 mètres, sur une longueur de 800 mètres, et les chantiers principaux que nous allons visiter sont ceux des haut et bas Obispo, Emperador et la Culebra.

Les dispositions de ces chantiers varient avec la configuration du sol et la nature du terrain. Dans la section de l'Obispo, le relief du sol est très tourmenté, et les roches dures se trouvent près de la surface. Aussi, en un grand nombre de points, les attaques sont faites à la main par des terrassiers ou des mineurs qui chargent les déblais dans des wagonnets Decauville.

Le cerro Lapita, haut de 85 mètres, commande l'entrée d'Emperador. Il est complètement tranché, et les talus n'ont plus qu'à être réglés. C'est, nous dit-on, l'affaire d'un mois. Comme toutes les collines qui nous entourent, le cerro Lapita a une couleur rougeâtre d'argile ferrugineuse recouvrant une roche dure.

Les chantiers réunis d'Obispo et d'Emperador mesurent 9 kilomètres 400 de longueur, du kilomètre 44 au kilomètre 53,600. Celui d'Emperador, situé dans un terrain moins accidenté que celui d'Obispo, a pu depuis longtemps être exploité au gros matériel, c'est-à-dire recevoir des excavateurs et de grands wagons traînés par des locomotives.

Il se divise en quatre parties principales :

1° Las Cascadas (roche) ;

2° La Cunette ;

3° Emperador proprement dit (terrain rocheux).

Près de la limite de séparation des chantiers d'Emperador et de la Cunette coule le Rio Obispo, qui a été dérivé ;

4° Le chantier du Lirio (terrain rocheux).

Les excavateurs de divers modèles sont largement représentés dans cette partie du canal. Nous voyons fonctionner : les excavateurs Gabert (de Lyon), Weyer et Richemond (de Pantin), Evrard (de la Compagnie franco-belge). Chaque excavateur en fonctionnement est desservi par 2 locomotives et 80 wagons. Leur production actuelle peut être évaluée à un minimum de 300 mètres cubes par travail de 10 heures.

Nous arrivons enfin à la Culebra (kilomètre 53,600), chantier le plus saisissant de tous ceux que nous avons visités. Il n'a que 1,800 mètres de longueur ; mais il s'agit d'extraire 20 millions de mètres cubes et les collines à entamer sont fort élevées puisque la cote monte jusqu'à 140 mètres et que la hauteur moyenne est de 88 mètres. C'est un fourmillement d'hommes et de machines travaillant à des étages différents. Travail à la main, mines, wagonnets Decauville, excavateurs, trains de ballast allant et venant, deux mille ouvriers disséminés, c'est le spectacle de la plus grande activité. Cependant, le nombre des excavateurs en fonctionnement n'est pas encore au complet, puisque nous n'en avons compté que dix-sept sur quarante que les entrepreneurs se sont engagés à mettre en mouvement; ceux qui manquent sont incessamment attendus.

A l'heure actuelle, il n'a été encore extrait qu'un vingtième du cube total; mais la préparation de cet imposant chantier a naturellement entraîné de grandes pertes de temps, et il nous paraît maintenant dans d'excellentes conditions d'exploitation et de progression.

La cote de 140 mètres que nous avons signalée n'est pas dans l'axe du canal. Ce point a été atteint par la largeur nécessitée par la pente à donner aux talus, qui sont calculés à 45 degrés, et dont l'ouverture au sommet variera entre 260 et 300 mètres.

En franchissant les différents gradins, nous remarquons sur notre gauche une argile rouge très plastique; sur notre droite, au contraire, le massif est formé de blocs de dolérite disséminée dans du sable très friable.

Le travail marche bien dans cette saison; mais la difficulté se présente lors de la saison des pluies, à cause de la nature collante de ces argiles. De la plateforme de la cote 85 nous pouvons nettement distinguer les talus des divers sommets, et aucun n'a subi de modifications depuis son règlement. Du côté droit seulement s'est produit un glissement de la partie sableuse dont nous venons de parler ; mais on aperçoit en dessous une roche dure qui nous paraît enlever à cet égard toute appréhension.

Le col de Culebra forme la ligne du partage des eaux entre l'Atlantique et le Pacifique.

§ 3. — DE PARAISO AU PACIFIQUE.

Notre troisième partie commence au kilomètre 55,800, où l'entreprise actuelle, sur un total de 1,400,000 mètres cubes à enlever, a déjà extrait 500,000 mètres cubes.

Entre ce point et le commencement de la section de Paraiso (kilomètre 58), le tracé du canal rencontre pour la deuxième fois le Panama Rail-Road. On a décidé de dévier la voie, à partir de la Culebra jusqu'à Pedro-Miguel, où sera établi un second pont tournant.

Nous nous permettrons de regretter que l'on n'ait pas pu remplacer les ponts tournants de San-Pablo et de Pedro-Miguel par des ponts fixes ; car le trafic est considérable sur le Panama Rail-Road, et les manœuvres de ces ponts ne peuvent qu'entraîner des sujétions qu'il serait préférable d'éviter.

De Paraiso à Pedro-Miguel (kilomètre 61), le travail est ininterrompu. C'est une partie facile, actuellement amenée à la cote 36, où travaillent 1,000 à 1,500 ouvriers.

Nous revoyons avec intérêt travailler l'excavateur Osgood et, entre la nouvelle voie du chemin de fer et le canal, nous pouvons nous rendre compte que la dérivation du Rio-Grande est presque terminée. De

16.

même que sur le verssnt de l'Atlantique il a fallu se débarrasser du Chagres, de même, sur le versant du Pacifique, il a fallu procéder à la dérivation du Rio-Grande, qui, du reste, est bien loin de présenter la même importance.

Du kilomètre 61 à la Boca (kilomètre 69), point où le canal pénètre dans le Pacifique, il n'y a encore rien de fait, si ce n'est une butte dérasée (Corrozal), des déboisements et des jalonnements.

Ces terrains sont d'ailleurs bas, marécageux et faciles à draguer. Ces travaux avaient été concédés à une société qui n'a pas tenu ses engagements et qu'on s'occupe de remplacer.

Le canal ne s'arrêtera pas à la *Boca*, et un large chenal sera prolongé jusqu'aux grands fonds naturels près des îles Naos et Perico, qui abritent un excellent mouillage.

La rade de Panama est remarquablement calme, et la grande navigation entre Naos et la Boca sera simplement guidée par des balises et des feux placés à terre. Un kilomètre et demi de ce chenal est déjà terminé, et les travaux vont être poussés avec activité; car nous avons vu deux dragues marines en plein travail, six en montage, et deux autres sont attendues et font route viâ Magellan. Ces huit dernières ne sont pas des dragues marines, mais des dragues fluviales de 180 chevaux, qui peuvent atteindre au delà de 15 mètres, tandis que les dragues marines ne descendent qu'à 9 et 10 mètres.

Le chantier de la Boca, qui occupe environ 600 ouvriers, nous a paru être dans de moins bonnes conditions de salubrité que les autres. Peut-être eût-il été préférable de construire les campements sur le versant de la colline (le Cerro-Sosa) opposé au Rio-Grande, dont l'embouchure est un immense marais où l'eau du Pacifique se mélange à l'eau douce.

La rade de Panama est très sûre ; mais les navires d'un certain tonnage sont obligés de se tenir loin de la côte, à cause du manque de fond. C'est pour cela que les paquebots qui desservent les diverses lignes du Pacifique s'arrêtent au mouillage des îles Naos, véritable port de Panama.

Le niveau moyen de l'océan Pacifique à Panama et celui de l'Atlantique à Colon sont à la même altitude. Mais les oscillations des marées dans les deux Océans sont très différentes. A Colon, les marées sont très faibles et ne dépassent pas $0^m,58$ d'amplitude maximum. A Panama, au contraire, elles sont considérables ; plus de 2 mètres d'amplitude en mortes eaux, plus de 4 mètres en marée moyenne, plus de 5 mètres en grandes vives eaux.

C'est cette différence entre les marées des deux Océans qui a soulevé la question de savoir si une écluse serait ou non indispensable. Sans nous prononcer sur un point qui échappe à notre compétence, nous dirons que, pour nous, il en est des écluses comme des ponts tournants et qu'il est à souhaiter que les habiles ingénieurs de la Compagnie trouvent le moyen de s'en passer.

AMÉNAGEMENT DES EAUX DOUCES

(Dérivations du Chagres et du Rio-Grande).

Ainsi qu'on a pu le remarquer dans ce qui précède, le tracé du canal rencontre le Chagres un certain nombre de fois entre Gatun et Gamboa. On ne pouvait recevoir les eaux du Chagres dans le canal maritime sans lui donner une beaucoup plus grande largeur et sans créer des courants violents qui auraient été une gêne pour la navigation. Pour écarter ces eaux douces du canal maritime, la solution adoptée consiste à établir, latéralement au canal de navigation et sur chaque côté, un canal ayant une section suffisante pour recueillir et conduire à la mer toutes les eaux de la rive correspondante.

Le système de dérivation se divise donc en deux parties :

1° Dérivation sur la rive droite du canal maritime ;
2° Dérivation sur la rive gauche.

La dérivation sur la rive droite est, à proprement parler, celle de tous les affluents de la rive gauche du Chagres : Rio-Obispo, Rio-Arena, Rio-Trinidad, dont elle emprunte le nom à la rencontre de cette rivière. Elle réunit ces trois affluents dans le lit même du fleuve, asséché sur ce côté par les dérivations de la rive gauche, assemble les boucles par une série de secteurs, reprend le Chagres à la boucle qu'il décrit en avant de Gatun, et utilise son embouchure naturelle qui se trouve à l'ouest de la baie de Limon, au fort Lorenzo. Cette dérivation commence à l'Obispo (kilomètre 47,500), et se termine au kilomètre 10,500, dans le lit du Chagres.

La dérivation sur la rive gauche du canal est plus importante : c'est celle du fleuve lui-même. Elle prend le Chagres vers le kilomètre 44,500, coupe une à une chacune des boucles qu'il décrit, les rejoint, et amène ainsi le fleuve en amont de Gatun, au Gatuncillo, qui lui donne alors son nom.

Devant Gatun, le véritable lit du Chagres est emprunté pendant quelques centaines de mètres; puis, à partir de ce point, le fleuve est conduit à la mer, à la Boca Grande à l'est de l'île Manzanillo, par une tranchée de 8 kilomètres de longueur, 40 mètres de largeur, et 3 mètres de profondeur, dont la pente sera réglée à 3 millimètres. Elle recueillera les affluents de la rive droite du Chagres (Rios Frijoles, Rio-Portuosa, Gatuncillo, Boquillo, Mindi).

Nous avons sérieusement examiné ce travail dont l'importance ne pouvait nous échapper, et nous avons constaté qu'il est vigoureusement mené. Nous sommes allés en barque de Fox-River jusqu'à Monkey-Hill, où nous avons abordé, après avoir traversé un canal fait à la drague.

A Monkey-Hill se trouve une butte en argile et tuf, composée à sa partie supérieure en argile, et sable vert à sa partie inférieure. Ce mélange est d'une homogénéité telle que cela semble, à première vue, être de la roche. Une fois le banc rompu, les morceaux portés à la décharge s'effritent sous l'action du soleil et de la pluie et se brisent facilement, au choc du talon. Les mines ne sont pas pénibles, et sous peu l'excavation sera assez avancée pour permettre aux dragues de pénétrer sur le chantier et de le terminer.

Ce fond de vallée est encadré par de hautes collines et, en montant au sommet de l'une d'elles, nous avons pu nous assurer que, jusqu'aux limites de notre vue, le Chagres aurait là un lit où il pourra se donner libre carrière. Quant à la dérivation du Rio Grande, elle est loin d'avoir l'importance de celle du Chagres. Elle se résume en trois tranchées successives, réunissant entre elles, sur la rive droite du canal maritime, les boucles formées par ce fleuve, et l'amenant déboucher dans l'Océan Pacifique. Non seulement le parcours n'est pas long; mais, ainsi qu'on l'a vu par ce que nous avons dit au sujet du canal maritime, la nature des terrains présente peu de difficultés, et permet l'usage de la drague.

ENTREPRENEURS CHARGÉS ACTUELLEMENT DE L'EXÉCUTION DES TRAVAUX.

Jusqu'à ces derniers temps, la Compagnie se trouvait en présence d'une foule d'entrepreneurs, dont les parts étaient relativement minimes, et il n'était pas rare d'en trouver plusieurs sur un même point, chacun limité dans sa spécialité. La Compagnie faisait elle-même bon nombre de travaux en régie, et était obligée de se charger du transport et du montage du matériel. Il résultait de cet état de choses des complications, des lenteurs, sans parler des défaillances qui pouvaient se produire, ni des difficultés dans la répartition des responsabilités. Depuis longtemps, l'administration de Panama se préoccupait de remédier à cet inconvénient ; mais, dans la première période, elle n'avait pas le choix parmi les entrepreneurs. L'incertitude qui planait sur l'œuvre elle-même, les bruits fâcheux répandus sur l'insalubrité de l'isthme, en éloignaient ceux auxquels leurs antécédents et leurs moyens pécuniaires permettaient d'embrasser de vastes entreprises.

Aujourd'hui que les campements d'ouvriers sont organisés et que la Compagnie a exécuté, par ses propres moyens, ces immenses travaux préparatoires dont on ne tient pas assez de compte, il lui a été possible de grouper six grands entrepreneurs seulement auxquels a été confiée la terminaison de l'œuvre.

En signalant ce fait, notre intention n'est pas de jeter la pierre aux travailleurs de la première heure, auxquels il a fallu un vrai courage pour surmonter les difficultés inhérentes à toute installation dans ce lointain pays; nous sommes, au contraire, tout disposés à rendre hommage à leurs efforts, aux résultats qu'ils ont obtenus et qui ont permis l'heureuse transformation dont la Compagnie a tout lieu de se féliciter.

Nous attachons à cette question une telle importance que nous ne craindrons pas de lui donner un certain développement, et que nous fournirons les noms des six entrepreneurs actuels, l'évaluation approximative de la quantité de mètres cubes qu'ils se sont engagés à extraire, dans un délai qui expire, pour les uns, le 31 *décembre* 1888, et pour les autres, le 1ᵉʳ *juillet* 1889. Nous joindrons à cet exposé l'énumération des principaux travaux déjà exécutés par eux.

NOMS DES ENTREPRENEURS	Mètres cubes.
1° American dredging and Contracting Cᵒ........ (dragages du kilom. 0 à 26,500).	15.000.000
2° Jacob (port de Colon. Travaux sous l'eau)......	2.000.000
3° Barbaud, Vignaud, Blanleuil et Cᵉ............ (Tavernilla, San Pablo, Maméï, Gorgona, du kilom. 26,500 à 44).	20.000.000
4° Société de travaux publics................... (Obispo, Emperador, du kilom. 44 à 53,600).	28.000.000
5° Cutbill, de Lungo et Cᵒ..................... (Culebra, du kilom. 54,600 à 55,400).	20.000.000
6° Baratou, Letellier, Lillaz.................... (Paraiso, Pedro-Miguel, Corrozal, La Boca, dragages dans la rade de Panama, du kilom. 55,400 à 74).	16.000.000
TOTAL..............	101.000.000

L'American dredging and Contracting C° (ancienne Société Huerne, Slaven et C°) est une société américaine, au capital de 3 millions de dollars.

Le Conseil d'administration est ainsi composé :

MM. H.-B. Slaven, président ;

    Eugène Kelly, banquier à New-York, trésorier ;

    J.-J. Phelau, secrétaire ;

    M.-A. Slaven, général Manager, directeur.

M. Jacob est un entrepreneur français de travaux publics, qui opère avec ses propres capitaux et a fait des dragages importants dans la basse Loire et en Espagne, et des travaux de chemin de fer en Italie.

MM. Barbaud, Vignaud, Blanleuil et C° ont exécuté :

Sur le chemin de fer des Ardennes, la ligne de Charleville à Givet ; 30 kilomètres entre Charleville et Fumay et les bâtiments de toute la ligne ;

Sur le Paris-Lyon, la ligne de Moulin à Montchanin, l'entreprise de la section Dion, comprenant la traversée de la Loire (15 kilomètres) ;

Le chemin de fer d'intérêt local de Gisors à Vernon (42 kilomètres), concession et exécution complète de la ligne ;

Retenue de Villez sur la Seine, construction de l'écluse et des réservoirs en maçonnerie ;

La section de Joinville sur le canal de la Haute-Marne ;

La section de Stenay (8 kilomètres). Canal de l'Est et canalisation de la Meuse ;

Retenue de Meulan, dérivation de la Seine et construction d'une grande échelle ;

Souterrain d'Angoulême, galerie d'avancement ;

Deuxième lot du chemin de fer d'Angoulême à Limoges ;

Caserne d'artillerie d'Angoulême ;

Premier et deuxième lots du chemin de fer de Saint-Jean-d'Angely à Niort ;

Deuxième lot du chemin de fer de Niort à Montreuil-Bellay ;

Télégraphe souterrain de Châtellerault à Barbezieux.

La Société anonyme de travaux publics et constructions a son siège social, 15, rue Louis-le-Grand, à Paris. Son capital est de 3 millions de francs. Le directeur des travaux est M. Théodore Villard, avec lequel nous avons voyagé et qui a commencé, sous nos yeux, l'organisation de ses chantiers, dont il a confié la direction à M. Bonnafoux, ingénieur en chef des ponts et chaussées, qui nous a semblé joindre à la science possédée par tous les membres de ce corps d'élite un esprit pratique, peut-être plus rare et de bon augure.

Les principaux travaux exécutés par cette société sont : de nombreux tramways, les chemins de fer de Maine-et-Loire et le chemin de fer du Rio-Grande au Brésil. Les contremaîtres et employés, conduits dans l'isthme par M. Villard, ont presque tous déjà fait une campagne au Brésil, et sont par conséquent rompus aux fatigues et habitués à des températures élevées.

MM. Cutbill de Lungo, Watson van Hattum, ont leur siège à Paris, 21, place Vendôme.

Ils ont exécuté : le chemin de fer de la Guayra à Caracas (dans le Vénézuéla), sur lequel nous avons voyagé, et qui est certainement le chemin de fer le plus extraordinaire que nous ayons vu. Il n'a que 40 kilomètres de développement et monte à 950 mètres d'altitude moyenne (la ville de Caracas est à 950 mètres au-dessus du niveau de la mer, le point culminant de la voie est à 1,175 mètres) en décrivant des courbes dont le rayon descend jusqu'à 15 mètres. Les rampes varient entre 3 1/2 et 4 1/2 p. 100. La voie a 90 centimètres. Depuis son inauguration, qui date de trois années, il ne s'est produit qu'un seul déraillement, sans accident de personnes. On nous a assuré sur les lieux que' ce chemin a coûté 15 millions ;

Le chemin de fer de Quebrada, dans le Vénézuéla, et celui de Donna Thérésa Christina au Brésil ;

Enfin une partie du canal maritime d'Amsterdam à la mer.

MM. Baratoux, Letellier, Lillaz ont leur siège, 4, rue de Rome, à Paris. Ils ont exécuté divers lots des lignes de chemins de fer suivantes :

De Questembert à Ploërmel ;

De Lamballe à Dol ;

De Saint-Nazaire à Chateaubriant ;

D'Angers à La Flèche ;

De Coutances à Cherbourg ;

De Saumur à Château-du-Loir ;

Le port en eau profonde de Boulogne-sur-Mer ;

Les égouts de Gennevilliers ;

Achèvement du bassin de l'Eure, au Havre ;

Construction de la digue Saint-Jean, au Havre ;

Bassins du canal de Tancarville ;

Dragages du canal de Tancarville ;

Mur de l'avant-port de Dieppe ;

Bassin de retenue et quatrième bassin à flot de Honfleur ;

Approfondissement du bassin de la Villette ;

Partie des fortifications de Grenoble et Briançon ;

Amélioration du Rhône entre Givors et Gerbay ;

Partie du réservoir de Villejuif ;

Passe navigable de Suresnes ;

Fondation des écluses, barrage ;

Collecteur sur la rive droite de la Seine entre Billancourt et Suresnes.

Comme M. Villard, M. Lillaz se trouvait à bord du *Medway* se rendant dans l'isthme avec ses employés. Dès son arrivée, il a procédé en personne à la mise en train de ses chantiers, et nous l'avons laissé à Panama, animé d'un zèle et d'un dévouement qui nous ont profondément émus.

Garanties pour l'exécution des travaux concédés aux six principaux entrepreneurs.

DÉSIGNATION DES ENTREPRISES.	CAUTIONNEMENTS DÉPOSÉS.	RETENUE DE GARANTIE à faire sur les payements à effectuer à raison de 10 p. 100.	TOTAL de GARANTIES.
	Fr.	Fr.	Fr.
Am. Contracting and Dredging C°................	(1) 500.000	300.000	800.000
Jacob.....................	150.000	»	150.000
Barbaud, Vignaud, Blanleuil.	2.000.000	1.000.000	3.000.000
Société des Travaux publics et Constructions........	2.000.000	6.000.000	8.000.000
Cuthil, de Luugo, Wattson et Van Hattum..........	1.000.000	»	1.200.000
Baratoux, Letellier et Lillaz.	2.000.000	2.000.000	4.000.000
	7.850.000	9.300.000	17.000.000

(1) Caution de 100,150 dollars.

Ainsi que vous le voyez, Messieurs, si l'on est autorisé à juger les gens par leurs antécédents, les six honorables entrepreneurs, dont je n'ai pas craint de vous entretenir un peu longuement, sont de ceux qui, par leur expérience et les travaux accomplis, doivent inspirer confiance.

ATELIERS ET INSTALLATIONS. — OUTILLAGE.

Les ateliers ont été installés aux deux extrémités du canal : Colon et la Boca, et vers le centre, à Bas-Matachin.

Ceux de Colon, établis sur le terre-plein, se composent :

1° D'un atelier central de 962^m,50 de superficie, comprenant les outils nécessaires à l'ajustage, aux réparations de machines et employant 49 ouvriers ;

2° D'un atelier de montage, dit de Fox-River, de 1,536 mètres de superficie, avec grues, treuils, forges, locomobiles, marteau-pilon, machines à percer, occupant 165 ouvriers ;

3° D'un atelier du matériel flottant, spécialement destiné, ainsi que son nom l'indique, aux réparations des embarcations, dragues, clapets et tous les engins maritimes, superficie 1,380 mètres. Ouvriers employés, 100 ;

4° D'une remise aux locomotives, de 500 mètres de superficie ;

5° D'une grande scierie mécanique, de 1,600 mètres de superficie, employant 21 ouvriers ;

6° D'un chantier de construction de blocs artificiels.

Les ateliers de Bas-Matachin sont encore plus vastes et plus complets ; ils comprennent :

1° Un atelier central de 1,350 mètres de superficie, commandé par une force de 50 chevaux-vapeur;

2° Un atelier de charpente et de modelage, de 435 mètres de superficie, occupant 35 hommes;

3° Une fonderie, de 390 mètres de superficie, employant 12 hommes, produisant mensuellement 6 tonnes de fonte environ et 100 kilogrammes de cuivre. Son installation permet de fournir le triple de sa production actuelle et elle peut couler des pièces pesant 15 tonnes;

4° Halle de montage pour locomotives et wagons, 975 mètres de superficie et 55 ouvriers employés;

5° Remise à locomotives (970 mètres de superficie), à laquelle il faut joindre un parc à charbon, une halle à coke et une halle à bois.

Aux ateliers de Bas-Matachin, comme à ceux de Colon, sont annexés de vastes magasins, amplement approvisionnés de matérieux et de pièces de rechange.

Les ateliers de la Boca ont un caractère beaucoup plus spécial, et on s'y occupe principalement du montage et de la réparation des dragues. Ils se composent:

1° D'un atelier central de 600 mètres de superficie et occupant 51 ouvriers;

2° D'un atelier de charpente de 120 mètres de superficie, occupant 7 ouvriers;

3° D'un atelier de montage de la machinerie des dragues, 19 ouvriers;

4° D'un atelier de montage de la coque des dragues, comprenant deux cales à six fermes. Chaque ferme a 12 mètres 50 d'ouverture et 45 mètres de longueur. Cet atelier occupe 325 ouvriers.

Dans le but de procéder rapidement et sans frais de déplacement aux réparations légères, la Compagnie a

décidé l'installation de neuf petits ateliers de section,
à Buhio-Soldado, Gorgona, Emperador, Culebra, Tavernilla, San-Pablo, Obispo, Paraiso et Corrozal. Les
quatre premiers sont terminés, le cinquième est en
montage et les quatre derniers sont à monter.

La description des magasins et autres installations
nous paraît sans intérêt; mais, pour vous donner une
idée de la superficie couverte, et en y comprenant,
bien entendu, les campements des ouvriers, les maisons des employés, de l'administration et les hôpitaux,
nous vous dirons qu'elle est de 224,855^m,88 représentant une valeur de 4,612,555 P. 72, soit 20 millions
295,245 fr. 16.

ADMINISTRATION. — OUVRIERS. — CAMPEMENTS.

Le directeur des travaux dans l'isthme est, en même
temps, le chef des services administratifs.

L'organisation est la suivante :

Onze divisions :

1° Division du secrétariat;
2° Division des bureaux techniques ;
3° Division de la comptabilité générale et des caisses ;
4° Division du matériel et des approvisionnements ;
5° Division des ateliers ;
6° Division des transports et opérations maritimes.

Divisions d'exécution :

1re Division, à Colon, de Colon au kilomètre 26,350 ;
2e Division, à Gorgona, du kilomètre 26,350 au kilomètre 44 ;

3ᵉ Division, à Emperador, du kilomètre 44 au kilomètre 53,600 ;

4ᵉ Division, à Culebra, du kilomètre 53,600 au kilomètre 55,800 ;

5ᵉ Division, à Panama, du kilomètre 55,800 au kilomètre 74.

Les agents au service de la Compagnie sont de deux sortes : les *agents classés* et les *agents temporaires*.

On entend par agents classés ceux auxquels la Compagnie assure des traitements fixes, des congés réguliers avec solde et frais de voyage, et une indemnité en cas de licenciement.

Les agents temporaires sont, au contraire, ceux dont la Compagnie accepte les services sur place, sans aucun engagement de sa part, et qu'elle peut congédier sans indemnité.

Les agents classés se répartissent comme suit : 318 Français, avec une moyenne d'appointements mensuels de 236 P. 18, soit en francs 1,039 francs environ, en calculant la piastre au change de 4 francs 40.

Les agents temporaires sont au nombre de 352, dont 252 Français, à une moyenne d'appointements de 125 P. 51, soit en francs 552 francs environ.

En résumé, on compte 670 Européens, dont 530 Français, et la moyenne générale·des traitements, tant pour le personnel classé que pour le personnel temporaire, est, pour les Européens, de 180 P. 82, soit en francs 795 francs environ.

Le nombre d'ouvriers employés dans l'isthme pendant le mois de janvier dernier a été, en moyenne, de 14,605 par jour, dont 1,043 pour les ateliers. Le salaire des terrassiers est en moyenne de 1 P. 50, soit en francs 7 fr. 50, en prenant la piastre au pair. Les ouvriers qui ont un métier (menuisiers, mécaniciens, ajusteurs, etc.) gagnent des journées proportionnées à leur habileté.

Les travailleurs importés dans l'isthme en 1885 sont au nombre de 12,875, qui se subdivisent en :

```
Jamaïcains.............................,............    9.006
Carthagénois.............................         141
Barbadiens................................       1.344
Sainte-Lucie...............................         495
Vénézuéliens...............................         272
Cubains..................................         275
Nouvelle-Orléans...........................         542
Martiniquais..............................         800
                                              ─────────
          Soit au total...............   12.875
```

L'emplacement des campements destinés à les recevoir sur les divers chantiers est généralement bien choisi. On les a établis de préférence sur des hauteurs, à proximité de la ligne du chemin de fer. Les baraquements sont construits en bois, établis sur des piliers en briques, et exhaussés sur terre de 75 centimètres à 1 mètre. Nous en avons visité la plupart; ils étaient propres, bien aérés, et représentaient certainement des logements plus sains et plus confortables que ceux où les nègres ont coutume de se tenir.

Ces baraquements sont la propriété de la Compagnie, qui les loue aux entrepreneurs à raison de 10 0/0 par an de leur valeur. Si les ouvriers sont logés gratuitement, leur nourriture est à leur charge. La Compagnie ne tient pas de cantines, et ce sont les Chinois qui ont monopolisé le commerce d'épicerie et de produits alimentaires.

Les Chinois ont le génie essentiellement mercantile,

le talent de paraître vendre leurs denrées à plus bas prix que les marchands des autres nations ; ils ont su, en un mot, inspirer confiance aux nègres, qui vont jusqu'à les faire les dépositaires de leurs économies. On peut évaluer à plus de 6,000 le nombre des Chinois répartis entre Colon, Panama et les divers chantiers de l'isthme. La race nègre n'est pas à l'abri des divisions qui règnent parmi les blancs. Pour éviter les rixes, la Compagnie a organisé des services de watch-men ou gardiens, qui assurent l'ordre et la propreté des divers campements.

La liberté des cultes est entière dans l'isthme.

A proximité de chaque campement se trouvent les bureaux et les logements d'employés de la section. Ce sont des maisons en bois, construites sur pilotis, les unes à simple rez-de-chaussée, les autres élevées d'un étage ; de grandes vérandahs couvertes les entourent, forment un promenoir agréable, et préservent leurs habitants contre les ardeurs du soleil. De petits jardins, souvent bien tenus et très fleuris, plantés de bananiers, cocotiers, palmiers, ibiscus et autres arbustes du pays, concourent à leur donner un aspect riant.

Il résulte de ce que nous venons d'exposer, qu'aux environs de chaque grand chantier, des campements d'ouvriers, les habitations des employés de sections forment un véritable village pourvu de tout ce qu'exige une agglomération d'individus.

ÉTAT SANITAIRE.

Hôpitaux de Colon et de Panama. — Sanitarium de Taboga.

La question sanitaire dans l'isthme est une de celles

qui jouent le plus grand rôle et qui méritent le plus d'attention.

Nous avons essayé de nous en rendre un compte exact en puisant nos renseignements à des sources diverses, et nous nous sommes procuré la statistique de la mortalité pendant les deux dernières années.

Le personnel occupé aux travaux du canal doit être divisé en deux catégories, qui résultent du genre d'emploi et de la différence des races. En d'autres termes, d'une part, les agents classés et temporaires, européens en grande majorité; de l'autre, les ouvriers proprement dits, qui sont presque tous nègres ou indigènes. Étant donnée cette classification, nous voyons qu'en 1884 et 1885, le personnel classé et temporaire s'est élevé au chiffre moyen de 1,100 agents, et que 141 sont décédés dans le cours de ces deux années. La proportion moyenne des décès a donc été de 6,4 p. 100 par an.

Quant aux ouvriers, il est plus difficile d'établir une proportion rigoureusement exacte entre le chiffre des hommes figurant sur les contrôles et celui des décès, parce que le personnel est essentiellement variable, au double point de vue du nombre et des individualités.

En 1884 et 1885, le nombre moyen des ouvriers a été de 13,000, parmi lesquels 1,800 décès ont été enregistrés, soit une proportion moyenne de 7,2 p. 100 par an.

La statistique ci-dessus, en ce qui concerne les ouvriers, n'a pu être établie que d'après les décès constatés dans les hôpitaux, et il n'y a aucun moyen de contrôle pour relever ceux qui peuvent se produire en dehors.

Le service sanitaire nous a paru organisé d'une manière satisfaisante. Dans chacun des principaux campements réside au moins un médecin, assisté de plusieurs infirmiers ainsi qu'on peut le voir par le tableau ci-joint :

État numérique du personnel médical et pharmaceutique.

DÉSIGNATION du PERSONNEL.	Hôpital central de Panama.	PANAMA-VILLE.	LA BOCA.	CORROZAL.	PARAISO.	CULEBRA.	EMPERADOR.	ODISPO.	MATACHIN.	GORGONA.	SAN-PABLO.	TAVERNILLA.	BUHIO-SOLDADO.	GATUN.	CHRISTOPHE-COLOMB.	HÔPITAL DE COLOMB.	TABOGA.	TOTAUX.
Médecins......	5	1	1	»	1	1	1	2	2	1	1	1	1	1	2	1	2	24
Pharmaciens...	6	»	»	»	»	»	»	»	»	»	»	»	»	»	»	2	»	8
Aides-pharma-ciens	19	»	»	»	»	»	»	»	»	»	»	»	»	»	»	3	»	22
Infirmiers.....	3	1	1	1	3	2	2	3	2	2	2	2	2	1	2	3	»	32

Les indispositions seulement sont soignées dans les sections. Dès qu'un cas présente une gravité quelconque, les malades sont évacués dans des voitures d'ambulance sur l'hôpital de Colon ou celui de Panama, suivant la position du chantier.

L'hôpital de Colon est situé à l'est de la vieille ville, dont il est assez éloigné. Il est construit en bois, sur pilotis, et tout à fait dans la mer. Il se compose d'un pavillon central, réservé aux malades et blessés de la Compagnie, des entreprises et du Panama Rail-Road, d'un pavillon réservé aux femmes, et d'un troisième affecté aux étrangers et aux marins de la rade.

Cet hôpital, dirigé par les sœurs de Saint-Vincent-de-Paul, contient 100 lits, dont 83 étaient occupés lors de notre visite. Le docteur Vernial, qui s'est acquis une juste réputation dans le traitement des maladies régnantes dans ces parages, nous a conduits dans les salles de fiévreux, d'accidents chirurgicaux et de convalescence, où, à l'exception de quelques marins russes et norwégiens, la généralité des malades nous a paru en voie de guérison. Il est juste d'observer que nous nous trouvions au moment de la saison sèche.

L'hôpital de Panama est beaucoup plus grandiose. Confié, comme celui de Colon, aux soins des sœurs de Saint-Vincent-de-Paul, les principes qui ont présidé à sa construction nous paraissent avoir amené la réalisation d'un véritable type en matière d'hôpital.

Placé sur le flanc d'une colline dominant le Pacifique (le mont Ancou), il se compose de 27 pavillons en bois, isolés les uns des autres, élevés d'un étage sur des piliers en maçonnerie, recouverts en tuile, et parfaitement aérés.

De larges voies plantées en allées de jardins assurent une communication facile entre les pavillons. On y compte 500 lits, répartis entre 8 salles de chirurgie et 7 salles de médecine.

Au moment où nous en avons fait la visite, sous la conduite du docteur de Meyrignac, il n'y avait que 167 malades, dont 95 dans le service de médecine et 72 dans celui de chirurgie.

Un puits muni d'une machine élévatoire assure de l'eau en quantité suffisante pour alimenter l'hôpital, une vaste buanderie, un abattoir et une ferme qui fournit en abondance, pour les malades, du lait, des œufs et des légumes.

On a formulé contre l'hôpital de Panama le reproche d'avoir absorbé des sommes trop considérables. Sans savoir exactement ce qu'il a coûté, nous nous bornerons à dire que nous ne nous sentons pas le courage de critiquer une œuvre aussi utile et aussi complètement réussie. Avant toute chose, il était du devoir de la Compagnie de penser à soulager les souffrances de ceux qui tombaient malades à son service, et de prouver aux travailleurs, en général, qu'elle était en mesure de les entourer de tous les soins sur lesquels ils sont en droit de compter.

La Compagnie soigne gratuitement ses employés et les ouvriers qu'elle occupe en régie. Les employés et ouvriers des entrepreneurs sont également admis dans les hôpitaux, moyennant le payement des journées de maladie. Le prix de la journée est d'une piastre.

Dans les hôpitaux de Colon et de Panama, les maladies régnantes pendant la période du 1er janvier au 15 février 1886 se sont réparties comme suit :

FIÈVRE JAUNE.	FIÈVRES PALUDÉENNES.	FIÈVRES BILIEUSES.	DYSSENTERIE.	ANÉMIE.	DYSPEPSIE.	BRONCHITE.	PNEUMONIE.	RHUMATISMES.
41	602	100	65	67	77	44	57	35

Dans le but de hâter le rétablissement de ses employés convalescents, la Compagnie a fait construire

un Sanitarium dans l'île de Taboga, située dans le
Pacifique, à une heure et demie environ, en bateau
à vapeur, de Panama.

L'île de Taboga est une de celles qui forment ceinture à la baie de Panama, avec les îles de Naos, Culebra, Flamenco, Périco et Taboguilla, et plus loin,
l'archipel des îles aux Perles.

Le village indien de Taboga est de 2,000 habitants,
dont l'industrie principale est la pêche et le diver-
tissement le plus cher, les combats des coqs.... plus
cher, c'est le mot..... car des paris importants accompagnent chaque combat, que les spectateurs suivent
avec une passion démesurée.

Nous nous sommes rendus à Taboga, à bord de la
corvette colombienne *Boïaca* et, tout en regrettant
que la température n'y soit pas plus fraîche, nous
croyons que l'air est plus pur qu'à Panama.

Les vastes proportions de ce Sanitarium (qui a
70 mètres de long, 16 mètres de large, 15 fenêtres de
façade et 62 chambres, plus 2 salles de billard et
2 salles à manger) nous amènent à penser que la
Compagnie pourrait fort bien ne pas le réserver aux
convalescents seulement, et qu'elle agirait paternelle-
ment en créant une sorte de roulement parmi ses
employés, qui iraient ainsi, à tour de rôle, se retrem-
per dans un air nouveau.

Comme on le voit, la Compagnie n'a reculé devant
aucun sacrifice pour assurer des soins intelligents à
ses employés et à ses ouvriers. Matériellement parlant, elle a fait tout ce qui dépendait d'elle ; mais il
est regrettable que le mode de traitement des maladies
régnantes dans l'isthme (les fièvres paludéennes et les
fièvres pernicieuses principalement) ne soit pas mieux

défini, et que les médecins ne soient pas plus d'accord sur les moyens préventifs à prendre.

La question sanitaire prime toutes les autres, et nous croyons qu'il serait utile de la faire étudier plus à fond.

Il n'y aurait rien de surprenant que la percée qu'on est en train de pratiquer pour ouvrir le canal interocéanique et le courant d'air qui s'établira entre l'Atlantique et le Pacifique contribuassent à améliorer la situation sanitaire dans l'isthme. Mais ce qui est certain, c'est que le canal formera un puissant drainage qui asséchera les marais avoisinants (marais de Colon, du Mindi, de l'Obispo, de la vallée du Chagres, de Tavernilla et du Rio-Grande) et que les cultures qui ne manqueront pas d'être pratiquées sur ses bords joueront le rôle qu'elles ont déjà joué, soit en Algérie, soit en Cochinchine.

Vous savez tous, en effet, Messieurs, que certains points de ces deux pays, parfaitement insalubres jadis, sont devenus très habitables, par le seul fait de la culture.

Sans attendre ces modifications heureuses que le temps seul peut amener, nous pensons qu'il faudrait se préoccuper sans retard d'assainir les villes de Colon et de Panama, et d'y amener de l'eau potable et d'arrosage. Il est, en effet, surprenant que, dans un pays sillonné de fleuves et de rivières, les deux principaux centres habités soient privés d'eau.

Le vieux Colon est construit sur un sol bas et marécageux, d'où les eaux pluviales ne peuvent pas s'écouler. Les maisons s'élèvent au milieu de mares puantes, où les nègres jettent leurs ordures et résidus de toutes sortes ; les *urubus* seuls sont chargés du nettoiement de la ville.

M. de Lesseps se préoccupe de faire disparaître ce foyer d'infection, et il nous annonçait, quelques jours avant notre départ, qu'il cherchait à établir une entente entre la Compagnie du canal interocéanique, le Panama Rail-Road et la municipalité, pour combler et entretenir le vieux Colon.

Nous faisons des vœux pour que ce projet se réalise au plus tôt, et que le gouvernement de Colombie prenne les moyens nécessaires pour amener de l'eau potable à Colon et à Panama.

PANAMA RAIL-ROAD. — PROPRIÉTÉS DE LA COMPAGNIE.

La Compagnie du canal interocéanique a acquis en 1881, moyennant une centaine de millions, plus des neuf dixièmes des actions du Panama Rail-Road, dont elle est, à peu de chose près, propriétaire (sur 70,000 actions la Compagnie en possède 68,534).

Cette acquisition n'a pas modifié l'organisation de la société, dont le siège a été maintenu à New-York, avec un directeur général muni des pouvoirs les plus étendus, résidant à Colon.

C'est une bonne affaire, à tous les points de vue; car cette ligne fournit largement l'intérêt de l'argent dépensé, et donne à la Compagnie de très grandes facilités pour le transport des machines et matériaux sur les divers chantiers.

Chaque station correspond à un chantier, et on peut dire que la voie ferrée forme, entre Colon et Panama, une sorte de rue dont les intervalles non bâtis sont occupés par la forêt vierge.

Le Panama Rail-Road est bien administré, et marche régulièrement. Les wagons sont confortables et intelligemment appropriés aux habitudes du pays et aux exigences de la température.

Cube extrait depuis le commencement des travaux du canal.

			Mètres cubes.
Cube extrait jusqu'à fin novembre	1884	....	9.705.318
—	décembre	—	500.000
—	janvier 1885	....	550.000
—	février	—	590.000
—	mars	—	627.000
—	avril	—	775.000
—	mai	—	798.000
—	juin	—	717.000
—	juillet	—	724.000
—	août	—	702.000
	septembre	—	608.000
—	octobre	—	715.000
—	novembre	—	700.000
	décembre	—	700.000
—	janvier 1886	....	1.068.000
—	février	—	1.018.000
—	mars	—	1.097.000
—	avril	—	1.039.000
—	mai	—	1.080.000
—	juin	—	1.042.000
—	juillet	—	869.000
—	août	—	901.000
—	septembre	—	989.000
—	octobre	—	941.000

La diminution des derniers mois se produit chaque année dans la saison des pluies.

II

LOI DE CONCESSION DU CANAL DE PANAMA

LOI 28 DE 1878 (18 MAI), QUI APPROUVE LE CONTRAT
POUR L'OUVERTURE D'UN CANAL INTEROCÉANIQUE A TRAVERS
LE TERRITOIRE COLOMBIEN.

Vu le contrat ainsi conçu :

Contrat pour l'ouverture d'un canal interocéanique à travers le territoire colombien.

EUSTORJIO SALGAR, Ministre de l'Intérieur et des Relations Extérieures des États-Unis de Colombie, dûment autorisé, d'une part ;

Et, de l'autre,

LUCIEN N.-B. WYSE, chef de la Commission scientifique pour l'exploration de l'isthme en 1876, 1877 et 1878, membre et délégué du Comité de direction de la Société civile internationale du Canal interocéanique (présidée par le général Étienne Türr), en vertu des pouvoirs dressés à Paris du 27 au 29 octobre 1877, qu'il a exhibés en forme légale ;

Ont conclu le contrat suivant :

ARTICLE PREMIER. — Le Gouvernement des États-Unis de Colombie adjuge à M. Lucien N.-B. WYSE, qui l'accepte au nom de la Société du Canal interocéanique, représentée par son Comité de direction, le privilège exclusif pour l'excavation au travers de son territoire et pour l'exploitation d'un Canal maritime entre les océans Atlantique et

Pacifique. Ledit Canal pourra être construit sans stipulations restrictives d'aucunes sortes.

Cette concession est faite sous les conditions suivantes :

1° La durée du privilège sera de quatre-vingt-dix-neuf années à compter du jour où le Canal sera ouvert en tout ou en partie au service public, ou quand les concessionnaires ou leurs représentants commenceront à percevoir les droits de transit et de navigation ;

2° Dès l'approbation par le Congrès colombien du présent contrat pour l'ouverture d'un canal interocéanique, le Gouvernement de la République ne pourra concéder à aucune Compagnie ou individu, à quelque titre que ce soit, le droit de construire un autre canal qui mette en communication les deux océans à travers le territoire colombien, ni l'exécuter par lui-même. Si les concessionnaires désirent construire un chemin de fer comme auxiliaire du Canal, le Gouvernement (sauf les droits existants) ne pourra concéder à aucune Compagnie ou individu le droit d'établir une autre voie ferrée inter-océanique, ni la faire luimême pendant le temps concédé pour la construction et l'usage du Canal ;

3° Les études définitives du terrain et le tracé de la ligne du Canal se feront aux frais des concessionnaires par une Commission internationale d'individus et d'ingénieurs compétents de laquelle feront partie deux ingénieurs colombiens. La Commission devra déterminer le tracé général du Canal, et adresser au Gouvernement colombien, directement ou à ses agents diplomatiques aux États-Unis d'Amérique ou en Europe, les résultats obtenus au plus tard en l'année 1881, sauf les empêchements provenant de cas de force majeure dûment constatée. Le rapport y relatif comprendra le duplicata des travaux scientifiques exécutés et le devis de l'œuvre projetée.

4° Les concessionnaires auront alors un délai de deux ans pour constituer une Compagnie anonyme universelle qui se charge de l'entreprise et de la construction du Canal.

Le terme commencera à se compter depuis la fin du délai mentionné au paragraphe précédent;

5° Le Canal devra être terminé et livré au service public en douze ans à partir de la date de la formation de la Compagnie anonyme universelle qui s'organisera pour le construire; mais le Pouvoir exécutif est autorisé à octroyer une prorogation maximum de six autres années en cas de force majeure indépendante de la volonté de la Compagnie, et si, après la construction de plus d'un tiers du Canal, celle-ci reconnaît l'impossibilité de compléter l'œuvre dans les susdites douze années;

6° Le Canal aura la largeur, la profondeur et les conditions exigibles pour que les navires à voile ou à vapeur ayant jusqu'à 140 mètres de long, 16 mètres de largeur maximum et 8 mètres de tirant d'eau puissent transiter avec leurs mâts de hune calés;

7° Il est cédé gratuitement aux concessionnaires les terres domaniales nécessaires pour l'excavation du Canal, les escales, stations, embarcadères, garages, magasins, et en général pour tous les besoins de la construction et du service du Canal, ainsi que pour le chemin de fer s'il leur convient de l'établir. Les terrains retourneront au domaine de la République avec le canal et la voie ferrée à l'expiration du privilège;

8° Il est également concédé, pour le service du canal, une bande de terre de 200 mètres de large sur chacun de ses côtés et sur tout le parcours quel qu'il soit, mais les propriétaires riverains auront droit à un accès facile au Canal et à ses ports, de même qu'à l'usage des chemins que les concessionnaires pourront établir, et ceci sans payer aucun droit à la Compagnie;

9° Si les terrains par lesquels doit passer le Canal ou se construire le chemin de fer sont en tout ou en partie propriété particulière, les concessionnaires auront droit à ce que l'expropriation se fasse par le Gouvernement avec toutes les formalités légales voulues. L'indemnisation à donner aux propriétaires, laquelle sera basée sur la valeur actuelle des terrains, est à la charge de la Compagnie. Les concessionnaires jouiront, en ce cas, et dans celui d'occupation temporaire, des propriétés privées, de toutes les facultés et privilèges que la loi attribue à la Nation ;

10° Les concessionnaires pourront établir à leurs frais et exploiter les lignes télégraphiques qu'ils jugent utiles comme auxiliaires de l'exécution et de l'administration du canal ;

11° Il est cependant stipulé et convenu que, si le Gouvernement colombien recevait, avant le payement du cautionnement déterminé par l'article deuxième, une proposition formelle et suffisamment garantie pour construire le Canal en moins de temps et avec des conditions plus avantageuses pour les États-Unis de Colombie, ladite proposition sera portée à la connaissance des concessionnaires ou de leurs représentants ; et si ceux-ci n'étaient pas à même de déclarer qu'ils sont prêts à se subroger à cette proposition, auquel cas ils seront préférés, le Gouvernement colombien pourra l'accepter ; mais si les concessionnaires ne se subrogent pas, le Gouvernement colombien exigera dans le nouveau contrat qu'il fera, en outre de la garantie déterminée par l'article deuxième, une somme d'un million cinq cent mille francs en espèces métalliques, qui sera donnée comme indemnisation aux concessionnaires actuels.

Art. 2. — Dans le délai de douze mois, comptés depuis la date à laquelle la Commission internationale aura présenté les résultats définitifs des études, les concessionnaires déposeront dans la Banque ou banques de Londres, que désignera le Pouvoir exécutif national, la somme de 750,000 francs en espèces, avec exclusion de tout papier-monnaie, comme cautionnement pour l'exécution de l'œuvre. Les reçus desdites banques feront foi de l'accomplissement dudit dépôt. Il demeure entendu que si les concessionnaires venaient à perdre ce dépôt, en vertu des dispositions des clauses 2°

et 3° de l'article 22 du présent contrat, la somme en question deviendra, avec ses intérêts, propriété intégrale du Gouvernement colombien. A l'achèvement du Canal, ladite somme, sans intérêts, lesquels en ce cas appartiendront aux concessionnaires, sera versée au Trésor pour les frais qu'il aura faits ou qu'il fera pour la construction d'édifices pour les services publics.

ART. 3. — Si le tracé du Canal à construire d'un océan à l'autre passe à l'ouest et au nord de la ligne droite idéale qui joint le cap Tiburon à la pointe Garachiné, les concessionnaires devront s'entendre à l'amiable avec la Compagnie du chemin de fer de Panama, ou lui payer une indemnité qui s'établira dans les termes prévus par la loi 46 du 16 août 1867, qui « approuve le contrat du 5 juillet 1867, réformant celui du 15 avril 1850, sur la construction d'un chemin de fer d'un océan à l'autre par l'isthme de Panama. »

Dans le cas que la Commission internationale choisisse l'Atrato ou un autre cours d'eau déjà navigable pour l'une des extrémités du Canal, l'entrée et la sortie par cette bouche et la navigation fluviale en amont, en tant qu'elle n'ait pas pour objet de transiter par le Canal, sera ouverte au Commerce et libre de toute imposition.

ART. 4. — En outre des terres concédées par les paragraphes 7 et 8 de l'article 1er, il sera adjugé aux concessionnaires, comme aide pour l'exécution de l'œuvre, cinq cent mille hectares de terres domaniales, avec les mines qu'elles peuvent contenir, dans les localités que la Compagnie choisira. Cette adjudication sera faite directement par le Pouvoir exécutif national.

Les terres domaniales situées sur les côtes maritimes, sur les bords du canal ou des rivières, se diviseront en lots alternes entre le Gouvernement et la Compagnie formant des surfaces de 1,000 à 2,000 hectares. La mesure cadastrale se fera aux frais des concessionnaires et avec l'intervention de commissaires du Gouvernement. Les terres domaniales ainsi concédées, avec les mines y contenues, seront adjugées aux concessionnaires au fur et à mesure de l'exécution des travaux de construction du Canal et d'accord avec les ordres édictés par le Pouvoir exécutif. Dans une zone de deux myriamètres de chaque côté du Canal, et durant cinq ans comptés depuis la fin des travaux, le Gouvernement ne pourra concéder d'autres terres au delà desdits lots jusqu'à ce que la Compagnie ait demandé la totalité de celles qui lui sont accordées par cet article.

ART. 5. — Le Gouvernement de la République déclare neutres en tout temps les ports de l'une et l'autre extrémités du Canal et les eaux de celui-ci de l'une à l'autre mer ; et, en conséquence, en cas de guerre entre d'autres nations, le transit par le Canal ne sera pas interrompu par ce motif, les navires marchands et les individus de toutes les nations du monde pourront entrer dans lesdits ports sans être inquiétés ni détenus. En général, tout bâtiment pourra transiter librement sans aucune distinction, exclusion ou préférence de nationalités ou de personnes, moyennant le payement des droits et l'observation des règlements établis par la Compagnie concessionnaire pour l'usage dudit Canal et de ses dépendances. Sont exceptés les troupes étrangères, qui ne pourront passer sans la permission du Congrès, et les navires des nations en guerre avec les États-Unis de Colombie qui n'auraient pas acquis le droit de transiter en tout temps par des traités publics garantissant la souveraineté de la Colombie sur l'isthme de Panama et le territoire où se creusera le Canal, l'immunité et neutralité du même Canal, ses ports, baies, dépendances, ainsi que celle de la mer adjacente.

ART. 6. — Les États-Unis de Colombie se réservent le droit de faire passer par le Canal leurs navires de guerre, troupes et munitions de guerre en tout temps et sans rien payer. Le passage du Canal est rigoureusement interdit aux bâtiments de guerre des nations en guerre avec une ou plusieurs autres et qui, par traités publics passés avec le Gouvernement colombien, n'auraient pas acquis le droit de transiter par le Canal en tout temps.

Art. 7. — Les concessionnaires auront droit, pendant tout le temps de la possession de leur privilège, à se servir des ports situés aux deux extrémités du Canal, ainsi que de ceux intermédiaires pour le mouillage, la réparation des navires, l'embarquement, le dépôt, le transbordement et le débarquement des marchandises; les ports du Canal seront francs et libres pour le commerce de toutes les nations et on ne pourra imposer aucun droit d'importation, excepté sur les marchandises destinées à être introduites pour la consommation du restant de la République. Lesdits ports seront, en conséquence, ouverts à l'importation dès le commencement des travaux, et il y sera établi les douaues et bureaux de surveillance que le Gouvernement jugera convenable pour percevoir les droits d'introduction des objets destinés à d'autres ports de la République et pour veiller à ce qu'il ne s'y fasse pas de contrebande.

Art. 8. — Le Pouvoir exécutif, pour sauvegarder les intérêts fiscaux de la République, édictera les règlements convenables pour empêcher la contrebande et il pourra désigner pour son compte le nombre d'hommes qu'il croira nécessaires à ce service. Des employés indispensables à cet effet, dix seront payés par la Compagnie et leur solde n'excèdera pas celle payée à la douane de Baranquilla aux employés de la même catégorie.

La Compagnie transportera gratuitement, par le Canal ou par le chemin de fer auxiliaire, les hommes destinés au service de la nation, au service de l'État par le territoire duquel passeront le Canal et le chemin de fer ou au service de la police, dans le but de veiller à la sécurité extérieure ou à la conservation de l'ordre public ; elle transportera aussi gratuitement les bagages de ces hommes, les munitions, armement et équipement nécessaires au service auquel ils seront affectés. Si la Compagnie n'avait pas de navires ou de remorqueurs, elle payera le passage de ces mêmes hommes au travers de l'isthme avec leurs bagages, munitions, armement et équipement.

Le payement des frais occasionnés par la subsistance de la force publique jugée nécessaire pour la sécurité du transit interocéanique sera également à la charge de la Compagnie.

Art. 9. — Les concessionnaires auront le droit d'introduire sans payer aucun droit d'importation ni autre, de quelque genre qu'il soit, tous les instruments, machines, outils, ustensiles, matériaux, vivres, vêtements pour les travailleurs dont ils auront besoin pendant tout le temps qui leur est accordé pour la construction et l'usage du Canal. Les navires portant du chargement destiné à cette entreprise pourront entrer librement par l'un quelconque des points qui donneront un accès facile à la ligne du Canal.

Art. 10. — Il ne sera imposé ni contributions nationales, ni municipales, ni d'Etat, ni d'aucune autre espèce sur le Canal, les navires qui le transitent, les remorqueurs et bateaux de servitude des concessionnaires, leurs magâsins, ateliers, fabriques de quelque genre qu'elles soient, les dépôts, quais, machines et autres ouvrages ou objets, quelle que soit leur espèce, leur appartenant et nécessaires au service du Canal et de ses dépendances pendant le temps concédé pour sa construction et son exploitation. Les concessionnaires auront, en outre, le droit de prendre dans les terres domaniales les matériaux de tout genre dont ils auront besoin sans payer aucune indemnité.

Art. 11. — Les passagers, la monnaie, l'argent, les métaux précieux, les marchandises, les objets et effets de

toutes espèces qui se transportent par le Canal, seront
exempts de tous droits national, municipal, de transit et
autres. La même exemption s'étend à tous les objets et marchandises laissés en dépôt aux conditions à stipuler avec la
Compagnie, dans les ports, magasins et escales lui appartenant pour le commerce intérieur et extérieur.

ART. 12. — Les navires qui voudront transiter par le
Canal devront présenter, dans le port de l'extrémité où ils
arriveront, leur patente respective de navigation et les
autres papiers de mer prescrits par les traités publics pour
qu'un navire puisse naviguer librement. Les navires qui
n'auront pas lesdits papiers ou qui refuseront de les montrer
pourront être détenus et on procédera contre eux conformément aux lois.

ART. 13. — Le Gouvernement permet l'immigration et le
libre accès des terrains et chantiers des concessionnaires à
tous les employés et ouvriers, quelle que soit leur nationalité,
engagés pour cette entreprise ou qui viendront s'occuper
d'eux-mêmes aux travaux du Canal, sous la condition que
ces employés et ouvriers se soumettent aux lois en vigueur
et aux règlements établis par la Compagnie. Le Gouvernement leur assure appui et protection et la jouissance de
leurs droits et garanties, conformément à la constitution et
aux lois nationales, durant tout le temps qu'ils demeureront
sur le territoire colombien. Les manœuvres, ouvriers et
travailleurs nationaux employés à l'œuvre du Canal seront
exempts de toutes réquisitions et de service militaire, tant
de la part de la nation que des Etats.

ART. 14. — Pour indemniser les concessionnaires des frais
de construction, d'entretien et d'exploitation qui sont à leur
charge, ils auront le droit exclusif, pendant tout le temps
du privilège, d'établir et de percevoir pour le passage dans
le Canal et les ports en dépendant les droits de phare,

d'ancrage, de transit, de navigation, de réparation, de pilo-
tage, de remorquage, de halage, de dépôt et de stationne-
ment, suivant les tarifs qu'ils établiront et qu'ils pourront
modifier à toute époque sous les conditions expresses
suivantes :

1º Percevoir ces droits sans aucune exception ni faveur
sur tous les navires dans des conditions identiques ;

2º Publier les tarifs quatre mois avant de les mettre en
vigueur dans le *Journal officiel* du Gouvernement, ainsi que
dans les capitales et principaux ports de commerce des pays
intéressés ;

3º Ne pas excéder pour la perception du droit principal de
navigation le chiffre de dix francs par chaque mètre cube
résultant de la multiplication des dimensions principales
de la carène immergée du navire transitant (longueur, largeur et tirant d'eau) ;

4º Les dimensions du navire transitant, c'est-à-dire la
longueur et la largeur maximum à la flottaison, ainsi que
le plus grand tirant d'eau, seront les dimensions métriques
inscrites sur les permis officiels de navigation, sauf les
modifications survenues en cours de voyage. Les capitaines
des navires et les agents de la Compagnie pourront exiger
un nouveau mesurage qui sera fait aux frais de celui qui le
demandera ;

5º La même mesure, c'est-à-dire le nombre de mètres
cubes contenus dans le parallélipipède qui circonscrit la
carène immergée du navire, servira de base pour la déter-
mination des autres droits accessoires.

Art. 15. — Comme compensation des droits et privilèges
octroyés aux concessionnaires par ce contrat, le Gouvernement de la République aura droit à une participation égale
au cinq pour cent du produit brut de tout ce qui sera perçu
par l'entreprise, en vertu des droits établis ou qui s'établiront conformément à l'article quatorze, durant les vingt-cinq
premières années de l'ouverture du Canal au service public.

De la vingt-sixième année jusqu'à la cinquantième inclusive-
ment, il aura droit à une participation de six pour cent; de
la cinquante et unième année à la soixante-quinzième, sept
pour cent, et de la soixante-quinzième jusqu'à la fin du
privilège, huit pour cent. Il est entendu que ces prélève-
ments se feront, comme il a été dit, sur le produit brut de
toutes les recettes sans réduction d'aucune sorte ni pour
frais, ni pour intérêts d'action, d'emprunts ou de dettes qui
grèvent l'entreprise. Le Gouvernement de la République
aura le droit de nommer un commissaire ou agent qui
intervienne dans la perception et examine ce compte : la
distribution ou payement de la participation appartenant au
Gouvernement se fera par semestres écoulés. Le produit du
cinq, six, sept et huit pour cent se distribuera ainsi : quatre
cinquièmes seront pour le Gouvernement de la République
et le cinquième restant sera pour le Gouvernement de l'État
par le territoire duquel passera le Canal.

La compagnie concessionnaire garantit au Gouvernement
colombien que sa participation ne sera, dans aucun cas,
inférieure à la somme annuelle de un million deux cent
cinquante mille francs, qu'il percoit déjà pour sa participation dans les produits du chemin de fer de Panama ; de
façon que si, une année quelconque, le prélèvement de cinq,
six, sept ou huit pour cent n'atteignait pas cette somme, elle
serait complétée sur les fonds communs de la Compagnie.

Art. 16. — Les concessionnaires sont autorisés à faire
payer à l'avance les droits de toute nature qu'ils établiront,
les neuf dixièmes de ces droits seront exigibles en or et seulement la dixième partie restant pourra être payée en
monnaies d'argent de 25 grammes à 900 millièmes de fin.

Art. 17. — Les navires qui commettront des infractions
contre les règlements établis par la Compagnie seront sujets
au payement de l'amende qu'elle fixera dans ses statuts et
dont le public sera avisé aux mêmes époques où l'on publiera

les tarifs. S'ils refusaient de payer l'amende ou de donner des garanties suffisantes, ils pourront être détenus et on procédera contre eux conformément aux lois. On procédera de même pour les avaries qu'ils auront occasionnées.

Art. 18. — Si l'ouverture du Canal est jugée économiquement possible, les concessionnaires sont autorisés à former dans le temps convenu, sous l'immédiate protection du Gouvernement colombien, une Compagnie anonyme universelle qui se charge de l'exécution de l'œuvre, en prenant à cet effet toutes les dispositions financières transitoires convenables. Cette entreprise ayant un caractère essentiellement international et économique, il est entendu qu'elle doit demeurer absolument étrangère à toute ingérence politique. La Compagnie prendra le nom de Compagnie universelle du Canal interocéanique ; son siège sera fixé à Bogota, New-York, Londres ou Paris au choix des concessionnaires ; des succursales pourront être établies où besoin sera ; les contrats, actions, obligations et tous autres titres ne pourront jamais être grevés par le Gouvernement colombien d'aucuns droits d'enregistrement, d'émission, de timbre, ni autre impôt analogue sur la vente, la transmission des actions et d'obligations, non plus que sur les intérêts produits par ces valeurs.

Art. 19. — La Compagnie est autorisée à réserver jusqu'à dix pour cent des actions qu'elle émettra pour former un fonds d'actions bénéficiaires en faveur des fondateurs et auxiliaires de l'entreprise. La Compagnie prendra en premier lieu sur les produits bruts de quoi couvrir tous les frais de conservation, entretien, exploitation et administration, la participation due au Gouvernement, ainsi que toutes les sommes nécessaires pour assurer les intérêts et amortissement des obligations et, s'il y a lieu, les intérêts fixés des actions ; ce qui restera formera le bénéfice net, dont le quatre-vingt pour cent au moins sera distribué aux actionnaires.

Art. 20. — Le Gouvernement colombien pourra nommer, chaque fois qu'il le jugera utile, un délégué spécial près du Conseil d'administration de la Compagnie concessionnaire. Ce délégué jouira des avantages qui seront accordés aux autres administrateurs par les statuts de la Compagnie.

Les concessionnaires s'obligent à nommer à Bogota, près du Gouvernement national, un agent dûment autorisé pour résoudre les difficultés et présenter les demandes auxquelles pourra donner lieu ce contrat. Réciproquemeut et dans le même but, le Gouvernement nommera un agent résident à l'établissement principal de la Compagnie sur le Canal. Conformément à la constitution, les différends qui viendraient à s'élever entre les parties contractantes seront soumis à la Cour Suprême Fédérale.

Art. 21. — Les concessionnaires ou ceux qui, dans l'avenir, succèderont à leurs droits pourront les transmettre à d'autres capitalistes ou sociétés financières; mais il leur est absolument interdit de les céder ou de les hypothéquer, à aucun titre, à aucune nation ou gouvernement étranger.

Art. 22. — Les concessionnaires ou leurs représentants perdront les droits qu'ils acquièrent dans les cas suivants:

1° S'ils ne déposent pas dans les délais la somme qui doit servir de cautionnement pour assurer l'exécution de l'œuvre;

2° Si, dans la première des douze années concédées pour la construction du Canal, les travaux n'etaient pas commencés. Dans ce cas, la Compagnie perdra la somme déposée comme cautionnement avec les intérets qu'elle aura produits, laquelle deviendra propriété de la République;

3° Si, à la fin du dernier délai fixé par le paragraphe 5 de l'article 1er, le Canal n'était pas transitable. Dans ce cas aussi, la Compagnie perdra la somme déposée comme cautionnement, laquelle, avec les intérêts, deviendra propriété de la République;

4° S'ils manquent aux prescriptions de l'article 21 ;

5° Si le service du Canal est interrompu pour plus de six mois, sauf les cas de force majeure.

Dans les cas 2, 3, 4 et 5 il appartiendra à la Cour Suprême Fédérale de décider si le privilège est ou non devenu caduc.

Art. 23. — Dans tous les cas de déclaration de caducité, les terres domaniales dont parlent les clauses 7 et 8 de l'article 1er et celles qui ne seraient pas habitées et colonisées, parmi celles concédées par l'article 4, retourneront au domaine de la République dans l'état où elles seront et sans indemnisation aucune, ainsi que les édifices, matériaux, travaux et améliorations appartenant aux concessionnaires dans le Canal et ses dépendances. Ceux-ci conserveront uniquement leurs capitaux, navires, approvisionements et, en général, tous les objets meubles.

Art. 24. — Cinq années avant l'expiration des quatre-vingt-dix-neuf ans du privilège, le Pouvoir Exécutif national nommera une Commission chargée d'examiner l'état du Canal et de ses annexes et de rédiger, avec la connaissance de la Compagnie et de ses agents dans l'isthme, un procès-verbal dans lequel on décrira, point par point, ledit état, en consignant les observations auxquelles il pourrait donner lieu. Cet acte ou procès-verbal servira pour établir dans quel état devront être remis au Gouvernement national le Canal et ses annexes le jour où expirera le privilège ici concédé.

Art. 25. — L'entreprise du Canal est réputée d'utilité publique.

Art. 26. — Ce contrat, qui vient remplacer les dispositions de la loi 33 du 26 mai 1876 et les clauses du contrat signé le 28 mai de la même année, sera, aux termes de la Constitution, soumis à l'approbation du Président de l'Union et à celle définitive du Congrès national, pour qu'il ressorte tous ses droits et effets.

En foi de quoi, nous signons le présent à Bogota, le 20 mars 1878.

Eustorjio SALGAR.   Lucien N.-B. WYSE.

Bogota, 23 mars 1878.

Approuvé :
Le Président de l'Union,
Aquileo PARRA.

Le Ministre de l'Intérieur et des
Relations Extérieures.

Eustorjio SALGAR.

Le Congrès des États de Colombie,

DÉCRÈTE :

Article unique. — Est approuvé le contrat précité.

Donné à Bogota, le 17 mai 1878.

FIN.

TABLE

IV. — CHRISTOPHE-COLOMB ET COLON.

V. — DANS L'ISTHME.

VI. — DANS L'ISTHME.

VII. — DANS L'ISTHME. — LA VILLE DE PANAMA.

VIII. — DE COLON A LA MARTINIQUE.

IX. — LA MARTINIQUE.

FIN DE LA TABLE.

7204-86. — Corbeil. Typ. et ster. Crété.

UNE DRAGUE.